Algorithmen kapieren

Für meine Eltern Sangeeta und Yogesh

Aditya Y. Bhargava

Algorithmen kapieren

Visuell lernen und verstehen
mit Illustrationen, Alltagsbeispielen und Python-Code

Übersetzung aus dem Amerikanischen
von Knut Lorenzen

mitp

Bibliografische Information der Deutschen Nationalbibliothek
Die Deutsche Nationalbibliothek verzeichnet diese Publikation in der Deutschen Nationalbibliografie; detaillierte bibliografische Daten sind im Internet über <http://dnb.d-nb.de> abrufbar.

Bei der Herstellung des Werkes haben wir uns zukunftsbewusst für umweltverträgliche und wiederverwertbare Materialien entschieden.
Der Inhalt ist auf elementar chlorfreiem Papier gedruckt.

ISBN 978-3-95845-813-0
1. Auflage 2019

www.mitp.de
E-Mail: mitp-verlag@sigloch.de
Telefon: +49 7953 / 7189 - 079
Telefax: +49 7953 / 7189 - 082

Übersetzung der amerikanischen Originalausgabe
Aditya Y. Bhargava: Grokking Algorithms
ISBN 978-1617292231

klimaneutral
natureOffice.com | DE-077-529981
gedruckt

Lektorat: Sabine Schulz
Sprachkorrektorat: Simone Fischer
Coverbild und Grafiken im Buch: Leslie Haimes
Satz: III-satz, Husby, www.drei-satz.de
Druck: Plump Druck & Medien GmbH, Rheinbreitbach

Inhaltsverzeichnis

Vorwort

Anfangs war Programmieren für mich einfach nur ein Hobby. Die Grundlagen erlernte ich mit dem Buch *Visual Basic 6 für Dummies* und ich las weitere Bücher, um mehr zu erfahren. Das Thema Algorithmen war für mich allerdings undurchschaubar. Ich kann mich noch gut daran erinnern, dass ich mir das Inhaltsverzeichnis meines ersten Lehrbuchs zu diesem Thema zu Gemüte führte und dachte: »Endlich werde ich das Ganze mal verstehen!« Der Inhalt war jedoch so kompakt und informationsreich, dass ich die Lektüre nach einigen wenigen Wochen aufgab. Erst als ich auf einen wirklich guten Professor für Algorithmen traf, wurde mir klar, wie einfach und elegant die zugrunde liegenden Ideen tatsächlich sind.

Vor einigen Jahren verfasste ich meinen ersten bebilderten Blogbeitrag. Ich kann am besten lernen, wenn mir der Stoff visuell präsentiert wird, daher gefielen mir die illustrierten Beiträge besonders gut. Seitdem habe ich selbst einige bebilderte Beiträge über funktionale Programmierung, Git, Machine Learning und Nebenläufigkeit geschrieben. Ich war anfangs übrigens nur ein mittelmäßiger Autor. Technische Begriffe zu erklären ist schwierig. Es erfordert viel Zeit, gute Beispiele zu finden und komplizierte Konzepte zu erklären, daher ist es am einfachsten, die schwierigen Dinge unter den Teppich zu kehren. Ich dachte eigentlich, ich würde die Sache ganz gut machen, nachdem sich einer meiner Artikel ziemlich weit verbreitete. Bis ein Kollege zu mir kam und sagte: »Ich habe deinen Artikel gelesen, aber das Thema noch immer nicht verstanden.« Ich musste noch viel über das Schreiben lernen.

Während ich eine Reihe dieser Blogbeiträge verfasste, kam der Manning-Verlag auf mich zu und fragte, ob ich Lust hätte, ein illustriertes Buch zu verfassen. Es stellte sich heraus, dass die Redakteure des Verlags sich hervorragend mit dem Erklären technischer Konzepte auskannten und sie zeigten mir, wie man Wissen vermittelt. Ich habe dieses Buch verfasst, weil mir eine Sache besonders am Herzen lag: Ich wollte ein Buch schreiben, das schwierige technische Themen gut erklärt, ein leicht verständliches Buch über Algorithmen. Meine Fähigkeit zu schreiben hat sich seit meinem ersten Blogbeitrag weiterentwickelt und ich hoffe, dass dieses Buch eine leicht verständliche und informative Lektüre ist.

Einleitung

Dieses Buch soll leicht verständlich sein, deshalb vermeide ich große Gedankensprünge. Bei der Vorstellung eines neuen Konzepts erkläre ich es entweder sofort oder weise darauf hin, wann es erläutert wird. Kernkonzepte werden durch Übungen und mehrfache Erklärungen vertieft, sodass du deine eigenen Schlussfolgerungen überprüfen kannst und dich auf diese Weise vergewisserst, dass du dem Inhalt folgst.

Ich verwende stets Beispiele. Ich möchte keinen Zeichensalat präsentieren, sondern habe zum Ziel, dass es dir leicht fällt, die Konzepte zu visualisieren. Ich bin davon überzeugt, dass man am besten lernt, wenn man sich an bereits Bekanntes erinnern kann – und Beispiele machen es einfacher, sich etwas zu merken. Wenn du dir beispielsweise den Unterschied zwischen Arrays und verketteten Listen (die in Kapitel 2 erläutert werden) merken möchtest, brauchst du nur daran zu denken, in einem Kinosaal Platz zu nehmen. Auch wenn ich Gefahr laufe, das Offensichtliche zu verkünden: Ich bin ein visueller Lerner. Dieses Buch enthält also haufenweise Abbildungen.

Der Inhalt des Buchs wurde sorgfältig zusammengestellt. Für ein Buch, das sämtliche Sortieralgorithmen abhandelt, gibt es keinen Bedarf – zu diesem Zweck gibt es die Wikipedia und die Khan Academy. Alle vorgestellten Algorithmen sind praktisch anwendbar. Bei meiner Tätigkeit als Softwareentwickler haben sie sich als nützlich erwiesen und bilden eine gute Grundlage für komplexere Themen. Viel Vergnügen beim Lesen!

Überblick

Die ersten drei Kapitel des Buchs behandeln die Grundlagen:

- **Kapitel 1** – Du lernst den ersten praxisnahen Algorithmus kennen: die binäre Suche. Außerdem erfährst du, wie man die Geschwindigkeit eines Algorithmus mithilfe von Landau-Symbolen (engl. *Big-O-Notation*) analysiert. Diese Notation wird im gesamten Buch verwendet, um zu beschreiben, wie langsam oder wie schnell ein Algorithmus arbeitet.
- **Kapitel 2** – Dieses Kapitel behandelt zwei fundamentale Datenstrukturen: Arrays und verkettete Listen. Diese beiden Datenstrukturen werden im gesamten Buch verwendet und dienen dazu, komplexere Datenstrukturen wie Hashtabellen (siehe Kapitel 5) zu erstellen.
- **Kapitel 3** – In diesem Kapitel geht es um die Rekursion. Hierbei handelt es sich um ein praktisches Verfahren, das von vielen Algorithmen verwendet wird (wie z. B. Quicksort, das in Kapitel 4 zur Sprache kommt).

Meiner Erfahrung nach sind die Landau-Notation und Rekursion für Einsteiger ziemlich anspruchsvolle Themen. Deshalb lasse ich es langsam angehen und widme diesen beiden Abschnitten zusätzlichen Raum. Die verbleibenden Kapitel stellen Algorithmen mit einem breiten Spektrum von Anwendungsmöglichkeiten vor:

- **Problemlösungsverfahren** – Die Kapitel 4, 8 und 9 behandeln Problemlösungsverfahren. Wenn du einer Aufgabe gegenüberstehst und dir nicht sicher bist, wie sie effizient gelöst werden kann, solltest du das Teile-und-herrsche-Verfahren (siehe Kapitel 4) oder dynamische Programmierung (siehe Kapitel 9) ausprobieren. Möglicherweise stellst du jedoch fest, dass es keine effiziente Lösung gibt. In diesem Fall kannst du einen Greedy-Algorithmus (siehe Kapitel 8) verwenden, um eine Näherungslösung zu berechnen.
- **Hashtabellen** – Kapitel 5 hat Hashtabellen zum Thema. Eine Hashtabelle ist eine äußerst nützliche Datenstruktur, die Schlüssel- und Werte-Paare enthält, wie beispielsweise den Namen einer Person und deren E-Mail-Adresse oder einen Benutzernamen und das dazugehörige Passwort. Der Nutzen von Hashtabellen ist so groß, dass er kaum überbewertet werden kann. Wenn ich eine Aufgabe in Angriff nehme, stelle ich zunächst die folgenden beiden Fragen: »Kann ich eine Hashtabelle verwenden?« und »Kann ich das als Graph darstellen?«.
- **Graphenalgorithmen** – Die Kapitel 6 und 7 befassen sich mit Graphenalgorithmen. Graphen bieten die Möglichkeit, ein Netzwerk zu modellieren: ein soziales Netzwerk, ein Netzwerk aus Straßen oder Neuronen oder irgendeine andere aus Verbindungen bestehende Menge. Die Breitensuche (engl. *Breadth-First Search*, kurz BFS, siehe Kapitel 6) und der Dijkstra-Algorithmus (siehe Kapitel 7) ermöglichen es, die kürzeste Verbindung zwischen zwei Punkten eines Netzwerks zu finden. Du kannst diesen Ansatz beispielsweise dazu verwenden, um die Verschiedenartigkeit zweier Personen oder die kürzeste Verbindung zu einem Ziel zu berechnen.

- **k-nächste Nachbarn (KNN)** – In Kapitel 10 geht es um k-nächste Nachbarn, einen einfachen Machine-Learning-Algorithmus. Mit KNN kann beispielsweise ein Empfehlungssystem, eine optische Zeichenerkennung (engl. *Optical Character Recognition*, OCR) oder ein System zur Vorhersage von Aktienkursen erstellt werden – also Systeme, die irgendeine Vorhersage treffen (»Der Besucher bewertet diesen Film mit 4 Sternen«) oder Objekte klassifizieren (»Dieser Buchstabe ist ein Q«).
- **Die nächsten Schritte** – In Kapitel 11 werden 10 weitere Algorithmen vorgestellt, die gut geeignet sind, um das Thema Algorithmen weiter zu vertiefen.

Verwendung dieses Buchs

Die Reihenfolge der Inhalte und der Inhalt selbst wurden sorgfältig zusammengestellt. Wenn du an einem Thema besonders interessiert bist, steht es dir natürlich frei, einen Teil des Buchs zu überspringen. Andernfalls solltest du die Kapitel jedoch der Reihe nach lesen, da sie aufeinander aufbauen.

Ich empfehle ausdrücklich, dass du den Code der Beispiele auch tatsächlich ausführst. Ich kann es gar nicht oft genug wiederholen. Gib die Codebeispiele genau wie angegeben ein (oder lade sie unter `https://github.com/egonschiele/grokking_algorithms`) herunter und führe sie aus. Wenn du das machst, wirst du sehr viel mehr behalten.

Darüber hinaus rate ich auch dazu, die Übungen zu bearbeiten. Sie sind nicht zeitaufwändig – in der Regel dauert es nur ein oder zwei Minuten, vielleicht auch mal fünf oder zehn, sie zu bearbeiten. Die Übungen helfen dir dabei, dein Verständnis zu überprüfen, sodass du rechtzeitig bemerkst, wenn du dem Inhalt nicht mehr folgen kannst.

Wer sollte dieses Buch lesen?

Das Buch wendet sich an Leser, die über grundlegende Kenntnisse der Programmierung verfügen und Algorithmen besser verstehen möchten. Vielleicht stehst du schon vor einer ganz konkreten Aufgabe, für die du eine Lösung in Form eines Algorithmus suchst. Oder du möchtest einfach nur wissen, wofür Algorithmen gut sind. Nachfolgend eine kurze, unvollständige Liste von Lesern, für die das Buch von Nutzen sein kann:

- Hobbyprogrammierer
- Schüler, die einen Programmierkurs besuchen
- Informatiker, die ihre Kenntnisse auffrischen möchten
- Physiker, Mathematiker oder andere Akademiker, die an der Programmierung interessiert sind

Konventionen und Downloads

Die Codebeispiele in diesem Buch sind in Python 2.7 programmiert. Für den im Buch abgedruckten Code wird eine `nicht-proportionale Schrift` verwendet, um ihn vom Fließtext zu unterscheiden. Einige der Listings enthalten Anmerkungen, die wichtige Konzepte hervorheben.

Die Codebeispiele kannst du unter folgender Adresse herunterladen:
`https://github.com/egonschiele/grokking_algorithms`

Ich bin davon überzeugt, dass du am besten lernst, wenn es dir Spaß macht – also gönne dir das Vergnügen und führe die Codebeispiele aus!

Über den Autor

Aditya Y. Bhargava ist als Softwareentwickler bei Etsy tätig, einem virtuellen Marktplatz für handgemachte Produkte. Er hat einen Master in Computer Science von der University of Chicago. Außerdem betreibt er unter `http://adit.io` ein beliebtes reich bebildertes Tech-Blog.

Danksagungen

Ich danke dem amerikanischen Originalverlag Manning, der mir die Möglichkeit gab, dieses Buch zu schreiben und mir eine Menge kreativer Freiheit ließ. Ich danke dem Herausgeber Marjan Bace, Mike Stephens, der mich engagierte, Bert Bates, der mich lehrte, wie man schreibt, und der unglaublich aufgeschlossenen und zuvorkommenden Redakteurin Jennifer Stout. Dank gebührt auch dem Produktionsteam: Kevin Sullivan, Mary Piergies, Tiffany Taylor, Leslie Haimes und vielen anderen, die hinter den Kulissen tätig waren. Darüber hinaus möchte ich den vielen Menschen danken, die das Manuskript gelesen und Verbesserungsvorschläge geliefert haben: Karen Bensdon, Rob Green, Michael Hamrah, Ozren Harlovic, Colin Hastie, Christopher Haupt, Chuck Henderson, Pawel Kozlowski, Amit Lamba, Jean-François Morin, Robert Morrison, Sankar Ramanathan, Sander Rossel, Doug Sparling und Damien White.

Dank gebührt auch den Menschen, die mir dabei geholfen haben, dieses Buch zu verwirklichen: den Mitarbeitern des Flashkit Game Boards, die mich das Programmieren lehrten, den vielen Freunden, die verschiedene Kapitel überprüft haben, Ratschläge gaben und es mir ermöglichten, unterschiedliche Erklärungen auszuprobieren. Hierzu gehören Ben Vinegar, Karl Puzon, Alex Manning, Esther Chan, Anish Bhatt, Michael Glass, Nikrad Mahdi, Charles Lee, Jared Friedman, Hema Manickavasagam, Hari Raja, Murali Gudipati, Srinivas Varadan und andere. Ich danke Gerry Brady, der mir Algorithmen erklärt hat. Großer Dank gebührt auch den Algorithmen-Koryphäen CLRS (Cormen, Leiserson, Rivest, Stein), Knuth und Strang. Ich stehe wahrhaft auf den Schultern von Giganten.

Ich danke meinem Vater, meiner Mutter, Priyanka und der übrigen Familie für die beständige Unterstützung. Und ein besonderes Dankeschön an meine Frau Maggie. Uns stehen noch viele Abenteuer bevor – und damit meine ich nicht, am Freitagabend zuhause zu bleiben und Abschnitte umzuschreiben.

Und schließlich ein großes Dankeschön an alle Leser, die sich auf dieses Buch eingelassen haben und an die Leser, die im Forum zu diesem Buch Feedback gegeben haben. Ihr habt wirklich dazu beigetragen, das Buch zu verbessern.

Einführung in Algorithmen

1

In diesem Kapitel:

- Du wirst einen ersten Suchalgorithmus programmieren (eine binäre Suche).
- Du wirst erfahren, wie man die Laufzeit eines Algorithmus mit der Landau-Notation beschreibt.
- Du wirst ein bei der Entwicklung von Algorithmen gängiges Verfahren kennenlernen: die Rekursion.

1.1 Einführung

Ein *Algorithmus* ist eine Reihe von Anweisungen, die eine Aufgabe ausführen. Man könnte eigentlich jeden Codeschnipsel als Algorithmus bezeichnen, aber dieses Buch befasst sich mit den interessanteren Aspekten. Die Algorithmen in diesem Buch habe ich ausgewählt, weil sie schnell sind, interessante Aufgabenstellungen lösen oder beides. Hier sind einige der Highlights:

- Dieses Kapitel beschreibt die binäre Suche und führt vor, wie ein Algorithmus deinen Code beschleunigen kann. In einem der Beispiele wird die Anzahl der erforderlichen Schritte von 4 Milliarden auf nur 32 reduziert!
- Ein GPS-Empfänger verwendet Graphenalgorithmen (die in Kapitel 6, Kapitel 7 und Kapitel 8 erörtert werden), um die kürzeste Route zu einem Ziel zu berechnen.
- Du kannst die dynamische Programmierung (siehe Kapitel 9) dazu verwenden, einen Algorithmus zu schreiben, der Dame spielt.

Ich werde hierfür jeweils einen Algorithmus erläutern und ein Beispiel dafür zeigen. Anschließend betrachten wir die Laufzeit des Algorithmus mithilfe der Landau-Notation (Landau-Symbole). Und schließlich erfährst du, welche anderen Aufgabenstellungen mit demselben Algorithmus gelöst werden können.

1.1.1 Performance

Die gute Nachricht ist, dass Implementierungen der Algorithmen, die in diesem Buch beschrieben werden, sehr wahrscheinlich in deiner Lieblingsprogrammiersprache verfügbar sind. Du musst die Algorithmen also nicht alle selbst schreiben! Allerdings sind diese Implementierungen nutzlos, wenn du deren Vor- und Nachteile nicht verstehst. In diesem Buch lernst du, die Vor- und Nachteile verschiedener Algorithmen miteinander zu vergleichen: Solltest du für eine bestimmte Aufgabe Mergesort oder lieber Quicksort verwenden? Ist ein Array oder eine Liste besser geeignet? Die Verwendung einer anderen Datenstruktur kann einen sehr großen Unterschied ausmachen.

1.1.2 Problemlösungen

Du wirst zudem Verfahren zur Problemlösung für Aufgaben kennenlernen, an die du dich bislang vielleicht nicht herangetraut hast. Einige Beispiele:

- Falls du Videospiele magst, kannst du ein System für die Künstliche Intelligenz (KI) programmieren, das Graphenalgorithmen verwendet und das den User im Spiel verfolgt.
- Du wirst erfahren, wie du mit dem k-Nächste-Nachbarn-Algorithmus (k-Nearest-Neighbors-Algorithmus) ein Empfehlungssystem entwickeln kannst.
- Manche Aufgaben lassen sich nicht in angemessen kurzer Zeit lösen. Der Abschnitt des Buchs über NP-vollständige Probleme beschreibt, wie du solche Probleme erkennen kannst und stellt einen Algorithmus vor, der dir eine Näherungslösung liefert.

Allgemeiner formuliert: Nach der Lektüre dieses Buchs werden dir einige der meisten verbreiteten und für sehr viele Fälle anwendbaren Algorithmen vertraut sein. Mit dem Wissen aus diesem Buch kannst du dich spezielleren Algorithmen für die KI, für Datenbanken usw. zuwenden oder dich noch größeren Herausforderungen stellen.

Erforderliche Kenntnisse

Für die weitere Lektüre des Buchs benötigst du Grundkenntnisse der Algebra. Betrachte beispielsweise die folgende Funktion: $f(x) = x \times 2$. Welchen Wert besitzt dann $f(5)$? Wenn deine Antwort 10 lautet, bist du bereit.

Darüber hinaus ist dieses Kapitel (wie das ganze Buch) leichter verständlich, wenn dir eine Programmiersprache vertraut ist. Die Beispiele in diesem Buch sind in Python geschrieben. Falls du noch keine Programmiersprache kennst und eine erlernen möchtest, solltest du Python wählen – die Sprache ist hervorragend für Anfänger geeignet. Wenn du eine andere dir bekannte Programmiersprache (wie z. B. Ruby) verwenden möchtest, ist das problemlos möglich.

1.2 Binäre Suche

Nehmen wir an, du suchst in einem Telefonbuch nach einer Person (wie altmodisch das klingt!). Der Name beginnt mit *K*. Du könntest nun am Anfang des Telefonbuchs loslegen und so lange blättern, bis du zum Buchstaben *K* gelangst. Wahrscheinlich wirst du mit der Suche jedoch eher in der Mitte anfangen, weil du weißt, dass sich die Einträge mit *K* ungefähr in der Mitte des Telefonbuchs befinden.

Oder du stellst dir vor, dass du einen Begriff, der mit dem Buchstaben *O* beginnt, in einem Wörterbuch suchst. Auch in diesem Fall wirst du mit der Suche in der Nähe der Mitte beginnen.

Und nun stelle dir vor, dass du dich bei Facebook anmeldest. Facebook muss dann überprüfen, ob du ein Konto besitzt und dementsprechend in einer Datenbank nach deinem Namen suchen. Nehmen wir an, dein Username lautet *karlmageddon*. Facebook könnte nun beim Buchstaben *A* mit der Suche anfangen – allerdings ist es sinnvoller, irgendwo in der Mitte anzufangen.

Bei dieser Aufgabe handelt es sich um eine Suche. Zur Lösung solcher Aufgaben kommt stets der gleiche Algorithmus zum Einsatz: die *binäre Suche*.

Die binäre Suche ist ein Algorithmus, dessen Eingabe aus einer sortierten Liste von Elementen besteht. (Ich erkläre später, warum die Liste sortiert sein muss.) Wenn das gesuchte Element in dieser Liste enthalten ist, liefert die binäre Suche die Position zurück, an der es sich befindet. Andernfalls gibt die binäre Suche den Wert `null` zurück.

Zum Beispiel:

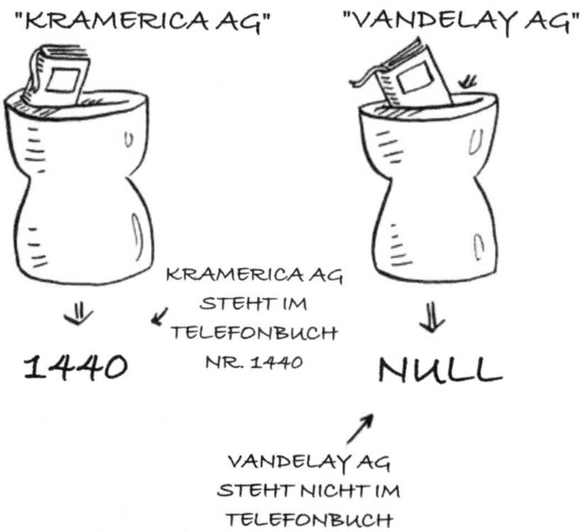

Hier ist ein Beispiel für die Funktionsweise der binären Suche. Ich denke an eine Zahl zwischen 1 und 100.

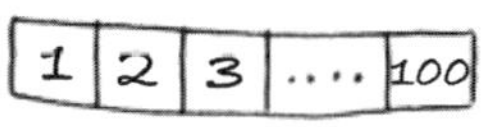

Du musst nun meine Zahl mit möglichst wenigen Versuchen erraten. Ich sage dir jeweils, ob die geratene Zahl zu groß, zu klein oder richtig ist.

Nehmen wir an, du nennst die Zahlen der Reihe nach: 1, 2, 3, 4, ... Das sähe dann folgendermaßen aus:

Hierbei handelt es sich um eine *einfache Suche* (vielleicht wäre *eintönige Suche* in diesem Fall eine passendere Bezeichnung). Mit jedem Versuch schließt du nur eine einzige Zahl aus. Wenn ich an die Zahl 99 gedacht hätte, würdest du 99 Versuche benötigen, um meine Zahl zu erraten!

1.2.1 Eine bessere Suchmethode

Ein besseres Verfahren ist das folgende: Fang mit der Zahl 50 an.

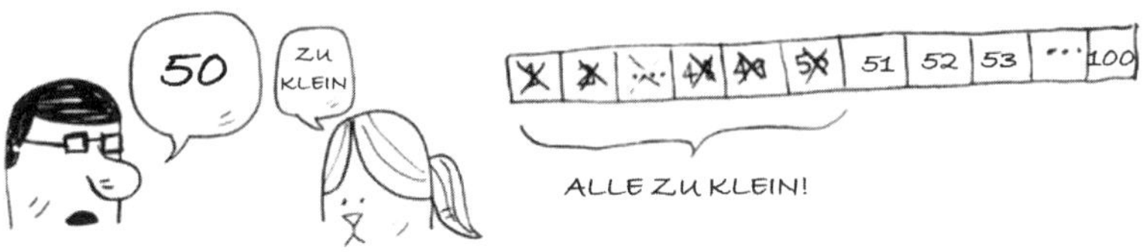

Diese ist zu klein, allerdings hast du soeben *die Hälfte* aller Zahlen ausgeschlossen! Du weißt nun, dass alle Zahlen von 1 bis 50 zu klein sind. Nächster Versuch: 75.

Zu groß, aber du hast wieder die Hälfte der verbliebenen Zahlen ausgeschlossen! *Bei einer binären Suche nennst du die Zahl in der Mitte und schließt dadurch jeweils die Hälfte der noch vorhandenen Zahlen aus.* Nun ist 63 an der Reihe (die Mitte zwischen 50 und 75).

So funktioniert die binäre Suche. Du hast soeben deinen ersten Algorithmus erlernt! So viele Zahlen kannst du mit jedem Rateversuch ausschließen:

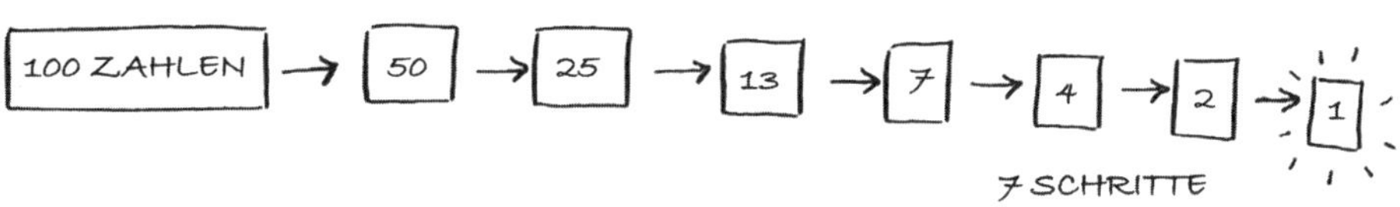

An welche Zahl ich denke, spielt keine Rolle: Du benötigst höchstens 7 Versuche, um sie zu erraten, weil bei jedem Rateversuch so viele Zahlen ausgeschlossen werden.

Nehmen wir wieder an, du suchst nach einem Begriff in einem Wörterbuch, das 240.000 Einträge enthält. Was meinst du, wie viele Schritte für eine Suche im *Worst Case*, also im ungünstigsten Fall, nötig sind?

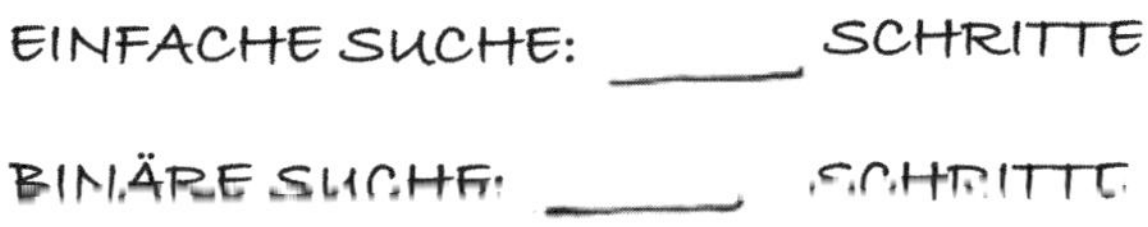

Bei der einfachen Suche können 240.000 Schritte notwendig sein, sofern sich das gesuchte Wort ganz am Ende des Wörterbuchs befindet. Bei der binären Suche hingegen wird bei jedem Schritt die Anzahl der verbliebenen Wörter halbiert, bis schließlich nur noch ein Wort übrig ist.

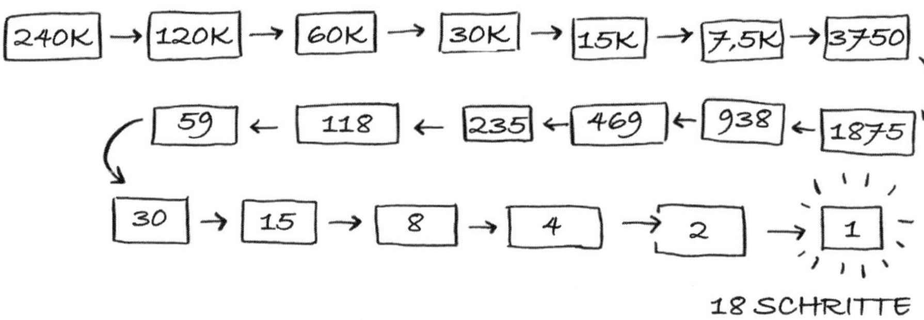

Bei der binären Suche sind also 18 Schritte erforderlich – ein riesiger Unterschied! Verallgemeinert bedeutet das: Bei einer Liste der Länge n benötigt die binäre Suche im Worst Case $\log_2 n$ Schritte, bei einer einfachen Suche sind hingegen n Schritte erforderlich.

Logarithmen

Vielleicht erinnerst du dich nicht mehr daran, was Logarithmen sind, aber du weißt vermutlich noch, was Exponentialfunktionen sind. Der Ausdruck $\log_{10} 100$ entspricht der Frage: »Wie viele Zehnen muss man miteinander multiplizieren, um 100 zu erhalten?«. Die Antwort lautet 2: $10 \times 10 = 100$. Also ist $\log_{10} 100 = 2$. Logarithmen sind die Umkehrfunktionen von Exponentialfunktionen.

Wenn es in diesem Buch um die Laufzeit und die Landau-Notation (die in Kürze erklärt wird) geht, bedeutet log stets $\log_2$. Wenn du für die Suche nach einem Element eine einfache Suche verwendest, musst du im Worst Case jedes einzelne

Element überprüfen. Bei einer Liste von 8 Zahlen musst du höchstens 8 Zahlen überprüfen. Bei einer binären Suche musst du im Worst Case log *n* Elemente überprüfen. Für eine Liste mit 8 Elementen gilt log 8 == 3, denn 2^3 == 8. Du musst also höchstens 3 Zahlen überprüfen (und dann kannst du mit dem 4. Versuch das richtige Ergebnis nennen). Für eine Liste mit 1.024 Elementen gilt log 1.024 == 10, denn 2^{10} == 1.024. Bei einer Liste von 1.024 Zahlen musst du also höchstens 10 Zahlen überprüfen.

$$10^2 = 100 \leftrightarrow \log_{10} 100 = 2$$

$$10^3 = 1000 \leftrightarrow \log_{10} 1000 = 3$$

$$2^3 = 8 \leftrightarrow \log_2 8 = 3$$

$$2^4 = 16 \leftrightarrow \log_2 16 = 4$$

$$2^5 = 32 \leftrightarrow \log_2 32 = 5$$

Hinweis

In diesem Buch geht es des Öfteren um die logarithmische Laufzeit, deshalb sollte dir das Konzept von Logarithmen vertraut sein. Sollte dies nicht der Fall sein, findest du bei der Khan Academy (`https://www.khanacademy.org`) ein anschauliches englisches Video, das dieses Konzept verdeutlicht.

Hinweis

Die binäre Suche funktioniert nur dann, wenn die zu durchsuchende Liste sortiert ist. Die Namen in einem Telefonbuch sind beispielsweise alphabetisch sortiert. Hier kannst du also für die Suche nach einem Namen eine binäre Suche verwenden. Wie sähe es aus, wenn die Namen nicht sortiert wären?

Sehen wir uns doch einmal an, wie man eine binäre Suche in Python programmiert. Der Beispielcode verwendet Arrays. Falls du nicht weißt, wie Arrays funktionieren, keine Sorge, sie werden im nächsten Kapitel erklärt. Du brauchst nur zu wissen, dass sie eine Sequenz von Elementen in einer Reihe aufeinanderfolgender Behälter speichern können, deren Gesamtheit als Array bezeichnet wird. Die Behälter werden, angefangen bei 0, durchnummeriert: Der erste befindet sich an der Position #0, der zweite ist #1, der dritte #2 usw.

Die Funktion `binary_search` nimmt ein sortiertes Array und ein Objekt entgegen. Wenn das Objekt in diesem Array enthalten ist, liefert die Funktion dessen Position zurück. Du führst darüber Buch, welcher Teil des Arrays zu durchsuchen ist. Anfangs handelt es sich um das gesamte Array:

```
low = 0
high = len(list) - 1
```

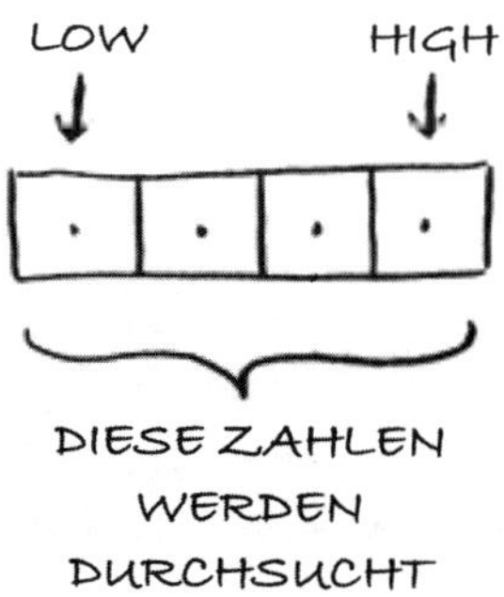

Du überprüfst jeweils das mittlere Element:

```
mid = (low + high) // 2 ❶
guess = list[mid]
```

❶ Der Wert der `mid`-Funktion wird von Python automatisch abgerundet, sofern `(low + high)` keine gerade Zahl ist.

Sollte der geratene Wert zu klein sein, aktualisierst du `low` dementsprechend:

```
if guess < item:
  low = mid + 1
```

Und sollte der geratene Wert zu groß sein, aktualisierst du `high`. Hier ist der vollständige Code:

```
def binary_search(list, item):
  low = 0 ❶
  high = len(list)-1 ❶

  while low <= high: ❷
    mid = (low + high)  // 2 ❸
    guess = list[mid]
    if guess == item: ❹
      return mid
    if guess > item: ❺
      high = mid - 1
    else: ❻
      low = mid + 1
  return None ❼

my_list = [1, 3, 5, 7, 9] ❽

print binary_search(my_list, 3) # => 1 ❾
print binary_search(my_list, -1) # => None ❿
```

❶ `low` und `high` führen darüber Buch, welcher Teil der Liste durchsucht wird.

❷ Solange der Suchbereich mehr als ein Element umfasst ...

❸ ... wird das mittlere Element überprüft.

❹ Das gesuchte Objekt wurde gefunden.

❺ Der geratene Wert war zu groß.

❻ Der geratene Wert war zu klein.

❼ Das gesuchte Objekt ist in der Liste nicht enthalten.

❽ Testen der Funktion.

❾ Denk daran, dass die Nummerierung der Listenelemente bei 0 beginnt. Das zweite Element hat den Index 1

❿ »None« bedeutet in Python nil. Es zeigt an, dass ein Objekt nicht gefunden wurde..

Übungen

1.1 Eine sortierte Liste enthät 128 Namen. Du durchsuchst sie mit einer binären Suche. Wie viele Schritte sind dafür maximal erforderlich?

1.2 Nehmen wir an, du verdoppelst die Größe der Liste. Wie viele Schritte sind nun maximal erforderlich?

1.2.2 Laufzeit

Bei allen vorgestellten Algorithmen werde ich die Laufzeit erklären. Ob nun die Laufzeit oder aber der Speicherplatzbedarf optimiert werden soll: Im Allgemeinen möchte man den effizientesten Algorithmus auswählen.

Zurück zur binären Suche. Wie viel Zeit sparst du durch ihre Verwendung? Beim ersten Ansatz wurden alle Zahlen der Reihe nach überprüft. Wenn die Liste 100 Zahlen enthält, sind bis zu 100 Rateversuche erforderlich. Wenn die Liste 4 Milliarden Zahlen enthält, sind bis zu 4 Milliarden Rateversuche notwendig. Die maximale Anzahl der Rateversuche entspricht also der Größe der Liste. Man bezeichnet das als lineare Laufzeit.

Bei der binären Suche verhält es sich anders. Wenn die Liste 100 Objekte enthält, sind höchstens 7 Rateversuche erforderlich. Enthält die Liste 4 Milliarden Objekte, sind höchstens 32 Rateversuche notwendig. Ziemlich leistungsstark, oder? Die binäre Suche benötigt eine *logarithmische Laufzeit*. Die folgende Tabelle fasst unsere Ergebnisse zusammen.

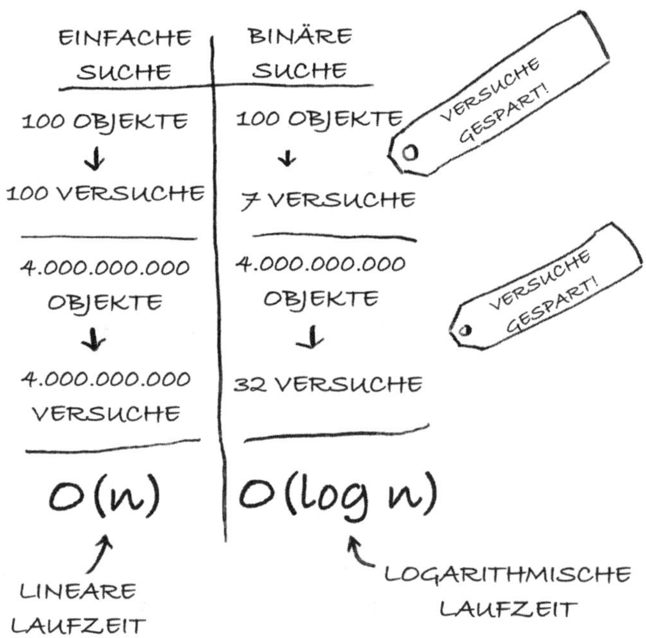

1.3 Landau-Notation

Die *Landau-Notation* (engl. *Big-O-Notation*, der Begriff Landau-Symbole ist ebenfalls gebräuchlich) ist eine spezielle Schreibweise, die angibt, wie schnell ein Algorithmus ist. Warum ist das wichtig? Du wirst feststellen, dass du häufig Algorithmen verwendest, die andere Leute entwickelt haben. In diesem Fall ist es praktisch zu wissen, wie schnell oder langsam diese Algorithmen sind. In diesem Abschnitt werde ich dir zeigen, was die Landau-Notation bedeutet und eine Liste der gängigsten Laufzeiten der Algorithmen präsentieren, die Landau-Symbole verwenden.

1.3.1 Die Laufzeiten von Algorithmen nehmen unterschiedlich schnell zu

Bob programmiert einen Suchalgorithmus für die NASA. Sein Algorithmus kommt zum Einsatz, wenn eine Rakete auf dem Mond landen soll und kann den Landeplatz berechnen.

Hierbei handelt es sich um ein Beispiel dafür, dass die Laufzeiten zweier Algorithmen auf unterschiedliche Weise zunehmen können. Bob muss sich zwischen einer einfachen Suche und einer binären Suche entscheiden. Der Algorithmus muss sowohl schnell sein als auch fehlerlos funktionieren. Einerseits ist die binäre Suche schneller. Bob hat nämlich nur *10 Sekunden* Zeit, um den Landeplatz zu ermitteln – denn sonst kommt die Rakete vom Kurs ab. Andererseits lässt sich die einfache Suche leichter programmieren. Und Bob möchte *wirklich* nicht, dass der Code zum Landen einer Rakete Bugs enthält! Vorsichtshalber will Bob die Laufzeiten beider Algorithmen messen, wenn er eine Liste verwendet, die 100 Elemente enthält.

Nehmen wir an, das Überprüfen eines Elements dauert eine Millisekunde (ms). Bei der einfachen Suche muss Bob 100 Elemente überprüfen, also dauert das Ausführen der Suche 100 ms. Bei der binären Suche muss er hingegen lediglich 7 Elemente überprüfen. $\log_2 100$ ist ungefähr 7, also dauert die Suche 7 ms. Realistisch betrachtet wird die Liste tatsächlich eher eine Milliarde Elemente enthalten. Wie lange würde dann die einfache Suche dauern? Und wie lange die binäre Suche? Vergewissere dich, dass du diese beiden Fragen beantworten kannst, bevor du weiterliest.

LAUFZEITEN DER EINFACHEN UND DER BINÄREN SUCHE BEI EINER LISTE MIT 100 ELEMENTEN

Bob führt eine binäre Suche mit einer Liste aus, die eine Milliarde Elemente enthält. Sie dauert 30 ms ($\log_2$ 1.000.000.000 ist ungefähr 30). »30 ms!«, geht ihm durch Kopf. »Die binäre Suche ist rund 15 Mal schneller als die einfache Suche, denn bei 100 Elementen dauerte die einfache Suche 100 ms und die binäre Suche 7 ms. Also sollte die einfache Suche 30 × 15 = 450 ms dauern, richtig? Das ist deutlich unter den zulässigen 10 Sekunden.« Bob entschließt sich also dazu, die einfache Suche zu verwenden. Aber ist das die richtige Entscheidung?

Nein, denn wie sich zeigen wird, liegt Bob falsch. Völlig falsch. Die Laufzeit der einfachen Suche beträgt bei einer Milliarden Objekte eine Milliarde ms – das sind mehr als 11 Tage! Das Problem besteht hier darin, dass die Laufzeiten für binäre und einfache Suche *nicht auf dieselbe Weise zunehmen*.

	EINFACHE SUCHE	BINÄRE SUCHE
100 ELEMENTE	100ms	7ms
10.000 ELEMENTE	10 Sekunden	14ms
1.000.000.000 ELEMENTE	11 TAGE	32ms

DIE LAUFZEITEN NEHMEN MIT SEHR UNTERSCHIEDLICHER GESCHWINDIGKEIT ZU!

Wenn die Anzahl der Objekte zunimmt, benötigt die binäre Suche zur Ausführung etwas mehr Zeit. Die einfache Suche jedoch benötigt *sehr viel* mehr Zeit zur

Ausführung. Deshalb wird die binäre Suche sehr viel schneller als die einfache Suche, wenn die Zahlenliste größer wird. Bob dachte, dass die binäre Suche 15 Mal schneller als die einfache Suche ist, aber das stimmt nicht. Wenn die Liste eine Milliarden Objekte enthält, ist die binäre Suche rund 33 Millionen Mal schneller. Aus diesem Grund reicht es nicht aus zu wissen, wie lange ein Algorithmus zur Ausführung benötigt – man muss auch wissen, wie die Laufzeit anwächst, wenn die Größe der Liste zunimmt. Hier kommt die Landau-Notation ins Spiel.

Die Landau-Symbole geben an, wie schnell ein Algorithmus ist. Betrachte beispielsweise eine Liste der Größe *n*. Bei der einfachen Suche muss jedes einzelne Element überprüft werden, daher sind *n* Operationen erforderlich. Für diese Laufzeit wird das Landau-Symbol O(*n*) verwendet. Aber wo sind die Sekunden angegeben? Es gibt keine – die Geschwindigkeit wird nicht in Sekunden angegeben. *Die Landau-Notation ermöglicht es, die Anzahl der Operationen zu vergleichen.* Sie teilt dir mit, wie schnell die Anzahl der Operationen des Algorithmus anwächst.

Hier ist ein weiteres Beispiel: Die binäre Suche benötigt log *n* Operationen, um eine Liste der Größe *n* zu überprüfen. Wie sieht das als Landau-Notation aus? Hierfür schreibt man O(log *n*). Im Allgemeinen notiert man ein Landau-Symbol folgendermaßen:

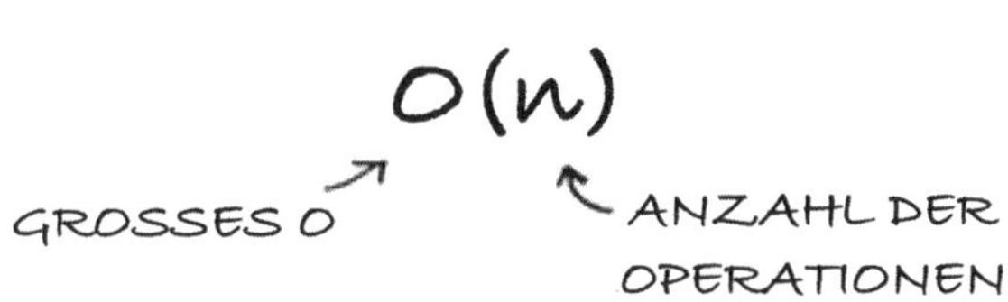

Du kannst daran ablesen, wie viele Operationen der Algorithmus ausführen wird. Im Englischen spricht man auch von der *Big-O-Notation*, weil der Anzahl der Operationen ein großes »O« vorangestellt wird. (Klingt wie ein Scherz, ist aber tatsächlich wahr!)

Betrachten wir einige Beispiele. Kannst du die Laufzeiten der Algorithmen herausfinden?

1.3.2 Visualisierung verschiedener Laufzeiten

Zunächst ein praktisches Beispiel, das du mit ein paar Blättern Papier und einem Bleistift leicht nachvollziehen kannst. Deine Aufgabe besteht darin, ein Gitter zu zeichnen, das aus 16 Kästchen besteht.

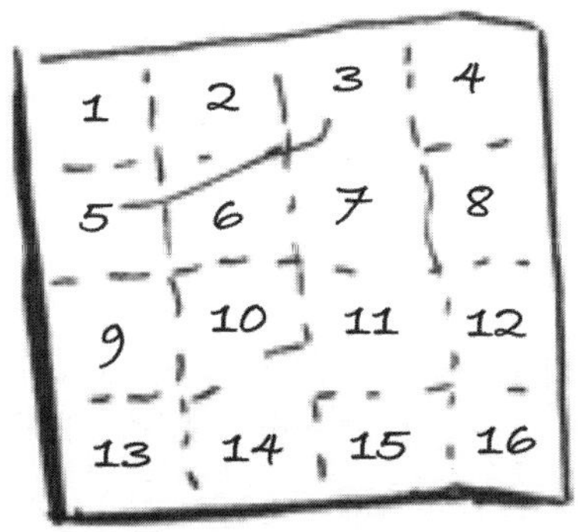

Algorithmus 1

Eine Möglichkeit besteht darin, der Reihe nach 16 einzelne Kästchen zu zeichnen. Wie du weißt, gibt die Landau-Notation die Anzahl der Operationen an. In diesem Beispiel stellt das Zeichnen eines Kästchens eine Operation dar. Und du musst 16 Kästchen zeichnen. Wie viele Operationen sind also erforderlich, wenn du die Kästchen einzeln zeichnest?

Zum Zeichnen von 16 Kästchen sind 16 Schritte notwendig. Welche Laufzeit benötigt dieser Algorithmus demzufolge?

Algorithmus 2

Probiere nun den folgenden Algorithmus aus. Falte das Papierblatt.

Bei diesem Beispiel ist jedes Falten des Papierblatts eine Operation. Du hast soeben also zwei Kästchen mit nur einer Operation erstellt!

Falte das Papierblatt ein zweites, drittes und viertes Mal.

Falte das Papierblatt nach der vierten Faltung wieder auf. Und siehe da – ein tadelloses Gitter. Mit jeder Faltung verdoppelst du die Anzahl der Kästchen. Du hast also mit 4 Operationen 16 Kästchen erstellt!

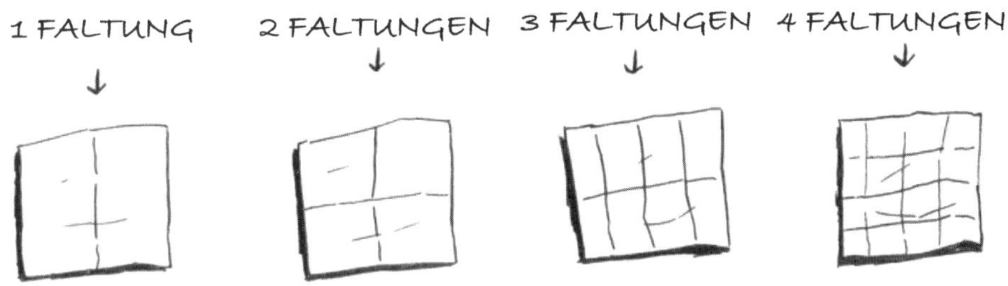

Du kannst die Anzahl der Kästchen mit jeder Faltung verdoppeln, also kannst du mit 4 Schritten 16 Kästchen »zeichnen«. Welche Laufzeit benötigt dieser Algorithmus? Lege die Laufzeiten für die beiden Algorithmen fest, bevor du weitermachst.

Antworten: Algorithmus 1 benötigt die Laufzeit O(n) und Algorithmus 2 die Laufzeit O(log n).

1.3.3 Die Landau-Notation beschreibt die Laufzeit im Worst Case

Nehmen wir an, du verwendest eine einfache Suche, um in einem Telefonbuch nach einer Person zu suchen. Wie du weißt, benötigt die einfache Suche die Laufzeit O(n), was im Worst Case bedeutet, dass du sämtliche Einträge deines Telefonbuchs überprüfen musst. Im vorliegenden Fall suchst du nach meinem Namen »Adit«. Hierbei handelt es sich um den ersten Eintrag in deinem Telefonbuch. Du musst also gar nicht alle Einträge überprüfen – du hast das Gesuchte schon beim ersten Versuch gefunden. Heißt das nun, dass dieser Algorithmus die Laufzeit O(n) benötigt? Oder sogar nur O(1), weil du die Person beim ersten Versuch gefunden hast?

Die einfache Suche benötigt nach wie vor die Laufzeit O(n). In diesem Fall hast du zwar sofort gefunden, was du gesucht hast, aber hierbei handelt es sich um den günstigsten Fall. Die Landau-Notation beschreibt jedoch den *Worst Case*. Du kannst also sagen, dass du im *Worst Case* sämtliche Einträge im Telefonbuch einmal überprüfen musst – und das entspricht der benötigten Laufzeit O(n). Dabei handelt es sich also um eine Art Zusicherung (eine obere Schranke für die Laufzeit) – du kannst dir sicher sein, dass die einfache Suche niemals langsamer als O(n) sein wird.

Hinweis

Neben der Laufzeit im Worst Case, also im ungünstigsten Fall, spielt auch die Laufzeit im Average Case, also im durchschnittlichen Fall, eine wichtige Rolle. Diese sogenannten *Zeitkomplexitäten* (der Worst Case und der Average Case) werden einander in Kapitel 4 gegenübergestellt.

1.3.4 Typische Laufzeiten gebräuchlicher Algorithmen

Nachstehend sind fünf Laufzeiten (sortiert nach abnehmender Geschwindigkeit) aufgeführt, die dir häufig begegnen werden:

- O(log n), die auch als *logarithmische Laufzeit* bezeichnet wird. Beispiel: Die binäre Suche.
- O(n), die auch als *lineare Laufzeit* bezeichnet wird. Beispiel: Die einfache Suche.
- O(n * log n). Beispiel: Ein schneller Sortieralgorithmus wie Quicksort (das in Kapitel 4 erörtert wird).
- O(n^2). Beispiel: Ein langsamer Sortieralgorithmus wie Selectionsort (das in Kapitel 2 erörtert wird).
- O(n!). Beispiel: Ein richtig langsamer Algorithmus, wie der Algorithmus zur Lösung des Problems des Handlungsreisenden (mehr dazu in Kürze).

Nehmen wir an, du zeichnest wieder die 16 Kästchen und du kannst dir dafür einen von 5 verschiedenen Algorithmen aussuchen. Wenn du den ersten Algorithmus verwendest, wirst du eine Laufzeit von O(log n) benötigen, um die Kästchen zu zeichnen. Du kannst pro Sekunde 10 Operationen ausführen. Bei einer Laufzeit von O(log *n*) benötigst du 4 Operationen, um 16 Kästchen zu erzeugen (log 16 = 4). Du benötigst also 0,4 Sekunden zum Zeichnen des Gitters. Und wenn du 1.024 Kästchen zeichnen müsstest? Zum Zeichnen von 1.024 Kästchen sind log 1.024 = 10 Operationen bzw. 1 Sekunde Zeit erforderlich. Diese Angaben gelten für den ersten Algorithmus.

Der zweite Algorithmus ist langsamer: Er benötigt eine Laufzeit von O(*n*). Zum Zeichnen von 16 Kästchen sind 16 Operationen notwendig und zum Zeichnen von 1.024 Kästchen sind 1.024 Operationen nötig. Wie vielen Sekunden entspricht das?

Der folgenden Tabelle kannst du entnehmen, wie lange es dauert, ein Gitter mit einem der anderen Algorithmen zu zeichnen (sortiert nach zunehmender Laufzeit):

ANZAHL DER KÄSTCHEN	O(log n)	O(n)	O(n Log n)	O(n^2)	O(n!)
16	0,4 Sek.	1,6 Sek.	6,4 Sek.	25,6 Sek	66301 Jahre
256	0,8 Sek.	25,6 Sek.	3,4 Min.	1,8 Std.	$2,7 \times 10^{498}$ Jahre
1024	1,0 Sek.	1,7 Min.	17 Min.	1,2 Tage	$1,72 \times 10^{2631}$ Jahre

Es gibt noch andere Laufzeiten, aber diese fünf sind die gebräuchlichsten.

Diese Darstellung ist eine Vereinfachung. Tatsächlich kannst du eine bestimmte Laufzeit nicht so fein säuberlich in eine bestimmte Anzahl von Operationen umwandeln, aber fürs Erste ist diese Betrachtungsweise ausreichend. Nachdem du einige weitere Algorithmen kennengelernt hast, werden wir in Kapitel 4 auf die Landau-Notation zurückkommen. Du solltest dir an dieser Stelle die folgenden Punkte merken:

- Die Geschwindigkeit eines Algorithmus wird nicht in Sekunden bemessen, sondern durch die Zunahme der Anzahl der Operationen.
- Wir betrachten vielmehr, wie schnell die Laufzeit eines Algorithmus anwächst, wenn die Größe der Eingabe zunimmt.
- Die Laufzeit eines Algorithmus wird durch die Landau-Notation beschrieben.
- O(log *n*) ist ohnehin schneller als O(*n*), O(log *n*) ist aber sehr viel schneller als O(*n*), wenn die Größe der zu durchsuchenden Liste von Objekten zunimmt.

Übungen

Benenne die Laufzeit der nachstehenden Fälle in Form der Landau-Notation.

1.3 Du möchtest die Telefonnummer einer Person anhand ihres Namens in einem Telefonbuch finden.

1.4 Du möchtest den Namen einer Person anhand ihrer Telefonnummer in einem Telefonbuch finden. (Hinweis: Du musst das gesamte Telefonbuch durchsuchen!)

1.5 Du möchtest die Telefonnummern sämtlicher Personen im Telefonbuch einlesen.

1.6 Du möchtest nur die Telefonnummern der Personen lesen, deren Name mit *A* beginnt. (Diese Aufgabe ist knifflig! Hier kommen Konzepte zum Einsatz, auf die wir in Kapitel 4 ausführlicher eingehen. Wenn du die Antwort liest, wirst du womöglich überrascht sein!)

1.3.5 Das Problem des Handlungsreisenden

Nach der Lektüre des letzten Abschnitt wirst du dir vielleicht gedacht haben: »Das wird niemals vorkommen, dass ich auf eine Algorithmus stoße, der eine Laufzeit von $O(n!)$ benötigt«. Ich werde versuchen, dir das Gegenteil zu beweisen. Betrachten wir ein Beispiel für einen Algorithmus mit wirklich miserabler Laufzeit. Hierbei handelt es sich um ein sehr bekanntes Problem aus der Informatik, weil die Anzahl der Operationen haarsträubend schnell zunimmt und einige sehr kluge Köpfe denken, dass es keine bessere Lösung gibt. Es wird als *das Problem des Handlungsreisenden* bezeichnet.

Ein Handlungsreisender muss fünf verschiedene Städte besuchen.

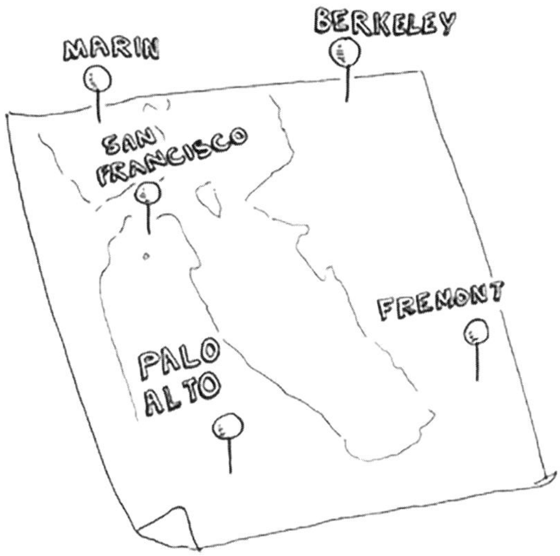

Der Handlungsreisende, den ich Opus nenne, möchte diese fünf Städte besuchen, dabei aber nur die minimal nötige Strecke zurücklegen. Mit dieser Möglichkeit können wir das Ziel erreichen: Betrachte alle möglichen Reihenfolgen, in der er die verschiedenen Städte aufsuchen kann:

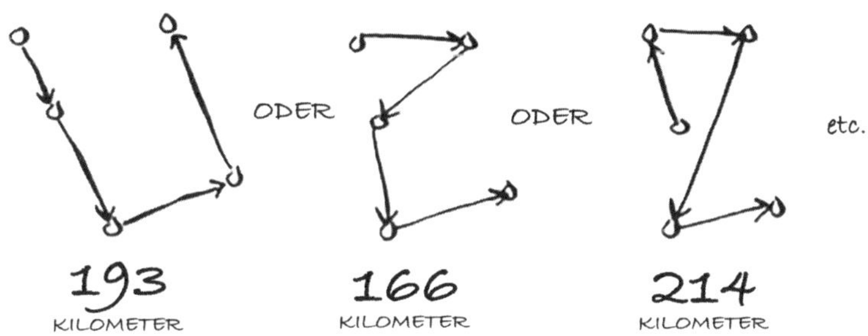

Opus summiert die jeweils zurückgelegten Strecken und wählt die kürzeste Reiseroute aus. Bei 5 Städten gibt es 120 Permutationen, es sind also 120 Operationen erforderlich, um diese Aufgabe für 5 Städte zu lösen. Bei 6 Städten sind 720 Operationen nötig (es gibt 720 Permutationen). Bei 7 Städten sind es schon 5.040 Operationen!

Bei *n* Städten sind *n*! (*n* Fakultät) Operationen nötig, um das Ergebnis zu berechnen. Der Algorithmus benötigt also eine Laufzeit von O(*n*!) – eine *faktorielle Laufzeit*. Wenn man von den ersten paar Zahlen absieht, ist eine enorme Anzahl von Operationen erforderlich. Wenn du es mit mehr als 100 Städten zu tun hast, ist es unmöglich, das Ergebnis zu berechnen. Bevor das Resultat feststeht, wird unsere Sonne schon zu einem Roten Riesen geworden sein.

STÄDTE	OPERATIONEN
6	720
7	5.040
8	40.320
...	...
15	1.307.674.368.000
...	...
30	265.252.859.812.191.058.636.308.480.000.000

DIE ANZAHL DER OPERATIONEN STEIGT DRASTISCH AN!

Der Algorithmus ist ja wirklich fürchterlich. Sollte Opus nicht lieber einen anderen verwenden? Das kann er aber leider nicht, denn hierbei handelt es sich um eines der ungelösten Probleme der Informatik. Es gibt keinen schnelleren Algorithmus für diese Aufgabe und viele kluge Köpfe halten es für *unmöglich*, einen besseren Algorithmus für diese Aufgabe zu finden. Wir können bestenfalls eine Näherungslösung berechnen. Mehr dazu in Kapitel 10.

Ein abschließender Hinweis: Erfahrene Leser sollten einen Blick auf binäre Suchbäume werfen! Im letzten Kapitel werden diese kurz beschrieben.

1.4 Zusammenfassung

- Die binäre Suche ist sehr viel schneller als eine einfache Suche.
- O(log *n*) ist schneller als O(*n*), wird aber noch sehr viel schneller, sobald die Größe der zu durchsuchenden Liste zunimmt.
- Die Geschwindigkeit von Algorithmen wird nicht in Sekunden bemessen.
- Zur Beurteilung der Laufzeit von Algorithmen betrachtet man, wie die Anzahl der erforderlichen Operationen ansteigt.
- Die Laufzeit von Algorithmen wird durch die Landau-Notation beschrieben.

Selectionsort | 2

In diesem Kapitel:

- Du lernst Arrays und verkettete Listen kennen – die beiden fundamentalsten Datenstrukturen, die wirklich überall zum Einsatz kommen. Arrays hast du in Kapitel 1 bereits verwendet und du wirst sie auch in fast allen noch folgenden Kapiteln des Buchs nutzen. Arrays sind von entscheidender Bedeutung, daher solltest du diesem Thema große Aufmerksamkeit schenken. Manchmal ist es allerdings besser, statt eines Arrays eine verkettete Liste zu verwenden. In diesem Kapitel werden die Vor- und Nachteile der beiden Datenstrukturen erläutert, sodass du entscheiden kannst, welche davon für deinen Algorithmus geeigneter ist.
- Du lernst den ersten Sortieralgorithmus kennen. Viele Algorithmen funktionieren nur dann, wenn die Daten sortiert sind. Denke an die binäre Suche: Eine binäre Suche lässt sich nur auf sortierte Listen von Elementen anwenden. In diesem Kapitel geht es um Selectionsort. In den meisten Programmiersprachen ist bereits ein Sortieralgorithmus integriert, daher musst du nur selten deine eigene Version von Grund auf selbst schreiben. Allerdings bietet Selectionsort eine gute Ausgangsposition für die Entwicklung von Quicksort, was Thema des nächsten Kapitels ist. Quicksort ist ein wichtiger Algorithmus, der sich leichter verstehen lässt, wenn man bereits mit einem anderen Sortieralgorithmus vertraut ist.

Erforderliche Kenntnisse

Für das Verständnis der Abschnitte in diesem Kapitel, in denen es um die Analyse der Performance geht, sollten dir die Landau-Notation und Logarithmen vertraut sein. Wenn das nicht der Fall ist, solltest du zunächst Kapitel 1 lesen. Im verbleibenden Teil des Buchs wird durchgehend die Landau-Notation verwendet.

2.1 Die Funktionsweise des Arbeitsspeichers

Stell dir vor, du besuchst eine Theatervorstellung und möchtest einige Gegenstände an der Garderobe abgeben. Zu diesem Zweck steht ein Schrank mit Schubladen zur Verfügung.

Jede Schublade kann ein Objekt beherbergen. Du möchtest zwei Gegenstände hinterlegen und bittest dementsprechend um zwei Schubladen.

Du hinterlegst hier also zwei Gegenstände.

Jetzt kannst du dich ganz der Theatervorstellung widmen! Der Arbeitsspeicher deines Computers funktioniert im Wesentlichen auf dieselbe Art und Weise. Stell dir deinen Computer so vor, als ob er eine riesige Menge von Schubladen enthalten würde, wobei jede Schublade mit einer Adresse versehen ist.

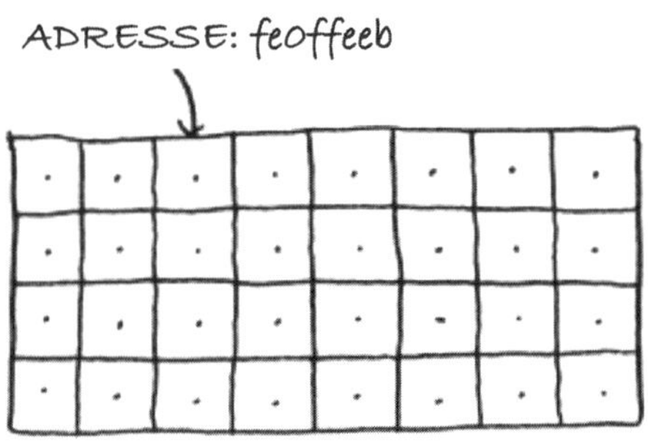

`fe0ffeeb` ist die Adresse einer Zelle im Arbeitsspeicher.

Wenn du ein Objekt im Arbeitsspeicher ablegen möchtest, bittest du den Computer um Speicherplatz. Er liefert dir dann eine Adresse zurück, an der du dein Objekt speichern kannst. Falls du mehrere Objekte speichern möchtest, stehen zwei grundlegende Möglichkeiten zur Wahl: Arrays und Listen. Auf Arrays und Listen sowie deren Vor- und Nachteile komme ich gleich zu sprechen. Keine der Methoden ist für alle Anwendungsfälle perfekt geeignet, deshalb ist es wichtig, die Unterschiede zu kennen.

2.2 Arrays und verkettete Listen

Gelegentlich ist es erforderlich, eine Liste von Elementen zu speichern. Nehmen wir an, du programmierst eine App zur Verwaltung deiner anstehenden Aufgaben. Nun soll die Ausgabenliste im Arbeitsspeicher abgelegt werden.

Solltest du hierfür ein Array oder eine verkettete Liste verwenden? Wir speichern die Aufgabenliste zunächst als Array, denn diese Methode ist leichter verständlich. Wenn man ein Array verwendet, werden die einzelnen Aufgaben zusammenhängend (direkt aufeinanderfolgend) im Arbeitsspeicher abgelegt.

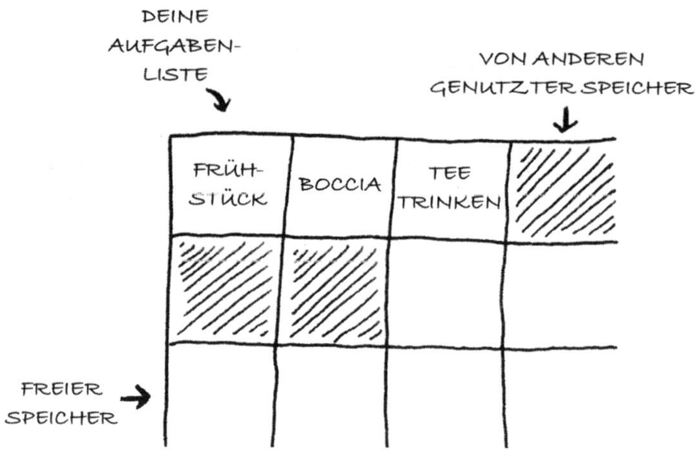

Nehmen wir nun an, du möchtest eine vierte Aufgabe hinzufügen. Die nachfolgende Schublade ist jedoch schon durch ein anderes Objekt belegt!

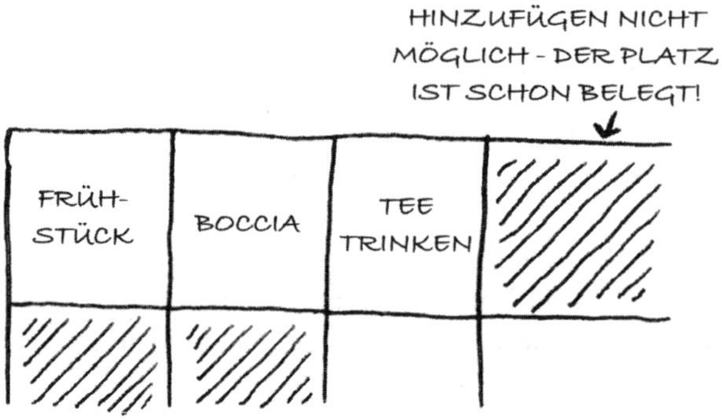

Die Situation ähnelt der Suche nach Sitzplätzen für mehrere Personen in einem Kinosaal. Wenn sich ein weiterer Freund zu euch gesellen möchte, ist für ihn kein Platz mehr frei. Ihr müsst euch nach anderen Plätzen umsehen, die für alle Personen ausreichen. In diesem Fall musst du den Computer anweisen, dir einen anderen Bereich im Arbeitsspeicher bereitzustellen, der alle vier Aufgaben aufnehmen kann. Du musst deine Aufgaben dann dorthin verschieben.

Kommt nun beim Kinobesuch noch ein zusätzlicher Freund hinzu, fehlt wieder ein Sitzplatz und ihr müsst ein zweites Mal umziehen! Wie umständlich! Das Hinzufügen eines zusätzlichen Objekts zu einem Array kann ähnlich umständlich sein. Wenn dir Speicherplatz fehlt und du jedes Mal alle Objekte an einen neuen Speicherplatz bewegen musst, wird das Hinzufügen neuer Objekte richtig langsam. Eine einfache Lösung besteht darin, »Plätze freizuhalten«: Auch wenn deine Aufgabenliste nur 3 Einträge enthält, bittest du den Computer um 10 Speicherplätze. Deine Aufgabenliste kann dann 10 Einträge aufnehmen, ohne dass du sie bewegen musst. Hierbei handelt es sich um eine durchaus brauchbare Behelfslösung, du solltest dir aber der Nachteile bewusst sein, die damit verbunden sind:

- Vielleicht benötigst du die zusätzlichen Speicherplätze überhaupt nicht. In diesem Fall wird Speicherplatz verschwendet. Du nutzt den reservierten Speicher zwar nicht, er kann jedoch auch nicht anderweitig verwendet werden.
- Möglicherweise fügst du deiner Aufgabenliste mehr als 10 Einträge hinzu und musst sie trotzdem bewegen.

Diese Behelfslösung funktioniert zwar ganz gut, perfekt ist sie allerdings nicht. Die Aufgabe lässt sich jedoch durch verkettete Listen lösen.

2.2.1 Verkettete Listen

Bei der Verwendung einer verketteten Liste können sich die Objekte überall im Arbeitsspeicher befinden.

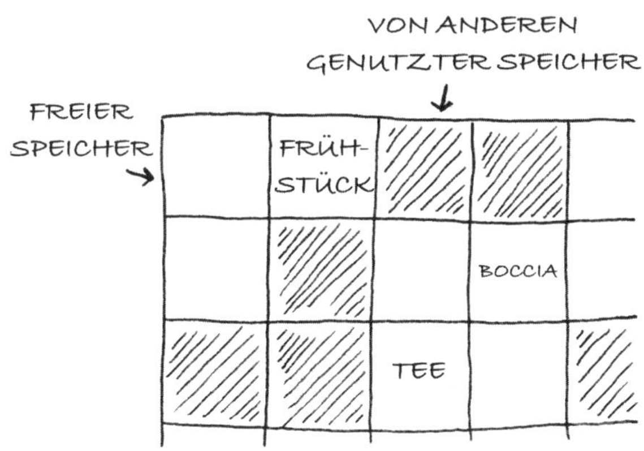

Jedes Objekt speichert die Adresse des in der Liste nachfolgenden Objekts. Auf diese Weise werden eine Reihe beliebiger Speicheradressen miteinander »verkettet«.

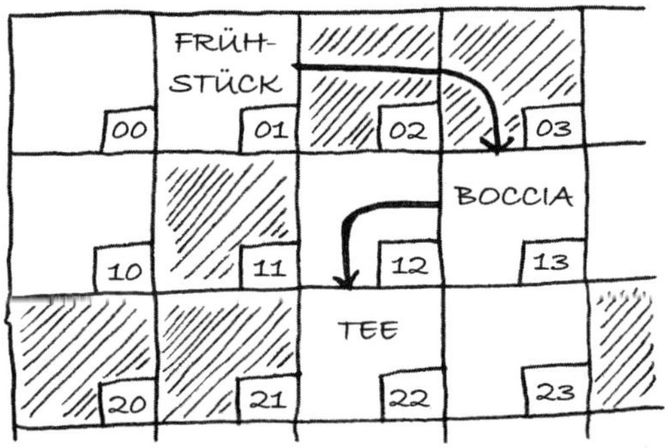

Das Verfahren ähnelt einer Schnitzeljagd. Du begibst dich zur ersten Adresse, und dort heißt es: »Das nächste Objekt hat die Adresse 123«. Also suchst du die Adresse 123 auf, wo wiederum steht: »Das nächste Objekt hat die Adresse 847«, und so weiter. Das Hinzufügen eines Objekts zu einer verketteten Liste ist einfach: Du legst es irgendwo im Arbeitsspeicher ab und speicherst die Adresse im vorhergehenden Objekt.

Bei verketteten Listen musst du die Objekte niemals bewegen. Zudem umgehst du ein weiteres Problem. Nehmen wir an, du gehst zusammen mit fünf Freunden ins Kino. Ihr sucht also nach Sitzplätzen, das Kino ist jedoch sehr voll – sechs zusammenhängende Plätze sind nicht zu finden. Zu einer ähnlichen Situation kann es auch bei Arrays kommen. Angenommen du möchtest für ein Array 10.000 Speicherplätze reservieren. Dein Arbeitsspeicher reicht dafür zwar aus, 10.000 zusammenhängende Speicherplätze sind jedoch nicht vorhanden. Der Speicherplatz für dein Array steht nicht zur Verfügung! Bei einer verketteten Liste verhält es sich so, als ob ihr beim Kinobesuch sagt: »Wir teilen uns einfach auf und gucken den Film«. Wenn im Arbeitsspeicher ausreichend freier Speicherplatz vorhanden ist, kannst du deine verkettete Liste auch speichern.

Wenn verkettete Listen beim Hinzufügen von Objekten so viel besser funktionieren, welche Vorteile haben dann Arrays?

2.2.2 Arrays

Websites, die Top-10-Listen präsentieren, verwenden eine raffinierte Taktik, um mehr Seitenaufrufe zu erzielen. Anstatt die vollständige Liste auf einer einzigen Seite darzustellen, richten sie für jeden Eintrag der Liste eine eigene Webseite ein, auf der du auf WEITER klicken musst, um den nächsten Eintrag anzuzeigen. Die Website mit den 10 besten TV-Schurken beispielsweise zeigt keine vollständige

Liste an. Als Erstes wird dir Nr. 10 (Newman) angezeigt und du musst immer wieder auf WEITER klicken, um zur Nr. 1 (Gustavo Fring) zu gelangen. Auf diese Weise stehen dem Websitebetreiber 10 komplette Seiten für die Anzeige von Werbung zur Verfügung. Es ist allerdings lästig, 9 Mal auf WEITER klicken zu müssen, um zur Nr. 1 zu gelangen. Es wäre viel besser, wenn sich die vollständige Liste auf nur einer Seite befinden würde und man auf einen Namen klicken könnte, um weitere Informationen angezeigt zu bekommen.

Bei verketteten Listen gibt es ein vergleichbares Problem. Nehmen wir an, du möchtest auf das letzte Objekt einer verketteten Liste zugreifen. Du kannst es nicht einfach abrufen, weil du nicht weißt, an welcher Adresse es sich befindet. Stattdessen musst du auf Objekt Nr. 1 zugreifen, um die Adresse von Objekt Nr. 2 in Erfahrung zu bringen. Dann musst du Objekt Nr. 2 aufsuchen, um die Adresse von Objekt Nr. 3 zu erhalten und so weiter, bis du schließlich beim letzten Objekt angekommen bist. Wenn du alle Objekte der Reihe nach einlesen möchtest, sind verkettete Listen bestens geeignet: Du liest ein Objekt ein, folgst dem Verweis auf das nachfolgende Objekt usw. Wenn du jedoch ständig hin- und herspringen musst, sind verkettete Listen furchtbar.

Arrays sind in dieser Hinsicht anders. Du kennst die Adressen aller im Array gespeicherten Objekte. Nehmen wir beispielsweise an, dein Array enthält fünf Objekte. Außerdem weißt du, dass es an der Adresse 00 anfängt. Welche Adresse besitzt dann Objekt Nr. 5?

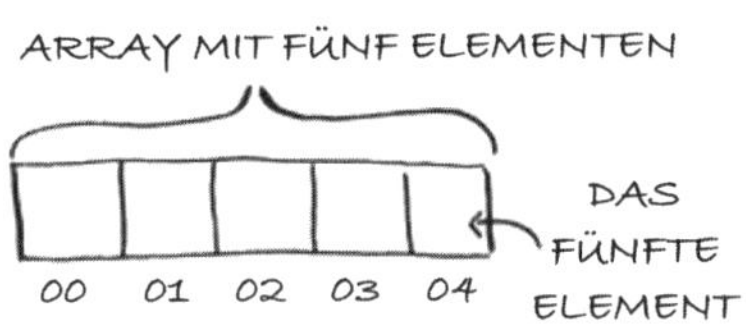

Eine einfache Rechnung ergibt: Die Adresse lautet 04. Arrays sind bestens geeignet, wenn du auf beliebige Elemente zugreifen möchtest, weil du alle Elemente des Arrays sofort abrufen kannst. Bei einer verketteten Liste befinden sich die Elemente im Speicher nicht nebeneinander, deshalb kannst du die Position des fünften Elements im Arbeitsspeicher nicht unmittelbar berechnen – du musst auf das erste Element zugreifen, um die Adresse des zweiten Elements zu erhalten, dann auf das zweite, um die Adresse des dritten zu erhalten, und so weiter, bis du schließlich zum fünften Element gelangst.

2.2.3 Terminologie

Die Elemente eines Array sind durchnummeriert. Die Nummerierung beginnt mit 0, nicht mit 1. In diesem Array befindet sich beispielsweise die Zahl 20 an der Position 1.

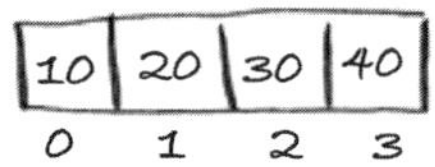

Die Zahl 10 befindet sich an der Position 0. Programmierneulinge sind davon meistens etwas irritiert. Die Nummerierung mit 0 zu beginnen erleichtert es jedoch, Code zu schreiben, der auf Arrays zugeschnitten ist, deshalb sind die Programmierer dabei geblieben. In fast allen Programmiersprachen beginnt die Nummerierung von Arrays mit 0. Du wirst dich schnell daran gewöhnen.

Die Position eines Elements wird als dessen *Index* bezeichnet. Man sagt also nicht »20 befindet sich an der Position 1«, sondern »20 besitzt den Index 1«. Ich verwende *Index* im gesamten Buch im Sinne von *Position*.

In der folgenden Tabelle findest du die Laufzeiten für gängige Operation mit Arrays und Listen.

	ARRAYS	LISTEN
LESEN	O(1)	O(n)
EINFÜGEN	O(n)	O(1)

O(n) = LINEARE LAUFZEIT
O(1) = KONSTANTE LAUFZEIT

Frage: Warum benötigt das Einfügen eines Elements in ein Array die Laufzeit $O(n)$? Nehmen wir an, du möchtest ein Element am Anfang eines Arrays einfügen. Wie würdest du vorgehen? Wie lange würde es dauern? Die Antworten auf diese Fragen findest du im nächsten Abschnitt.

Übung

2.1 Angenommen, du entwickelst eine App, mit der du über deine Ausgaben Buch führen möchtest.

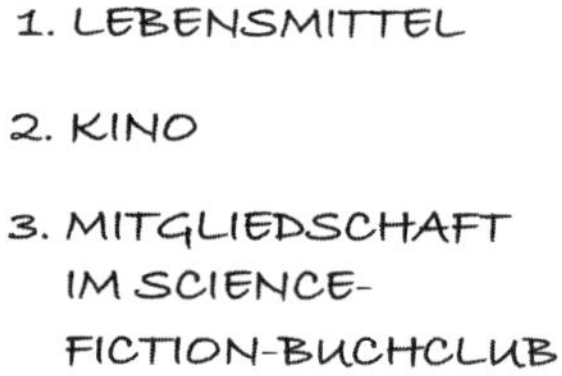

Jeden Tag notierst du dir alles, wofür du Geld ausgegeben hast. Am Monatsende überprüfst du deine Ausgaben und berechnest, wie viel du ausgegeben hast. Du musst also häufig Daten einfügen und einige wenige Male Daten lesen. Solltest du für diese Aufgabe ein Array oder besser eine Liste verwenden?

2.2.4 Einfügen in der Mitte einer Liste

Nehmen wir an, dass deine Aufgabenliste eher wie ein Kalender funktionieren soll. Ursprünglich hast du neue Einträge jeweils am Ende der Liste hinzugefügt.

Nun aber sollen die Aufgaben in der Reihenfolge hinzugefügt werden, in der sie erledigt werden sollen.

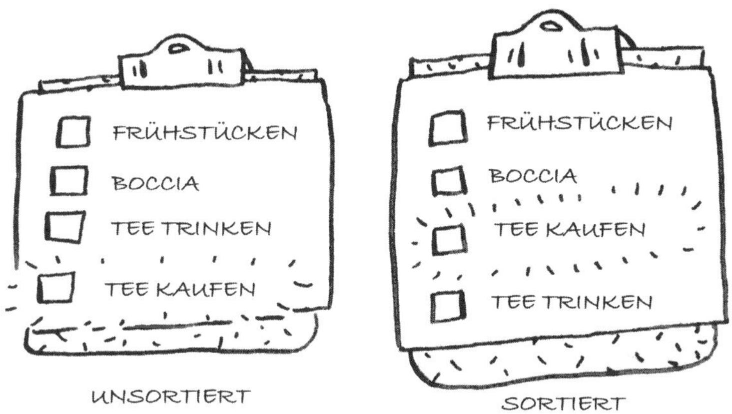

Sind Arrays oder Listen besser für das Einfügen in der Mitte geeignet? Bei einer Liste musst du lediglich die Adresse ändern, auf die das vorhergehende Element verweist.

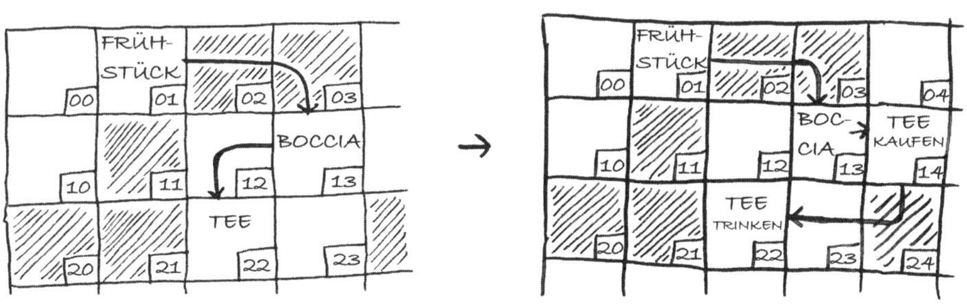

Bei einem Array hingegen musst du sämtliche nachfolgenden Elemente verschieben.

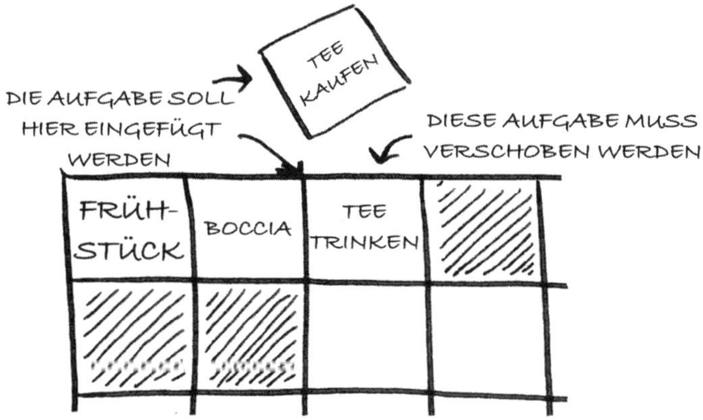

Und falls kein Speicherplatz verfügbar ist, musst du womöglich das gesamte Array in einen anderen Speicherbereich kopieren! Für das Einfügen von Elementen in der Mitte sind also Listen besser geeignet als Arrays.

2.2.5 Löschen

Wie sieht es mit dem Löschen von Elementen aus? Auch hier sind Listen besser geeignet, weil du lediglich die Adresse ändern musst, auf die das vorhergehende Element verweist. Bei einem Array hingegen müssen nach dem Löschen eines Elements wieder sämtliche nachfolgenden Elemente verschoben werden.

Im Gegensatz zum Einfügen funktioniert das Löschen eines Elements immer. Das Einfügen kann fehlschlagen, wenn im Arbeitsspeicher nicht ausreichend freier Speicherplatz vorhanden ist. Das Löschen eines Elements ist aber immer möglich.

In der folgenden Tabelle findest du die Laufzeiten für weitere gängige Operation mit Arrays und Listen.

	ARRAYS	LISTEN
LESEN	O(1)	O(n)
EINFÜGEN	O(n)	O(1)
LÖSCHEN	O(n)	O(1)

An dieser Stelle ist erwähnenswert, dass Einfügen und Löschen nur dann die Laufzeit O(1) haben, wenn du unmittelbar auf das fragliche Element zugreifen kannst. Es ist gängige Praxis, über das erste und das letzte Element einer verketteten Liste Buch zu führen, daher ist die Laufzeit O(1) nur für diese beiden Elemente gültig.

Was wird häufiger verwendet: Arrays oder Listen? Das hängt natürlich vom Anwendungsfall ab. Arrays kommen häufig zum Einsatz, weil sie den wahlfreien Zugriff auf alle Elemente ermöglichen. Es gibt zwei verschiedene Zugriffsarten: wahlfreien Zugriff und sequenziellen Zugriff. Sequenzieller Zugriff bedeutet, dass die Elemente, angefangen mit dem ersten Element, der Reihe nach eingelesen werden. Auf verkettete Listen ist *nur* sequenzieller Zugriff möglich. Wenn du das 10. Element einer verketteten Liste einlesen möchtest, musst du zunächst die ersten 9 Elemente einlesen und dann dem Verweis auf das 10. Element folgen. Wahlfreier Zugriff bedeutet, dass du direkt zum 10. Element springen kannst. Ich werde mehrmals darauf hinweisen, dass Arrays beim Lesen schneller sind als verkettete Listen. Der Grund dafür ist der wahlfreie Zugriff, den sie bieten. Für viele Anwendungsfälle ist wahlfreier Zugriff erforderlich, daher kommen Arrays häufig zum Einsatz. Arrays und Listen werden auch zur Implementierung weiterer Datenstrukturen verwendet (mehr dazu später im Buch).

Übungen

2.2 Nehmen wir an, du entwickelst eine App, mit der in Restaurants Bestellungen aufgenommen werden. Deine App muss also eine Liste von Bestellungen speichern. Die Bedienungen fügen fortlaufend Bestellungen hinzu und die Köche entnehmen sie der Liste und bereiten sie zu.

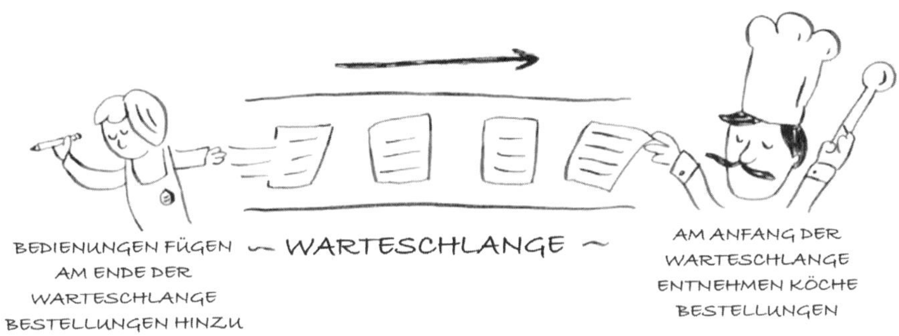

Hierbei handelt es sich um eine Warteschlange für Bestellungen: Die Bedienungen fügen Bestellungen am Ende der Warteschlange hinzu und die Köche entnehmen die Bestellungen am Anfang der Warteschlange und kümmern sich um die Zubereitung.

Würdest du für die Implementierung dieser Warteschlange eine verkettete Liste oder ein Array verwenden? (Hinweis: Verkettete Listen sind gut für das Einfügen/Löschen geeignet, Arrays hingegen bieten einen wahlfreien Zugriff. Welche dieser Funktionalitäten wird hier benötigt?)

2.3 Lass uns ein Gedankenexperiment durchführen. Nehmen wir an, Facebook führt eine Liste von Usernamen. Wenn jemand versucht, sich bei Facebook anzumelden, findet eine Suche nach dem Usernamen statt. Wenn der Name in der Liste der Usernamen enthalten ist, kann der User sich anmelden. Bei Facebook finden ziemlich viele Anmeldungen statt, daher wird die Liste der Usernamen entsprechend häufig durchsucht. Nehmen wir weiter an, dass Facebook eine binäre Suche verwendet. Die binäre Suche benötigt wahlfreien Zugriff – du musst in der Lage sein, direkt auf die Mitte der Liste der Usernamen zugreifen zu können. Würdest du die Liste der Usernamen unter den genannten Voraussetzungen als Array oder als verkettete Liste implementieren?

2.4 Bei Facebook richten auch ziemlich viele User neue Konten ein. Nehmen wir an, du hast sich dazu entschlossen, ein Array zum Speichern der Liste der User zu verwenden. Welche Nachteile haben Arrays beim Einfügen? Nimm darüber hinaus an, dass du eine binäre Suche für die Anmeldedaten verwendest. Was geschieht, wenn du neue User zu einem Array hinzufügst?

2.5 Tatsächlich verwendet Facebook weder ein Array noch eine verkettete Liste zum Speichern der Userdaten. Betrachte doch einmal eine gemischte Datenstruktur: ein Array verketteter Listen. Das Array besteht aus 26 Elementen, die jeweils auf eine verkettete Liste verweisen. Beispielsweise verweist das erste Element auf eine verkettete Liste, die sämtliche Usernamen enthält, die mit dem Buchstaben A anfangen. Das zweite Element verweist auf eine verkettete Liste, die alle Usernamen enthält, die mit dem Buchstaben B anfangen und so weiter.

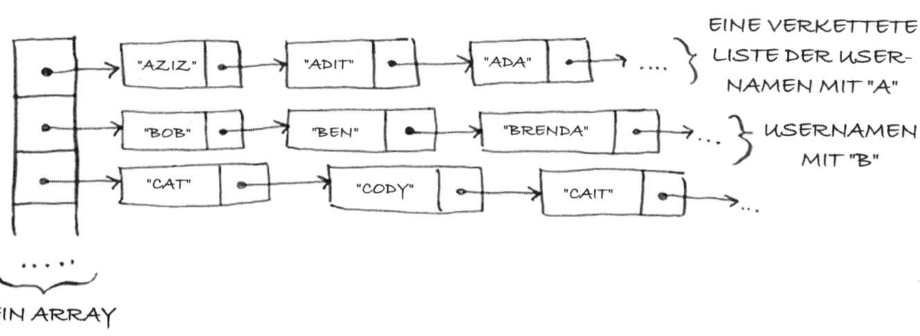

Nehmen wir nun an, dass der User Adit B ein Facebook-Konto einrichtet und du ihn zur Liste hinzufügen möchtest. Du greifst über das erste Element des Arrays auf die verkettete Liste zu und fügst ihr am Ende Adit B hinzu. Nun möchtest du vielleicht nach Zakhir H suchen. Du greifst auf das 26. Element des Arrays zu, das auf die verkette Liste verweist, die alle Namen enthält, die mit dem Buchstaben Z anfangen. Anschließend suchst du in dieser Liste nach Zakhir H.

Vergleiche diese gemischte Datenstruktur mit Arrays und verketteten Listen. Ist sie beim Suchen und Einfügen schneller oder langsamer? Du brauchst keine Laufzeiten anzugeben, sondern nur, ob die neue Datenstruktur schneller oder langsamer wäre.

2.3 Selectionsort

Lass uns das Vorangegangene zusammenfassen und den zweiten Algorithmus betrachten: Selectionsort. Das Verständnis dieses Abschnitts setzt voraus, dass dir sowohl Arrays und Listen als auch die Landau-Notation geläufig sind.

Nehmen wir an, dass du auf deinem Computer eine Menge Musik gespeichert hast. Den verschiedenen Künstlern ist ein Zähler zugeordnet, der angibt, wie oft sie wiedergegeben wurden.

	ZÄHLER
RADIOHEAD	156
KISHORE KUMAR	141
THE BLACK KEYS	35
NEUTRAL MILK HOTEL	94
BECK	88
THE STROKES	61
WILCO	111

Du möchtest diese Liste in absteigender Reihenfolge sortieren, damit du beurteilen kannst, welche Musiker du am liebsten hörst. Wie lässt sich das erreichen?

Eine Möglichkeit besteht darin, die Liste durchzugehen, um den Künstler zu finden, der am häufigsten wiedergegeben wurde. Diesen Künstler fügst du einer neuen Liste hinzu.

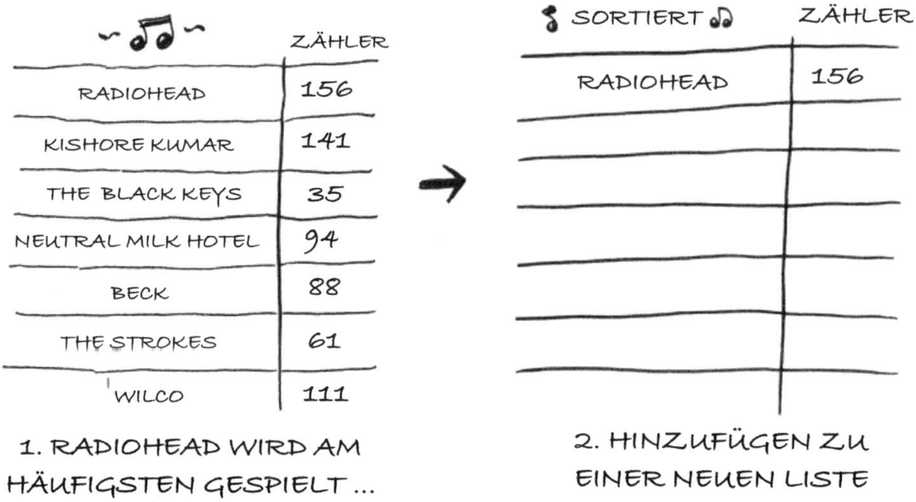

Wiederhole das Ganze, um den Künstler zu finden, der am nächsthäufigsten wiedergegeben wurde.

Wenn du diese Vorgehensweise wiederholst, erhältst du schließlich eine sortiere Liste.

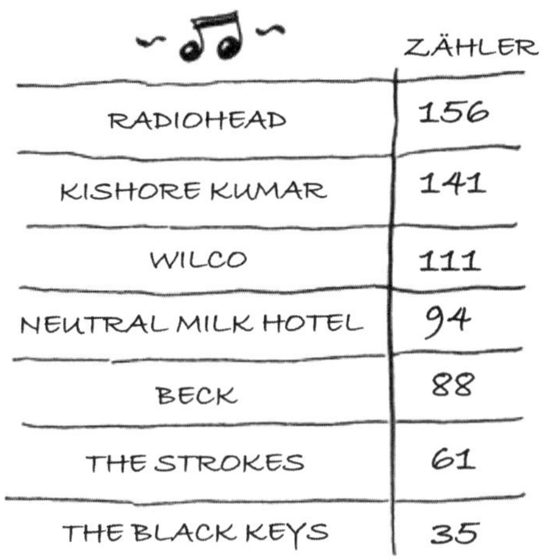

Betrachten wir die Sache doch einmal etwas wissenschaftlicher und ermitteln die Laufzeit dieses Verfahrens. Wie du weißt, bedeutet eine Laufzeit von O(n), dass jedes Element in einer Liste ein Mal »angefasst« werden muss. Das Ausführen einer einfachen Suche mit der Liste der Künstler bedeutet beispielsweise, dass jeder Künstler ein Mal aufgerufen wird.

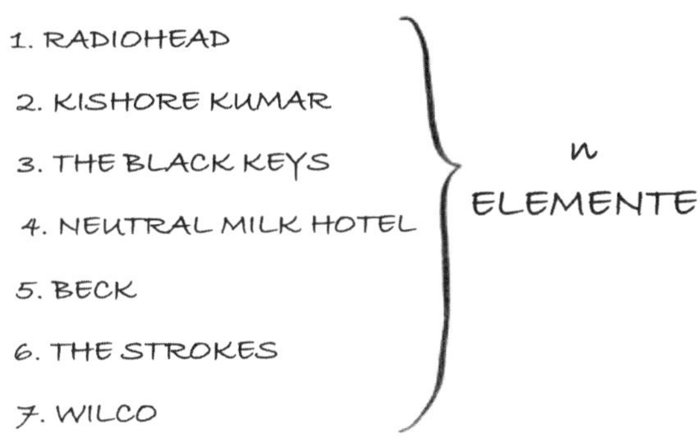

Um den Künstler mit dem höchsten Zählerstand zu finden, musst du sämtliche Objekte in der Liste überprüfen. Dafür wird die Laufzeit O(n) benötigt, wie du gerade gesehen hast. Es handelt sich also um eine Operation mit der Laufzeit O(n), die n Mal ausgeführt werden muss.

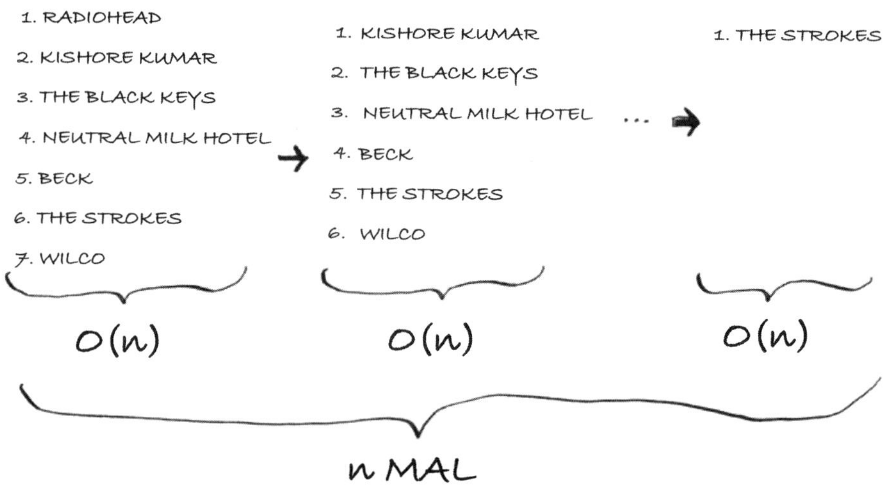

Dafür wird also die Laufzeit O($n \times n$) oder O(n^2) benötigt.

Sortieralgorithmen sind äußerst nützlich. Du kannst nun Folgendes sortieren:

- Namen in einem Telefonbuch
- Reisezeiten
- E-Mails (nach Eingangszeitpunkt, die neuesten zuerst)

Jedes Mal weniger Elemente überprüfen

Vielleicht wunderst du dich darüber, dass die Anzahl der zu überprüfenden Elemente bei der Ausführung der Operationen immer weiter abnimmt, bis schließlich nur noch ein einziges Element überprüft werden muss. Wieso wird dann trotzdem noch die Laufzeit O(n^2) benötigt? Das ist eine berechtigte Frage und die Antwort hängt mit Konstanten in der Landau-Notation zusammen. Ich werde in Kapitel 4 näher darauf eingehen, aber hier kurz das Wesentliche.

Du hast recht damit, dass du nicht jedes Mal n Elemente überprüfen musst. Zunächst überprüfst du n Elemente, dann n-1, n-2, ... 2, 1. Durchschnittlich musst du eine Liste überprüfen, die ½ × n Elemente enthält. Die Laufzeit ist also O(n × ½ × n). Konstanten wie ½ werden bei der Landau-Notation allerdings nicht beachtet (siehe Kapitel 4 für eine ausführliche Erklärung), deshalb schreibt man einfach nur O(n × n) oder O(n^2).

Selectionsort ist ein eleganter Algorithmus, aber nicht besonders schnell. Quicksort ist ein schnellerer Algorithmus, der die Laufzeit O(n log n) benötigt. Mehr dazu in Kapitel 4.

Beispielcode

Ich habe den Code zum Sortieren der Musikerliste weggelassen, aber der nachstehende Code leistet sehr Ähnliches: Er sortiert ein Array in aufsteigender Reihenfolge. Die folgende Funktion ermittelt das kleinste Element in einem Array:

```
def findSmallest(arr):
  smallest = arr[0] ❶
  smallest_index = 0 ❷
  for i in range(1, len(arr)):
    if arr[i] < smallest:
      smallest = arr[i]
      smallest_index = i
  return smallest_index
```

❶ Speichert den kleinsten Wert.

❷ Speichert den Index des kleinsten Werts.

Diese Funktion kannst du verwenden, um Selectionsort zu implementieren:

```
def selectionSort(arr): ❶
  newArr = []
  for i in range(len(arr)):
      smallest = findSmallest(arr) ❷
      newArr.append(arr.pop(smallest)) ❸
  return newArr
print selectionSort([5, 3, 6, 2, 10])
```

❶ Sortiert ein Array.

❷ Ermittelt das kleinste Element in einem Array.

❸ Fügt dem neuen Array das kleinste Element hinzu.

2.4 Zusammenfassung

- Der Arbeitsspeicher deines Computers ähnelt einer riesigen Menge von Schubladen.
- Verwende ein Array oder eine Liste, wenn du mehrere Elemente speichern möchtest.
- Bei einem Array befinden sich die Elemente im Arbeitsspeicher direkt nebeneinander.
- Bei einer Liste sind die Elemente im Arbeitsspeicher verstreut und jedes Element speichert die Adresse des nachfolgenden Elements.
- Arrays ermöglichen schnelles Lesen.
- Verkettete Listen ermöglichen schnelles Einfügen und Löschen.
- Alle Elemente eines Arrays sollten vom selben Typ sein (nur Integers, nur Doubles usw.).

3 Rekursion

In diesem Kapitel:

- Du lernst die Rekursion kennen, eine Programmiertechnik, die viele Algorithmen verwenden. Sie ist ein wichtiger Baustein für das Verständnis der nachfolgenden Kapitel.
- Du erfährst, wie man eine Aufgabe auf einen Basisfall und einen rekursiven Ausdruck zurückführt. Das Teile-und-herrsche-Verfahren (siehe Kapitel 4) nutzt dieses einfache Konzept, um schwierige Aufgabenstellungen zu lösen.

In diesem Kapitel wird es spannend, denn es geht um die *Rekursion*, ein elegantes Verfahren zum Lösen von Problemen. Die Rekursion ist eines meiner Lieblingsthemen. Es ist allerdings auch ein Thema, das polarisiert. Entweder lieben die Leute die Rekursion oder sie hassen sie, oder sie hassen sie und lernen ein paar Jahre später, sie zu lieben. Ich persönlich gehöre zur dritten Gruppe. Ein paar Ratschläge, die dir den Einstieg erleichtern sollen:

- Dieses Kapitel enthält viele Codebeispiele. Führe den Code jeweils selbst aus, um mit eigenen Augen zu sehen, wie er funktioniert.
- Ich werde rekursive Funktionen vorstellen. Du solltest zumindest ein Mal den Code einer rekursiven Funktion mit Papier und Bleistift nachvollziehen, etwa so: »Mal sehen, ich übergebe den Wert 5 an die `factorial`-Funktion, die den Wert `5 * factorial(4)` zurückgibt, sich also selbst mit dem Wert 4 aufruft, das ergibt …« usw. Durch das schrittweise Durchlaufen wirst du verstehen, was genau beim Aufruf einer rekursiven Funktion eigentlich vor sich geht.

Darüber hinaus enthält dieses Kapitel auch eine Menge *Pseudocode*. Pseudocode ist eine allgemeine Beschreibung der zu lösenden Aufgabe als Code. Er wird wie Code geschrieben, ähnelt aber eher der natürlichen Sprache.

3.1 Rekursion

Stell dir vor, du durchstöberst den Dachboden deiner Oma und entdeckst einen mysteriösen verschlossenen Koffer.

Deine Oma erzählt dir, dass sich der Schlüssel für den Koffer vermutlich in einer großen Schachtel befindet.

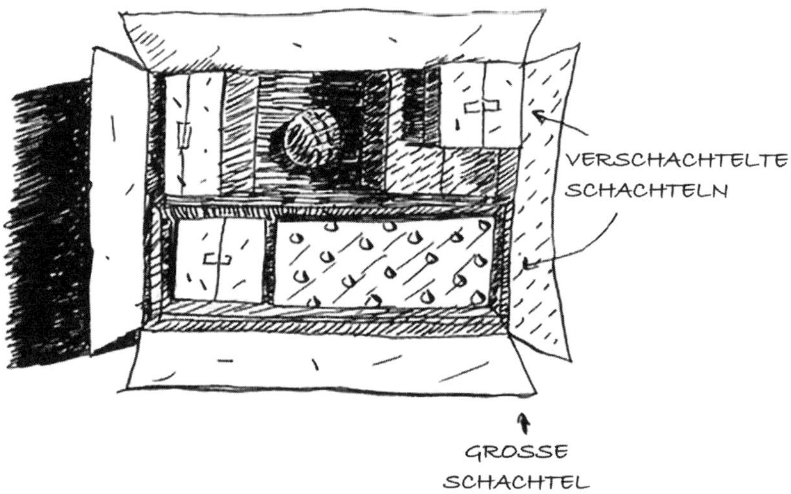

Diese Schachtel enthält eine Reihe anderer Schachteln, die wiederum weitere Schachteln beherbergen. Der Schlüssel muss in irgendeiner dieser Schachteln sein. Welchen Algorithmus verwendest du für die Suche nach dem Schlüssel? Denke einen Moment darüber nach, wie ein solcher Algorithmus aussehen könnte, bevor du weiterliest.

Hier ist ein möglicher Ansatz.

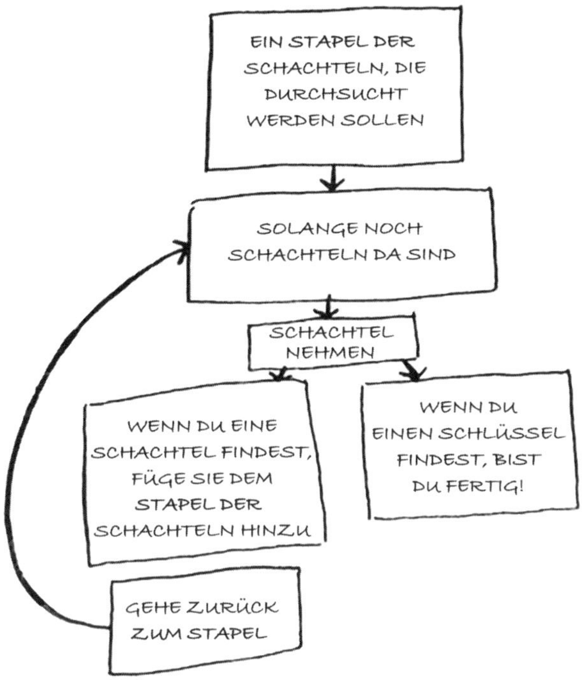

1. Stell dir einen Stapel der Schachteln zusammen, die durchsucht werden sollen.
2. Nimm eine der Schachteln und durchsuche sie.
3. Wenn du eine Schachtel vorfindest, füge sie dem Stapel hinzu, den du später durchsuchst.
4. Wenn du den Schlüssel findest, ist die Aufgabe erledigt!
5. Wiederhole den Vorgang.

Und hier ist ein alternativer Ansatz.

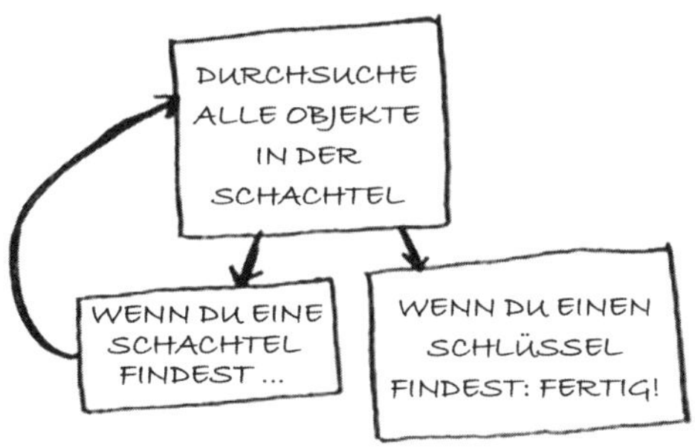

1. Durchsuche eine Schachtel.
2. Wenn du eine Schachtel vorfindest, fahre mit Schritt 1 fort.
3. Wenn du einen Schlüssel findest, ist die Aufgabe erledigt!

Welcher der Ansätze erscheint dir einfacher? Der erste Ansatz verwendet eine `while`-Schleife. Solange der Stapel noch nicht abgebaut ist, nimmst du eine Schachtel und durchsuchst sie:

```
def look_for_key(main_box):
  pile = main_box.make_a_pile_to_look_through()
  while pile is not empty:
    box = pile.grab_a_box()
    for item in box:
      if item.is_a_box():
        pile.append(item)
      elif item.is_a_key():
        print "Schlüssel gefunden!"
```

Der zweite Ansatz verwendet die Rekursion. Bei der Rekursion ruft sich eine Funktion selbst auf. Hier der zweite Ansatz als Pseudocode:

```
def look_for_key(box):
  for item in box:
    if item.is_a_box():
      look_for_key(item) ❶
    elif item.is_a_key():
      print "Schlüssel gefunden!"
```

❶ Rekursion!

Beide Ansätze lösen die Aufgabe, aber der zweite Ansatz erscheint mir übersichtlicher. Rekursion wird verwendet, wenn die Lösung dadurch verständlicher wird. Die Rekursion bietet keinen Geschwindigkeitsvorteil; tatsächlich sind Schleifen manchmal sogar schneller. Mir gefällt das folgende Zitat von Leigh Caldwell bei Stack Overflow: »Mit Schleifen kann ein Leistungsschub für dein Programm erzielt werden. Mit der Rekursion kann ein Leistungsschub für deinen Programmierer erzielt werden. Wähle aus, was dir in deinem Fall wichtiger ist!« (`http://stackoverflow.com/a/72694/139117`).

Viele wichtige Algorithmen verwenden die Rekursion, deshalb ist es sehr wichtig, das Konzept gut zu verstehen.

3.2 Basisfall und Rekursionsfall

Eine rekursive Funktion ruft sich selbst auf, deshalb kann es leicht vorkommen, dass eine Funktion fehlerhaft programmiert wird und zu einer Endlosschleife führt. Nehmen wir beispielsweise an, du möchtest eine Funktion schreiben, die einen Countdown ausgibt, etwa so:

```
> 3...2...1
```

Diese Funktion kannst du folgendermaßen rekursiv programmieren:

```
def countdown(i):
  print i
  countdown(i-1)
```

Speichere den Code und führe ihn aus. Du wirst feststellen, dass es ein Problem gibt: Die Funktion läuft endlos weiter!

```
> 3...2...1...0...-1...-2...
```

(Drücke Strg-C, um das Skript abzubrechen.)

Beim Schreiben einer rekursiven Funktion musst du angeben, wann die Rekursion beendet sein soll. *Deshalb haben alle rekursiven Funktionen zwei Bestandteile: den Basisfall und den Rekursionsfall.* Der Rekursionsfall tritt ein, wenn die Funktion sich selbst aufruft. Und der Basisfall ist gegeben, wenn die Funktion sich nicht wieder selbst aufruft – damit es nicht zu einer Endlosschleife kommt.

Fügen wir der Countdown-Funktion also einen Basisfall hinzu:

```
def countdown(i):
  print i
  if i <= 1: ❶
    return
  else: ❷
    countdown(i-1)
```

❶ Basisfall

❷ Rekursionsfall

Nun verhält sich die Funktion erwartungsgemäß. Sie läuft in etwa so ab:

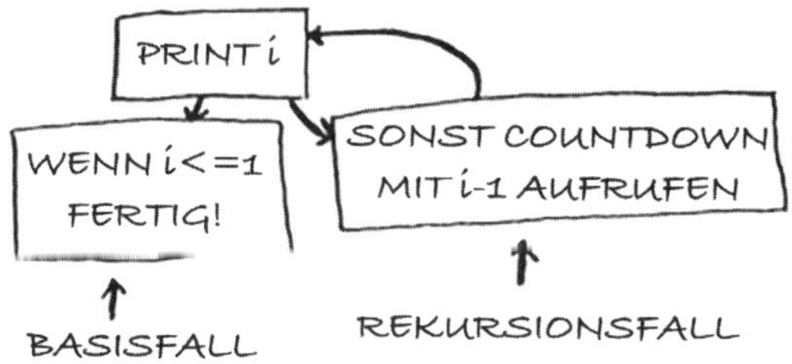

3.3 Der Stack

In diesem Abschnitt geht es um den Aufruf-Stack. Dabei handelt es sich um ein wichtiges Konzept der Programmierung, das auch für das Verständnis der Rekursion von Bedeutung ist.

Nehmen wir an, du veranstaltest eine Grillparty. Du hast dir eine Aufgabenliste in Form eines Stapels von Haftnotizzetteln zusammengestellt.

Als es um Arrays und Listen ging, hast du eine Aufgabenliste programmiert. Du konntest überall in der Liste Einträge hinzufügen oder beliebige Einträge löschen. Der Stapel Haftnotizzettel ist viel einfacher. Wenn du ein Objekt einfügst, wird es am oberen Ende der Liste platziert. Und beim Lesen greifst du nur auf das oberste Objekt zu, das anschließend aus der Liste entfernt wird. Diese Aufgabenliste bietet also nur zwei Operationen: *push* (einfügen) und *pop* (lesen und entfernen).

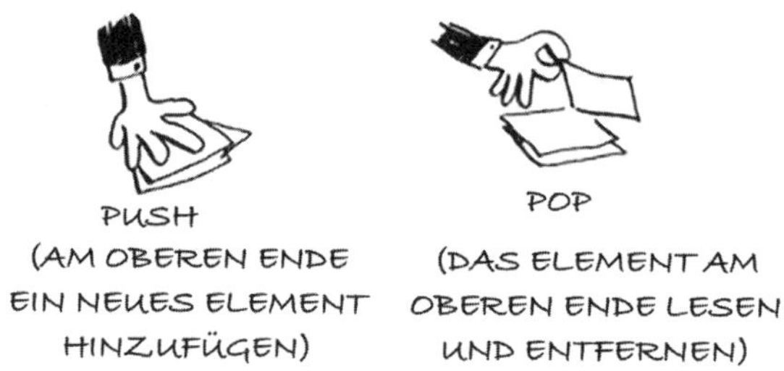

Betrachten wir die Aufgabenliste doch einmal in Aktion.

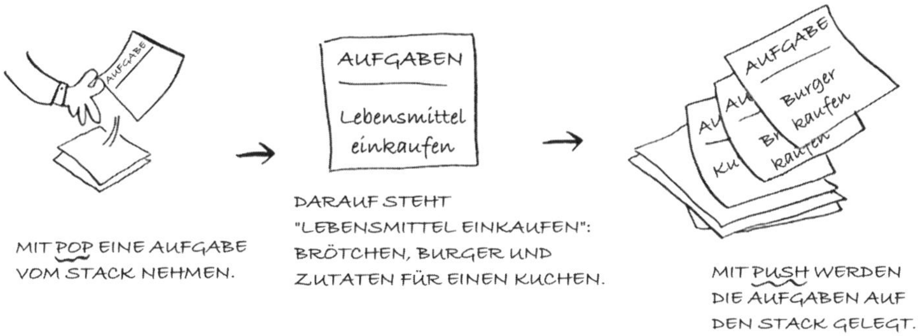

Diese Datenstruktur wird als *Stack* bezeichnet. Dabei handelt es sich um eine besonders einfache Datenstruktur. Tatsächlich hast du die ganze Zeit einen Stack verwendet, ohne dir darüber im Klaren zu sein!

3.3.1 Der Aufruf-Stack

Dein Computer verwendet intern einen Stack, der als *Aufruf-Stack* bezeichnet wird. Sehen wir ihm doch mal bei der Arbeit zu. Hier ist eine einfache Funktion:

```
def greet(name):
  print "Hallo, " + name + "!"
  greet2(name)
  print "Gleich sage ich Tschüs ..."
  bye()
```

Diese Funktion begrüßt dich und ruft zwei andere Funktionen auf. Diese beiden Funktionen sehen so aus:

```
def greet2(name):
  print "Wie geht es dir, " + name + "?"
def bye():
  print "Tschüs!"
```

Sehen wir uns doch mal Schritt für Schritt an, was beim Aufruf einer Funktion vor sich geht.

Hinweis

`print` ist selbst eine Python-Funktion, aber der Einfachheit halber nehmen wir in diesem Beispiel an, dass dies nicht der Fall wäre. Lies einfach weiter.

Nehmen wir an, du rufst die Funktion `greet("Maggie")` auf. Als Erstes reserviert dein Computer einen Speicherbereich für diesen Funktionsaufruf.

Nun benutzen wir den Speicher. Der Variablen `name` wird der Wert "Maggie" zugewiesen. Das muss im Arbeitsspeicher abgelegt werden.

Bei jedem Funktionsaufruf, den du ausführst, speichert dein Computer die Werte aller Variablen des Aufrufs auf diese Weise im Arbeitsspeicher. Als Nächstes gibst du `Hallo, Maggie!` aus. Dann rufst du `greet2("Maggie")` auf. Und wieder reserviert dein Computer einen Speicherbereich für diesen Funktionsaufruf.

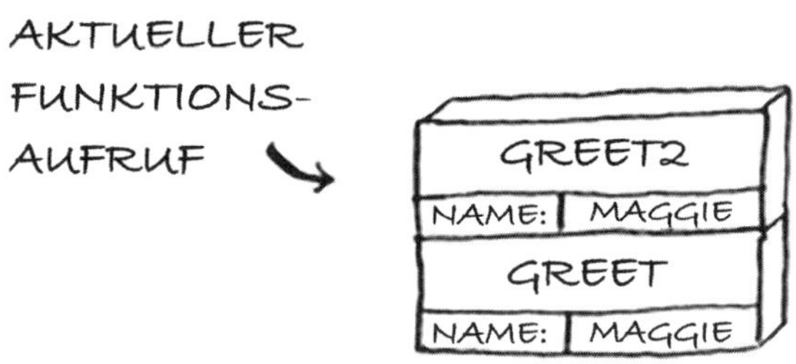

Für diese Speicherbereiche verwendet dein Computer einen Stack. Der zweite Speicherbereich wird oberhalb des ersten hinzugefügt.

Nun gibst du `Wie geht es dir, Maggie?` aus. Damit ist dieser Funktionsaufruf abgeschlossen. Wenn das geschieht, wird der obere Speicherbereich des Stacks entfernt.

Jetzt gehört der Speicherbereich am oberen Ende des Stacks zur `greet`-Funktion. Das bedeutet, dass der Programmablauf wieder in der `greet`-Funktion fortgesetzt wird. Beim Aufruf der `greet2`-Funktion war die `greet`-Funktion erst *teilweise abgeschlossen*. Das ist der entscheidende Punkt, um den es in diesem Abschnitt geht: *Wenn du eine Funktion von einer anderen Funktion aus aufrufst, verweilt die aufrufende Funktion in einem nur teilweise abgeschlossenen Zustand.* Sämtliche Werte der Variablen dieser Funktion sind noch immer gespeichert. Nachdem die `greet2`-Funktion beendet wurde, wird die Programmausführung in der Funktion `greet` fortgesetzt. Nun wird `Gleich sage ich Tschüs ...` ausgegeben und anschließend die `bye`-Funktion aufgerufen.

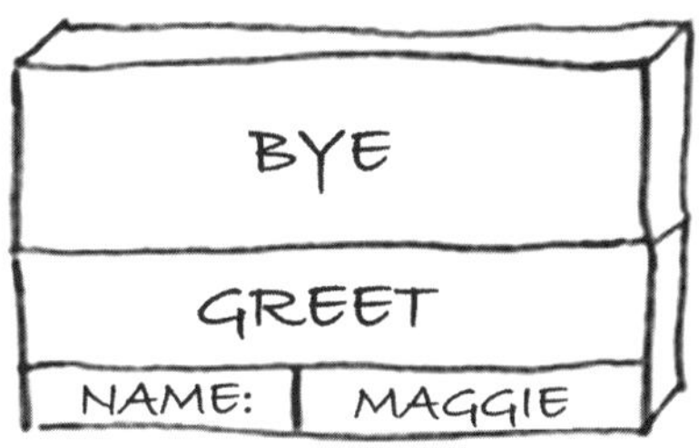

Dem Stack wird am oberen Ende ein Speicherbereich für diese Funktion hinzugefügt. Dann wird `Tschüs!` ausgegeben. Damit ist dieser Funktionsaufruf abgeschlossen.

Die Programmausführung wird nun wieder in der `greet`-Funktion fortgesetzt. Dort gibt es nichts mehr zu erledigen, also ist die `greet`-Funktion ebenfalls abgeschlossen. Dieser Stack, der dazu verwendet wird, die Variablen mehrerer Funktionen zu speichern, heißt *Aufruf-Stack*.

Übung

3.1 Nehmen wir an, ich zeige dir einen Aufruf-Stack wie diesen:

Welche Informationen kannst du allein dieser Skizze des Aufruf-Stacks entnehmen?

Und nun sehen wir uns den Aufruf-Stack beim Aufruf einer rekursiven Funktion in Aktion an.

3.3.2 Der Aufruf-Stack mit Rekursion

Auch rekursive Funktionen verwenden den Aufruf-Stack. Als Beispiel sehen wir uns die Fakultätsfunktion `factorial` an. `factorial(5)` wird als 5! geschrieben und ist folgendermaßen definiert:

```
5! = 5 * 4 * 3 * 2 * 1
```

Dementsprechend ist `factorial(3)` das Produkt `3 * 2 * 1`. Eine rekursive Funktion zur Berechnung der Fakultät könnte so aussehen:

```
def fact(x):
  if x == 1:
    return 1
  else:
    return x * fact(x-1)
```

Nun rufst du `fact(3)` auf. Wir betrachten diesen Aufruf jetzt Zeile für Zeile und achten darauf, wie sich der Stack verändert.

Denk daran, dass du dem Speicherbereich am oberen Ende des Stacks entnehmen kannst, welcher Aufruf der `fact`-Funktion gerade bearbeitet wird.

Hier musst du beachten, dass jeder Aufruf von `fact` eine eigene Kopie von `x` besitzt. Es ist nicht möglich, auf die Kopie von `x` zuzugreifen, die zu einem anderen Funktionsaufruf gehört.

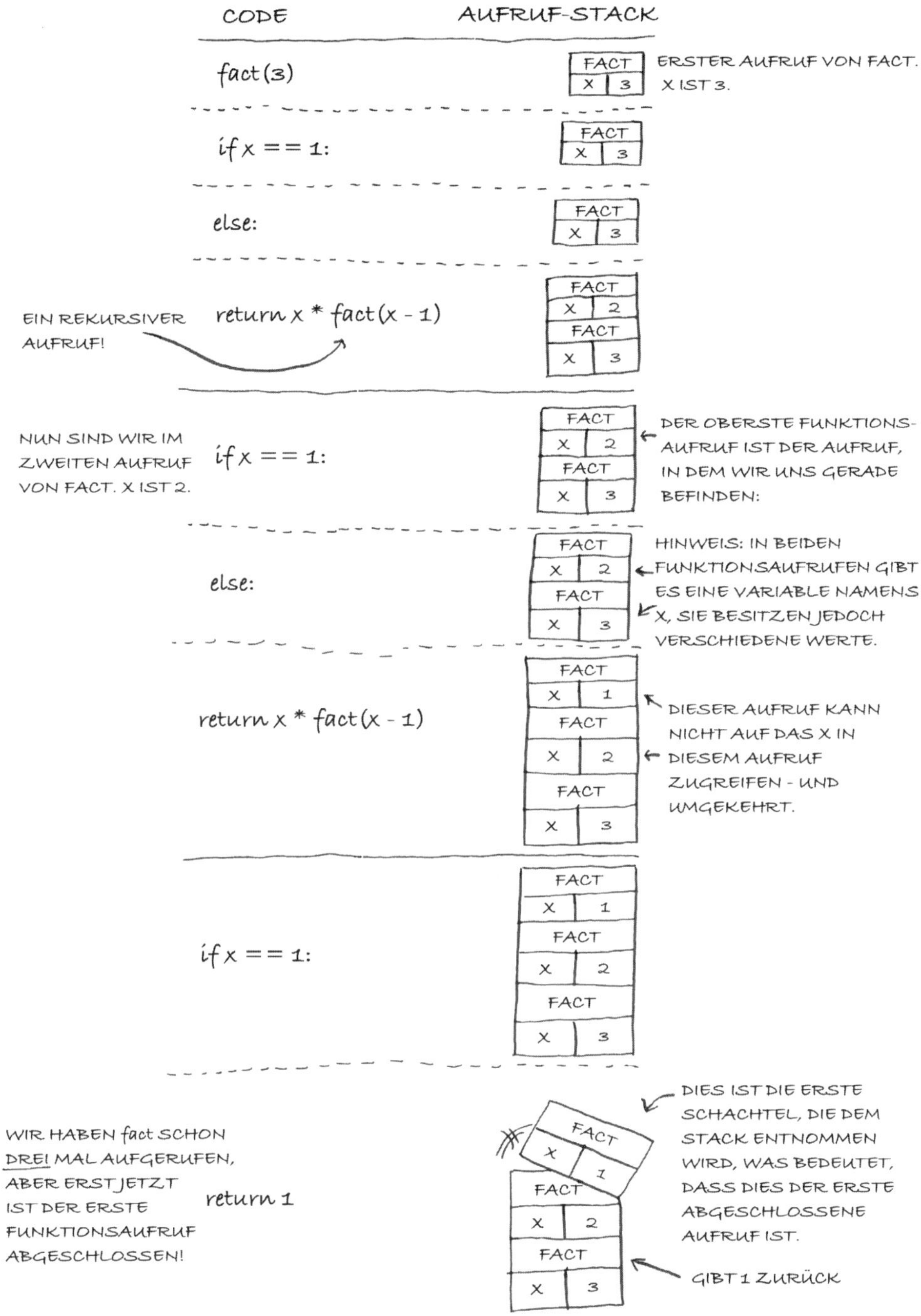
CODE
AUFRUF-STACK
fact(3)
FACT
X 3
ERSTER AUFRUF VON FACT. X IST 3.
if x == 1:
else:
return x * fact(x - 1)
EIN REKURSIVER AUFRUF!
NUN SIND WIR IM ZWEITEN AUFRUF VON FACT. X IST 2.
X 2
DER OBERSTE FUNKTIONS-AUFRUF IST DER AUFRUF, IN DEM WIR UNS GERADE BEFINDEN.
HINWEIS: IN BEIDEN FUNKTIONSAUFRUFEN GIBT ES EINE VARIABLE NAMENS X, SIE BESITZEN JEDOCH VERSCHIEDENE WERTE.
X 1
DIESER AUFRUF KANN NICHT AUF DAS X IN DIESEM AUFRUF ZUGREIFEN - UND UMGEKEHRT.
WIR HABEN fact SCHON DREI MAL AUFGERUFEN, ABER ERST JETZT IST DER ERSTE FUNKTIONSAUFRUF ABGESCHLOSSEN!
return 1
DIES IST DIE ERSTE SCHACHTEL, DIE DEM STACK ENTNOMMEN WIRD, WAS BEDEUTET, DASS DIES DER ERSTE ABGESCHLOSSENE AUFRUF IST.
GIBT 1 ZURÜCK

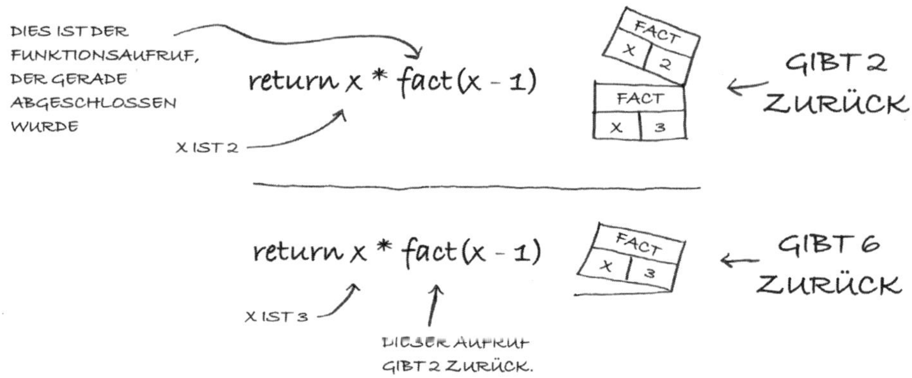

Der Stack spielt bei der Rekursion eine bedeutende Rolle. In dem eingangs vorgestellten Beispiel gab es zwei Ansätze zum Auffinden des Schlüssels. Hier noch einmal der erste Ansatz:

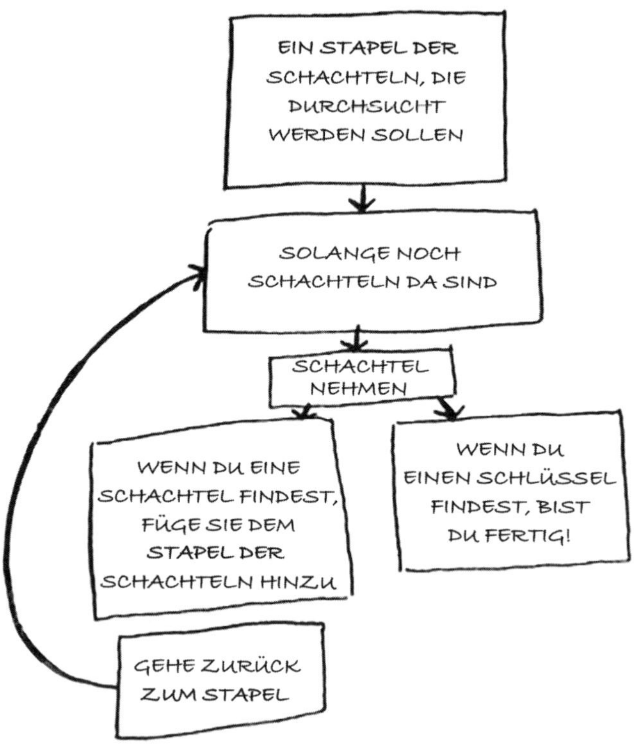

Auf diese Weise entsteht ein Stapel zu durchsuchender Schachteln, sodass du immer weißt, welche Schachteln du noch durchsuchen musst.

Bei einem rekursiven Ansatz hingegen gibt es keinen Stapel von Schachteln.

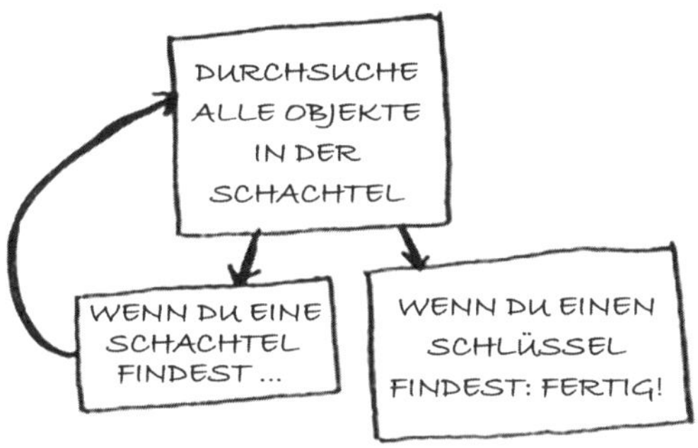

Wenn es keinen Stapel von Schachteln gibt, wie kann der Algorithmus dann feststellen, welche Schachteln noch durchsucht werden müssen? Hier ist ein Beispiel.

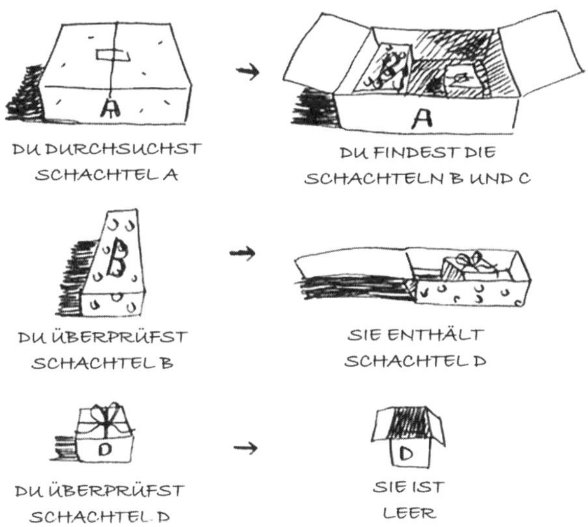

Der Aufruf-Stack sieht jetzt so aus:

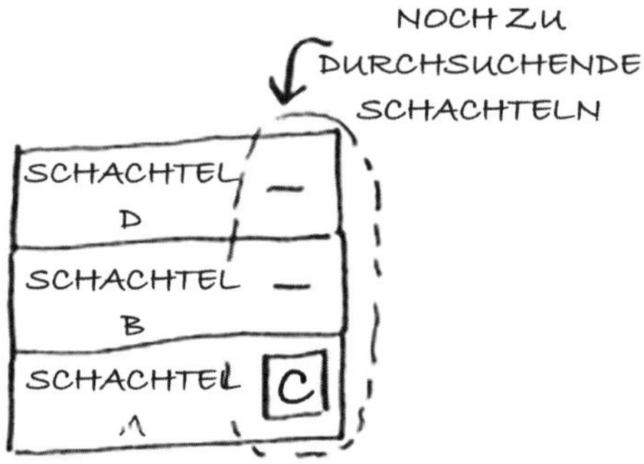

Der »Schachtelstapel« wird auf dem Stack gespeichert! Dieser Stack enthält halb abgeschlossene Funktionsaufrufe mit jeweils halb abgeschlossenen Listen der Schachteln, die noch durchsucht werden müssen. Die Verwendung des Stacks ist hier bequem, denn du musst über den Stapel der Schachteln nicht selbst Buch führen – das erledigt der Stack für dich.

Die Verwendung des Stacks ist zwar komfortabel, hat aber auch ihren Preis: All diese Informationen zu speichern kann sehr viel Arbeitsspeicher erfordern. Jeder Funktionsaufruf belegt etwas Arbeitsspeicher und wenn die Größe des Stacks überhand nimmt, speichert dein Computer die Informationen für sehr viele Funktionsaufrufe. In diesem Fall stehen dir zwei Möglichkeiten offen:

- Du kannst deinen Code umschreiben und statt der Rekursion eine Schleife verwenden.
- Du kannst eine sogenannte *Endrekursion* verwenden. Hierbei handelt es sich um ein anspruchsvolles Thema, das über den Rahmen dieses Buchs hinausgeht. Außerdem wird die Endrekursion nur von einigen Programmiersprachen unterstützt, nicht von allen.

Übung

3.2 Stell dir vor, du hast versehentlich eine rekursive Funktion programmiert, die zu einer Endlosschleife führt. Wie du weißt, reserviert dein Computer für jeden Funktionsaufruf auf dem Stack Speicher. Was geschieht mit dem Stack, wenn deine Funktion endlos weiterläuft?

3.4 Zusammenfassung

- Rekursion bedeutet, dass eine Funktion sich selbst aufruft.
- Alle rekursiven Funktionen haben zwei Bestandteile: den Basisfall und den Rekursionsfall.
- Ein Stack stellt zwei Operationen zur Verfügung: push und pop.
- Alle Funktionsaufrufe werden auf dem Aufruf-Stack gespeichert.
- Der Aufruf-Stack kann sehr groß werden und sehr viel Arbeitsspeicher belegen.

Quicksort

4

In diesem Kapitel:

- Du lernst das Teile-und-herrsche-Verfahren kennen. Gelegentlich stößt man auf ein Problem, das sich mit den bekannten Algorithmen nicht lösen lässt. Gute Algorithmiker geben sich dann aber noch nicht geschlagen, denn sie verfügen über ein Arsenal verschiedener Verfahren, die sie auf solche Probleme anwenden, um eine Lösung zu finden. Teile-und-herrsche ist das erste dieser allgemeinen Verfahren, mit dem wir uns befassen.
- Du lernst Quicksort kennen, einen eleganten Sortieralgorithmus, der in der Praxis häufig Anwendung findet. Quicksort beruht auf dem Teile-und-herrsche-Verfahren.

Im letzten Kapitel hast du alles Wissenswerte über Rekursion erfahren. Dieses Kapitel konzentriert sich darauf, dieses Wissen für Problemlösungen einzusetzen. Wir werden uns eingehend mit dem Teile-und-herrsche-Verfahren befassen, einer wohlbekannten rekursiven Methode zum Lösen von Problemen.

Dieses Kapitel geht auf die wichtigsten Aspekte von Algorithmen ein. Letzten Endes ist ein Algorithmus nicht besonders nützlich, wenn sich damit nur eine einzige Art von Aufgabe lösen lässt.

Das Teile-und-herrsche Verfahren ermöglicht beim Nachdenken über Problemlösungen eine neue Sichtweise. Es ergänzt dein Arsenal um ein weiteres Werkzeug. Wenn du vor einer neuen Aufgabe stehst, wird sie dich nicht überfordern. Stattdessen kannst du dir die Frage stellen: »Kann ich die Aufgabe lösen, wenn ich das Teile-und-herrsche-Verfahren anwende?«.

Am Ende des Kapitels wirst du den ersten bedeutsamen Teile-und-herrsche-Algorithmus kennenlernen: *Quicksort*. Dieser Sortieralgorithmus ist erheblich schneller als Selectionsort (das du aus Kapitel 2 kennst) und ein schönes Beispiel für eleganten Code.

4.1 Teile und herrsche

Es kann eine Weile dauern, bis man das Teile-und-herrsche-Verfahren richtig verstanden hat, deshalb werden wir drei Beispiele betrachten. Zuerst zeige ich dir ein visuelles Beispiel. Dann folgt ein Codebeispiel, das zwar nicht so hübsch, dafür aber leichter zu verstehen ist. Zum Abschluss erkunden wir Quicksort, einen Sortieralgorithmus, der das Teile-und-herrsche-Verfahren verwendet.

Stell dir vor, du bist ein Bauer, der ein Stück Land besitzt.

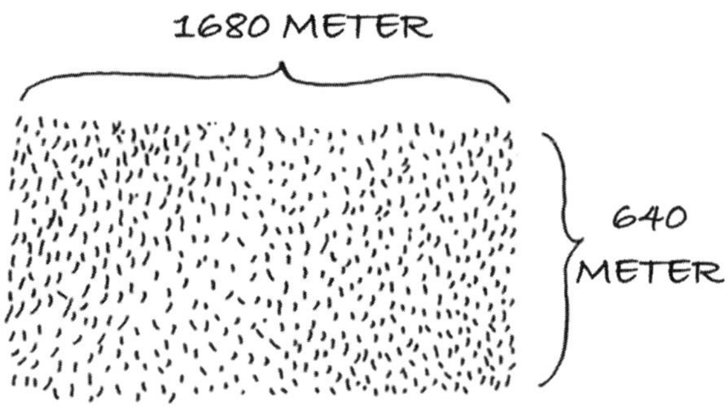

Du möchtest den Bauernhof in gleich große *quadratische* Parzellen aufteilen. Dabei soll jede Parzelle so groß wie möglich sein. Die folgenden Aufteilungen sind deshalb ungeeignet.

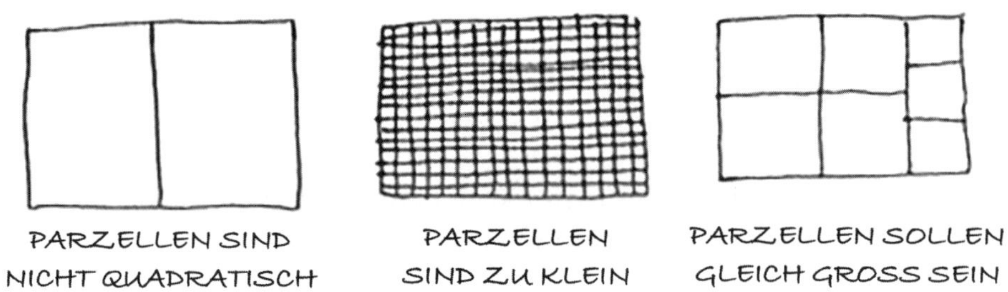

Wie lässt sich die größte Seitenlänge einer quadratischen Parzelle herausfinden, die du für die Aufteilung verwenden kannst? Wende die Teile-und-herrsche-Strategie an! Teile-und-herrsche-Algorithmen sind rekursiv. Das Lösen einer Aufgabe mit dem Teile-und-herrsche-Verfahren besteht aus zwei Schritten:

- Finde heraus, wodurch der Basisfall gegeben ist. Hierbei sollte es sich um den denkbar einfachsten Fall handeln.
- Zerlege die Aufgabe in Teilaufgaben, bis sie dem Basisfall entspricht.

Wir wenden nun das Teile-und-herrsche-Verfahren an, um die Lösung dieser Aufgabe zu finden. Welche Kantenlänge besitzt das größte verwendbare Quadrat?

Zunächst einmal müssen wir den Basisfall ermitteln. Im einfachsten Fall wäre die Länge der einen Seite des Landstücks ein Vielfaches der Länge der anderen Seite.

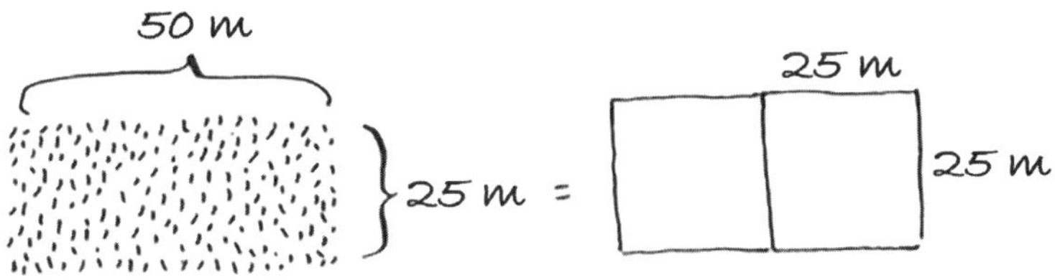

Nehmen wir an, die eine Seite des Landstücks ist 25 Meter (m) lang und die Länge der anderen beträgt 50 m. Das größte verwendbare Quadrat ist dann 25 m × 25 m groß. Zur Aufteilung dieses Landstücks sind zwei Quadrate nötig.

Nun müssen wir den Rekursionsfall herausfinden. Hier kommt das Teile-und-herrsche-Verfahren ins Spiel. Bei jedem rekursiven Aufruf muss die Aufgabe vereinfacht werden. Wie lässt sich die Aufgabe hier vereinfachen? Zunächst einmal markieren wir die größten verwendbaren Quadrate.

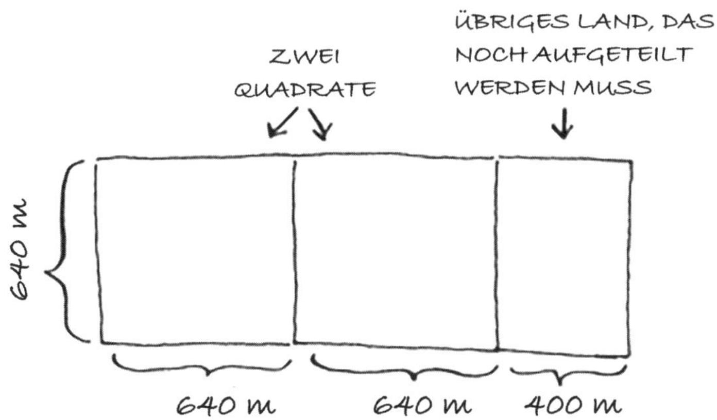

Du kannst zwei Quadrate der Größe 640 m × 640 m einpassen, wobei noch etwas Land übrig bleibt, das aufgeteilt werden muss. Und jetzt kommt der Aha-Moment: Ein Teil des Landes, das aufgeteilt werden soll, ist noch übrig. *Warum also denselben Algorithmus nicht auch auf dieses Landstück anwenden?*

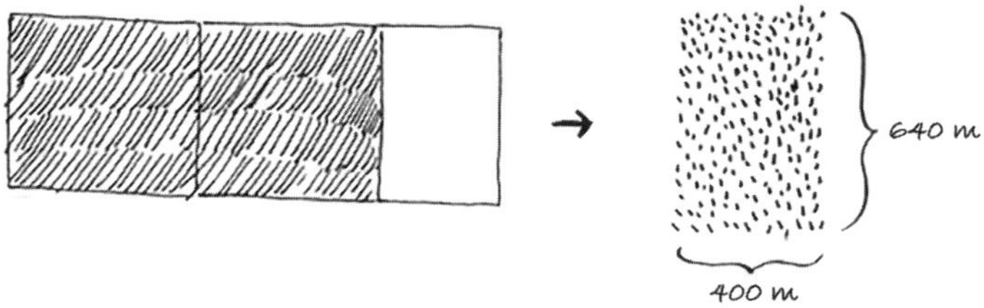

Zunächst hast du einen Hof der Größe 1680 m × 640 m aufgeteilt. Jetzt muss ein kleineres Landstück der Größe 640 m × 400 m aufgeteilt werden. Wenn du *die Kantenlänge des größten Quadrats herausfindest, das zur Aufteilung dieses Landstücks geeignet ist, dann ist dies das größte Quadrat, das zur Aufteilung des gesamten Bauernhofs geeignet ist.* Du hast soeben die Aufgabe, Land der Größe 1680 m × 640 m aufzuteilen, auf die Aufgabe zurückgeführt, Land der Größe 640 m × 400 m aufzuteilen!

Euklidischer Algorithmus

»Wenn du die Kantenlänge des größten Quadrats herausfindest, das zur Aufteilung dieses Landstücks geeignet ist, dann ist dies das größte Quadrat, das zur Aufteilung des gesamten Bauernhofs geeignet ist.« Mach dir keine Sorgen, wenn dir nicht sofort klar ist, warum diese Aussage richtig ist, denn das ist nicht offensichtlich. Leider ist der Beweis dieser Aussage zu umfangreich, um ihn im Buch aufzunehmen. Suche nach »Euklidischer Algorithmus«, wenn du den Beweis verstehen möchtest. Bei der Khan Academy findet sich eine gute Erklärung: `https://www.khanacademy.org/computing/computer-science/cryptography/modarithmetic/a/the-euclidean-algorithm`

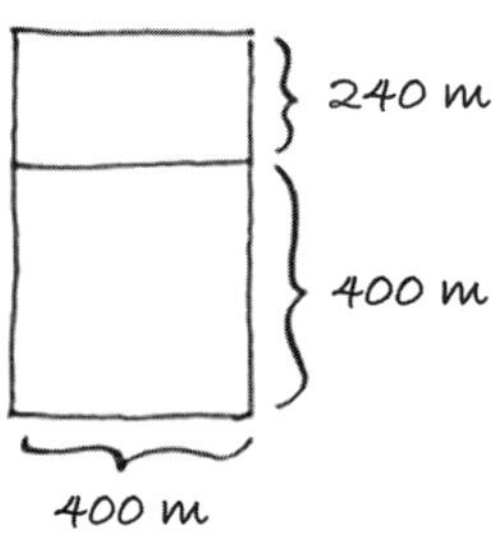

Wenden wir den Algorithmus also erneut an. Bei einem Bauernhof der Größe 640 m × 400 m besitzt das größte verwendbare Quadrat eine Kantenlänge von 400 m.

Das übrig bleibende Landstück ist dann 400 m × 240 m groß.

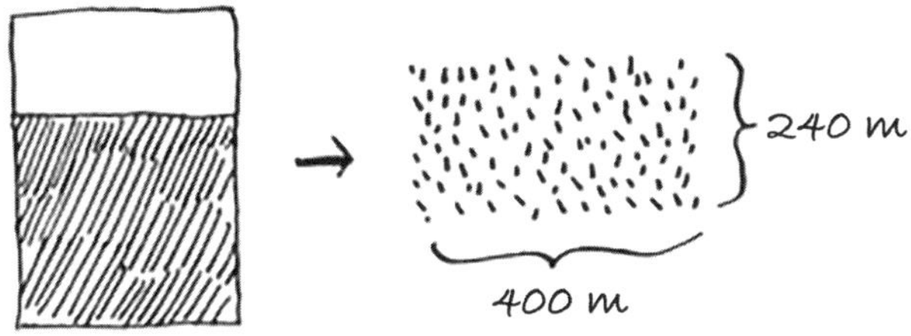

Hier besitzt das größte verwendbare Quadrat eine Kantenlänge von 240 m, sodass ein Landstück der Größe 240 m × 160 m verbleibt.

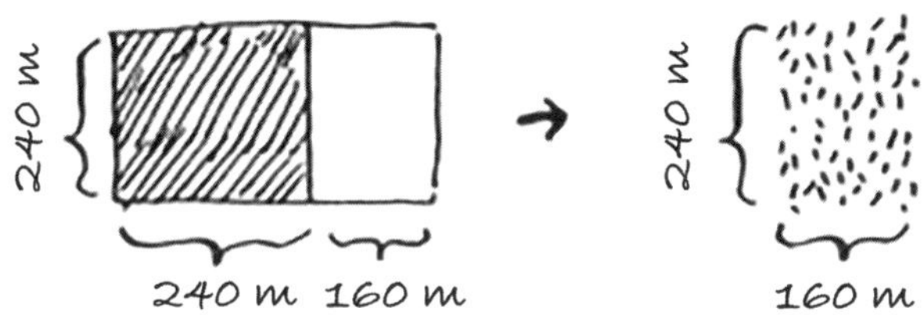

Beim nächsten Schritt verbleibt dann ein *noch* kleineres Landstück der Größe 160 m × 80 m.

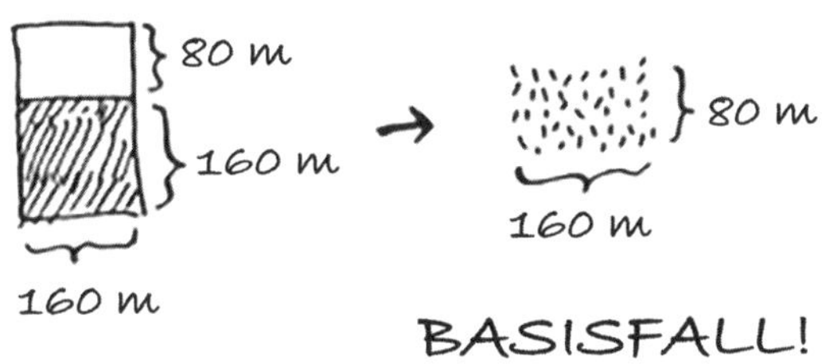

Und damit hast du den Basisfall erreicht: 160 ist ein Vielfaches von 80. Wenn du dieses Landstück aufteilst, bleibt nichts mehr übrig!

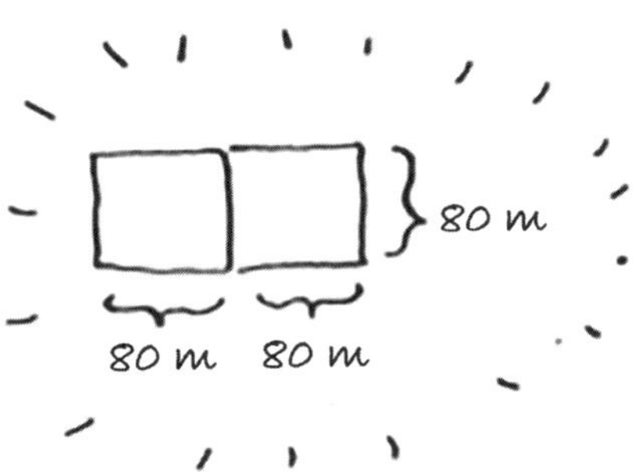

Den gesamten Bauernhof kannst du also in Parzellen der Größe 80 m × 80 m aufteilen.

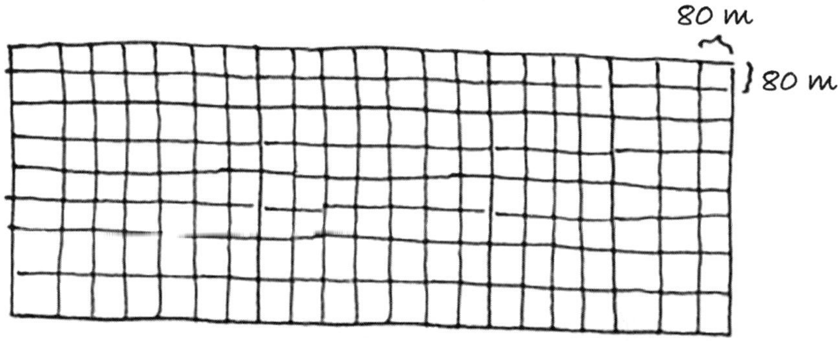

Hier noch einmal eine Zusammenfassung der Funktionsweise des Teile-und-herrsche-Verfahrens:

1. Finde einen einfachen Fall, den du als Basisfall verwenden kannst.
2. Finde heraus, wie du die Aufgabe vereinfachen kannst, um zum Basisfall zu gelangen.

Das Teile-und-herrsche-Verfahren ist kein simpler Algorithmus, den du einfach auf eine Aufgabe anwendest. Es ist vielmehr eine Art, über eine Problemstellung nachzudenken. Kommen wir zum nächsten Beispiel.

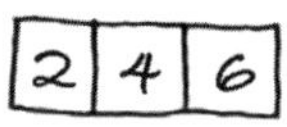

Gegeben ist ein Array von Zahlen.

Du hast die Aufgabe, alle Zahlen zu addieren und die Summe zurückzugeben. Das lässt sich leicht mir einer Schleife erreichen:

```
def sum(arr):
  total = 0
  for x in arr:
    total += x
  return total
print sum([1, 2, 3, 4])
```

Wie aber würdest du diese Aufgabe mit einer rekursiven Funktion lösen?

Schritt 1: Finde heraus, was als Basisfall dienen kann. Wie sieht das einfachste Array aus, das der Funktion übergeben werden kann? Denke einen Moment über den einfachsten Fall nach, bevor du weiterliest. Wenn das übergebene Array gar keine Elemente oder nur ein Element enthält, ist das Summieren denkbar einfach.

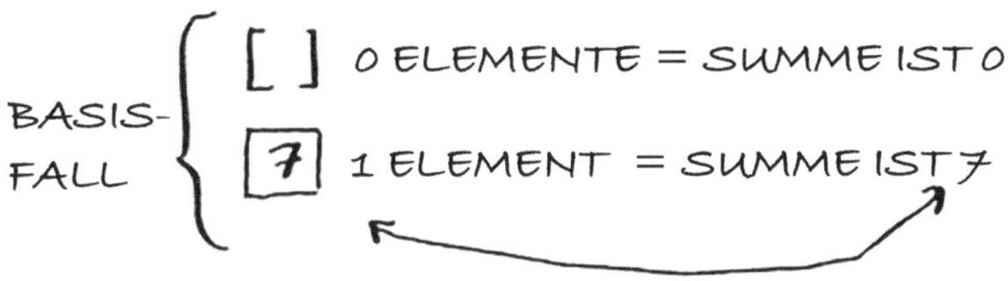

Hierbei handelt es sich also um den Basisfall.

Schritt 2: Bei jedem rekursiven Aufruf musst du einem leeren Array näher kommen. Wie kannst du den Umfang der Aufgabe verringern? Hier ist eine Möglichkeit.

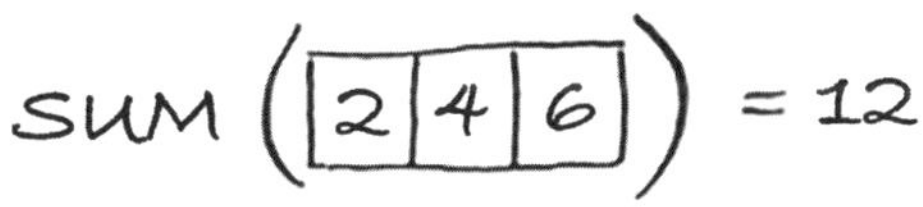

Das obige ist gleichbedeutend mit dem folgenden:

Das Ergebnis ist in beiden Fällen 12, aber bei der zweiten Version übergibst du der `sum`-Funktion ein kleineres Array. Das heißt, du hast *den Umfang der Aufgabe verringert!*

Deine `sum`-Funktion könnte folgendermaßen funktionieren:

Und hier ist die Funktion in Aktion:

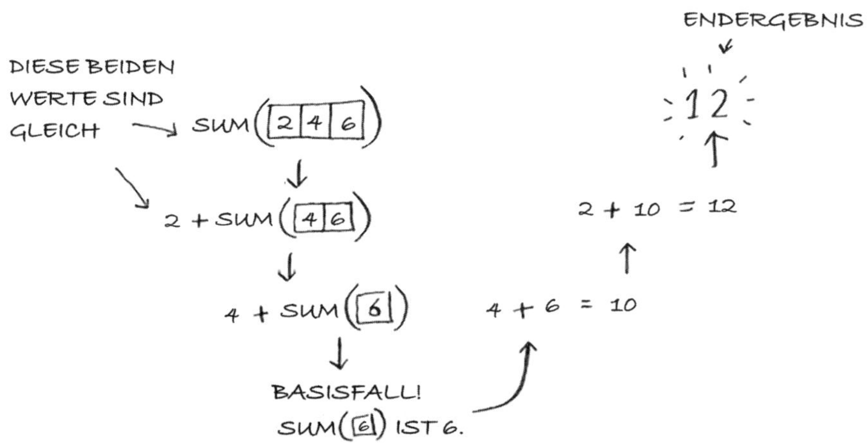

Denk daran, dass bei der Rekursion über den Zustand Buch geführt wird.

Tipp

Wenn du eine rekursive Funktion schreibst, die ein Array verwendet, ist der Basisfall häufig ein leeres Array oder ein Array mit nur einem Element. Probiere das als Erstes aus, wenn du nicht weiterkommst.

Ein kleiner Einblick in die funktionale Programmierung

Du denkst dir vielleicht: »Warum sollte ich Rekursion verwenden, wenn ich doch einfach eine Schleife benutzen kann?«. Du hast gerade einen kleinen Einblick in die funktionale Programmierung erhalten! In funktionalen Programmiersprachen wie Haskell gibt es keine Schleifen, daher musst du die Rekursion verwenden, um Funktionen wie diese zu schreiben. Wenn dir die Rekursion geläufig ist, wird es dir leichter fallen, funktionale Programmiersprachen zu erlernen. In Haskell könnte die sum-Funktion beispielsweise folgendermaßen aussehen:

```
sum [] = 0                    <- Basisfall
sum (x:xs) = x + (sum xs)     <- Rekursionsfall
```

Beachte hier, dass es scheinbar zwei Definitionen für die Funktion gibt. Die erste Definition wird im Basisfall ausgeführt. Die zweite Definition wird ausgeführt, wenn der Rekursionsfall eintritt. Du könntest für diese Funktion in Haskell auch eine if-Anweisung verwenden:

```
sum arr = if arr == []
          then 0
          else (head arr) + (sum (tail arr))
```

Allerdings ist die erste Definition besser verständlich. Haskell macht ausgiebigen Gebrauch von der Rekursion, daher gibt es viele Annehmlichkeiten wie diese, die den Umgang mit der Rekursion erleichtern. Wenn dir die Rekursion gefällt oder wenn du daran interessiert bist, eine neue Programmiersprache zu erlernen, solltest du einen Blick auf Haskell werfen.

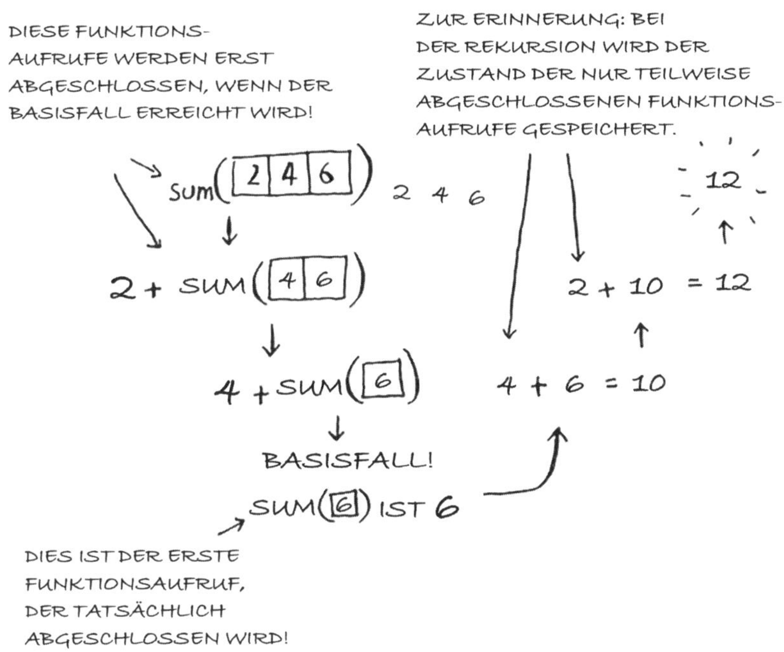

Übungen

4.1 Schreibe den Code für die erste sum-Funktion.

4.2 Schreibe eine rekursive Funktion zum Zählen der Objekte in einer Liste.

4.3 Schreibe eine Funktion zum Ermitteln der größten Zahl in einer Liste.

4.4 In Kapitel 1 hast du die binäre Suche kennengelernt. Dabei handelt es sich ebenfalls um ein Teile-und-herrsche-Verfahren. Kannst du den Basisfall und den Rekursionsfall für eine binäre Suche angeben?

4.2 Quicksort

Quicksort ist ein Sortieralgorithmus. Es ist sehr viel schneller als Selectionsort und kommt in der Praxis häufig zum Einsatz. So enthält beispielsweise die Standardbibliothek der Programmiersprache C eine Funktion namens `qsort`, einer Implementierung von Quicksort. Quicksort verwendet ebenfalls ein Teile-und-herrsche-Verfahren.

Wir verwenden nun Quicksort zum Sortieren eines Arrays. Wie sieht das einfachste Array aus, das ein Sortieralgorithmus verarbeiten kann? (Denke an den Tipp im letzten Abschnitt.) Manche Arrays müssen überhaupt nicht sortiert werden.

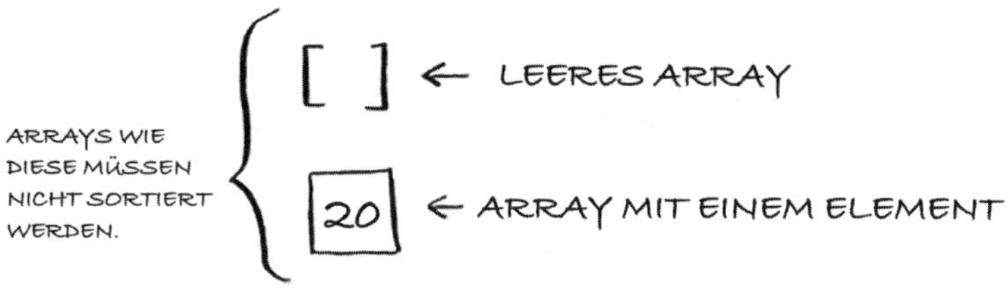

Leere Arrays und Arrays mit nur einem Element stellen den Basisfall dar. Du kannst solche Arrays unverändert zurückgeben – es gibt nichts zu sortieren:

```
def quicksort(array):
  if len(array) < 2:
    return array
```

Sehen wir uns größere Arrays an. Ein Array mit nur zwei Elementen lässt sich ebenfalls sehr leicht sortieren.

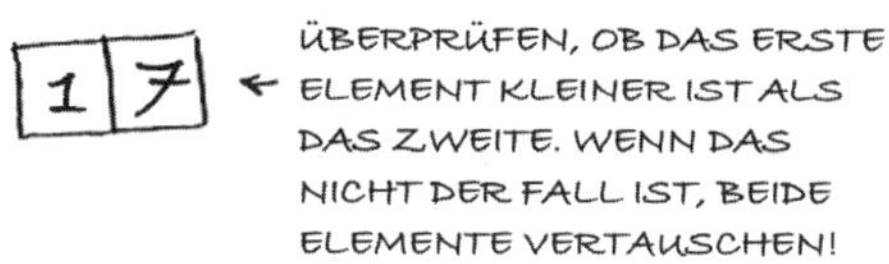

Und wie sieht es bei einem Array mit drei Elementen aus?

Denke daran, dass es hier um das Teile-und-herrsche-Verfahren geht. Du musst also das Array wiederholt aufteilen, bis der Basisfall erreicht ist. Und so funktioniert Quicksort: Wähle zunächst einmal ein Element des Arrays aus. Dieses Element wird als *Pivotelement* bezeichnet.

Wir kommen später darauf zurück, wie sich ein geeignetes Pivotelement finden lässt. An dieser Stelle wählen wir als Pivotelement einfach das erste Element des Arrays.

Suche nach den Elementen, die kleiner bzw. größer als das Pivotelement sind.

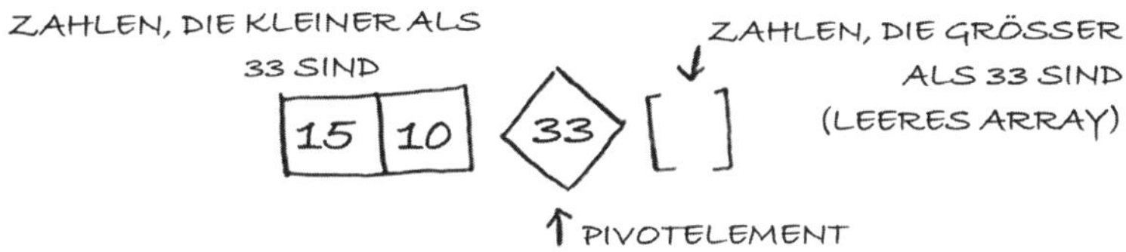

Man bezeichnet das als *Partitionierung*. Nun liegen folgende Objekte vor:

- ein Unterarray aller Zahlen, die kleiner als das Pivotelement sind;
- das Pivotelement;
- ein Unterarray aller Zahlen, die größer als das Pivotelement sind.

Die beiden Unterarrays sind jetzt zwar partitioniert, aber nicht sortiert. Wenn sie allerdings sortiert *wären*, würde sich auch das Sortieren des gesamten Arrays vereinfachen.

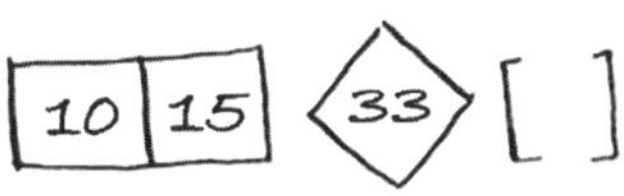

Wenn die Unterarrays sortiert sind, kannst du alles wie folgt miteinander kombinieren: linkes Array + Pivotelement + rechtes Array. Auf diese Weise erhältst du ein sortiertes Array. In diesem Fall ergibt sich:

```
[10, 15] + [33] + [] = [10, 15, 33]
```

Und dabei handelt es sich um ein sortiertes Array.

Wie sortiert man Unterarrays? Der Quicksort-Basisfall deckt Arrays mit zwei Elementen (das linke Array) und leere Arrays (das rechte Array) bereits ab. Wenn du also `quicksort` mit den beiden Arrays aufrufst und die Ergebnisse miteinander kombinierst, erhältst du ein sortiertes Array!

```
quicksort([15, 10]) + [33] + quicksort([])
> [10, 15, 33] ❶
```

❶ Ein sortiertes Array

Das funktioniert mit jedem beliebigen Pivotelement. Wähle beispielsweise 15 statt 33 als Pivotelement aus.

Beide Unterarrays enthalten nur ein Element, und wie solche Arrays sortiert werden, ist schon bekannt. Nun weißt du also, wie Arrays mit drei Elementen sortiert werden. Hier sind die einzelnen Schritte:

1. Wähle ein Pivotelement aus.
2. Unterteile das Array in zwei Unterarrays (Partitionierung), die Elemente enthalten, die kleiner bzw. größer als das Pivotelement sind.
3. Rufe `quicksort` rekursiv mit den beiden Unterarrays auf.

Und was ist mit Arrays, die vier Elemente enthalten?

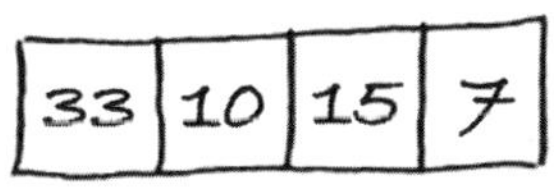

Nehmen wir an, du wählst als Pivotelement wieder die 33.

Das Array auf der linken Seite enthält drei Elemente. Wie ein Array mit drei Elementen sortiert wird, weißt du bereits: Rufe `quicksort` rekursiv damit auf.

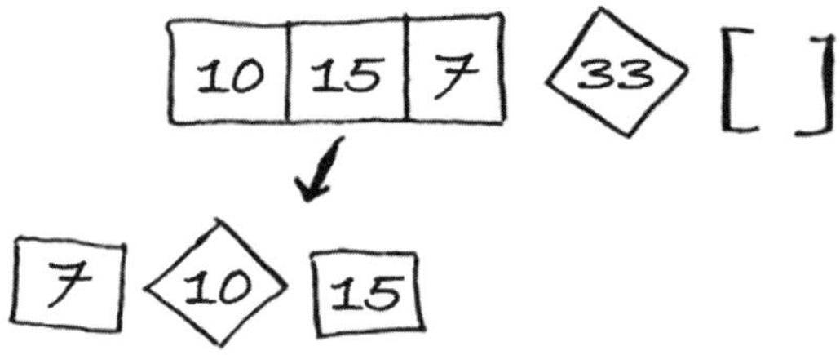

Du kannst nun also Arrays mit vier Elementen sortieren. Und wenn du Arrays mit vier Elementen sortieren kannst, dann kannst du auch Arrays mit fünf Elementen sortieren. Warum ist das so? Nehmen wir an, ein Array besitzt fünf Elemente.

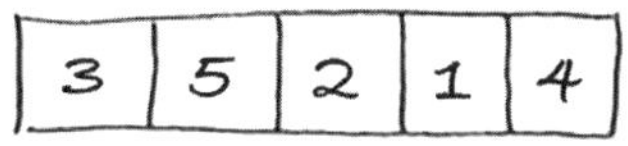

Hier sind alle Möglichkeiten dargestellt, wie du das Array in Abhängigkeit von der Auswahl des Pivotelements partitionieren kannst:

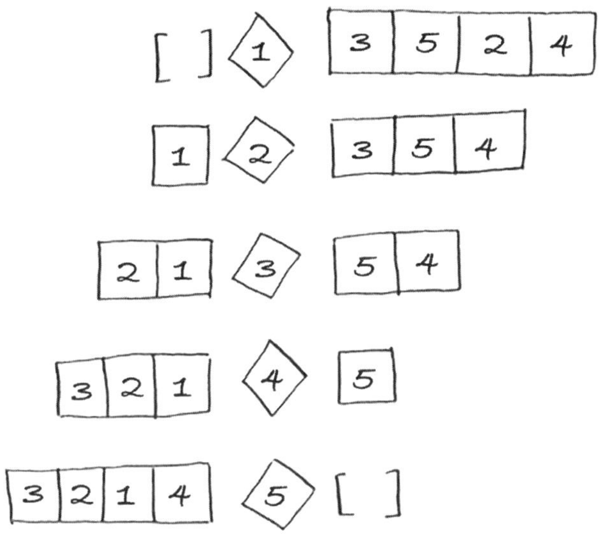

Beachte hier, dass die Anzahl der Elemente der Unterarrays zwischen 0 und 4 liegt. Und wie sich Arrays, die zwischen 0 und 4 Elemente enthalten, mit `quicksort` sortieren lassen, weißt du bereits! Es spielt also keine Rolle, welches Pivotelement du auswählst, du kannst stets `quicksort` rekursiv mit den beiden Unterarrays aufrufen.

Nehmen wir beispielsweise an, du wählst als Pivotelement die 3. Dann rufst du `quicksort` mit den beiden Unterarrays auf.

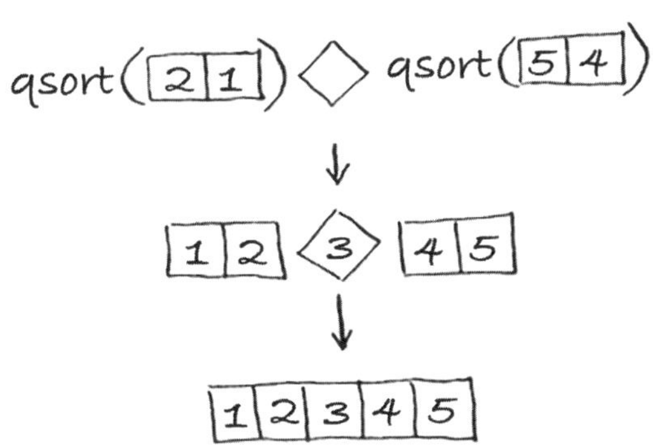

Die Unterarrays werden sortiert und anschließend kombinierst du das Ganze, um ein sortiertes Array zu erhalten. Das funktioniert sogar, wenn du als Pivotelement die 5 auswählst.

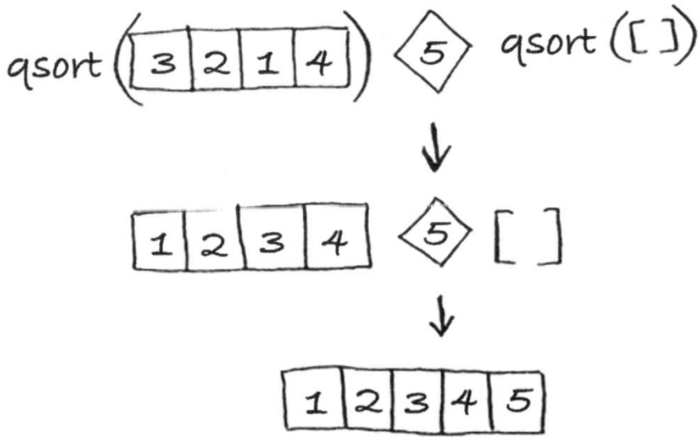

Das funktioniert mit jedem beliebigen Pivotelement. Du kannst also Arrays mit fünf Elementen sortieren. Dieser Logik folgend, kannst du auch ein Array mit sechs Elementen sortieren und so weiter.

Beweis durch vollständige Induktion

Du hast soeben einen Einblick in ein Verfahren bekommen, das als *Beweis durch vollständige Induktion* bezeichnet wird. Dieses Verfahren ist eine Möglichkeit zu beweisen, dass dein Algorithmus funktioniert. Ein Beweis durch vollständige Induktion besteht aus zwei Schritten: dem Induktionsanfang (hier: der Basisfall) und dem Induktionsschritt (hier: der Rekursionsfall). Kommt dir das bekannt vor? Nehmen wir beispielsweise an, ich möchte beweisen, dass ich bis zum oberen Ende einer Leiter hochsteigen kann. Wenn ich beispielsweise auf der Leitersprosse Nr. 2 stehe, kann ich problemlos auf die Sprosse Nr. 3 hinaufsteigen – das ist der Induktionsschritt. Und was den Induktionsanfang betrifft, stelle ich fest, dass ich bereits auf der Leitersprosse Nr. 1 stehe. Demzufolge kann ich bis zum oberen Ende der Leiter hochsteigen, indem ich eine Sprosse nach der anderen hinaufsteige.

Quicksort liegen ähnliche Überlegungen zugrunde. Ich habe gezeigt, dass der Algorithmus im Basisfall, also für Arrays der Größe 0 und 1, funktioniert – das ist der Induktionsanfang. Dann habe ich gezeigt, dass Quicksort für Arrays der Größe 2 das korrekte Ergebnis liefert, sofern der Algorithmus für Arrays der Größe 1 funktioniert. Und wenn er für Arrays der Größe 2 funktioniert, wird er auch für Arrays der Größe 3 funktionieren und so weiter. Das ist der Induktionsschritt. Deshalb kann ich behaupten, dass Quicksort für Arrays beliebiger Größe funktioniert. Ich werde an dieser Stelle nicht weiter auf Beweise durch vollständige Induktion eingehen, aber sie sind sehr interessant und sie gehören zum Teile-und-herrsche-Verfahren einfach dazu.

Und hier ist der Code für `quicksort`:

```
def quicksort(array):
  if len(array) < 2:
    return array ❶
  else:
    pivot = array[0] ❷
    less = [i for i in array[1:] if i <= pivot] ❸
    greater = [i for i in array[1:] if i > pivot] ❹
    return quicksort(less) + [pivot] + quicksort(greater)
print quicksort([10, 5, 2, 3])
```

❶ Der Basisfall: Leere Arrays und Arrays mit einem Element sind bereits »sortiert«.

❷ Rekursionsfall.

❸ Unterarray aller Elemente, die kleiner als das Pivotelement sind.

❹ Unterarray aller Elemente, die größer als das Pivotelement sind.

4.3 Landau-Notation im Detail

Quicksort ist insofern einzigartig, weil die Geschwindigkeit von der Auswahl des Pivotelements abhängt. Bevor ich näher auf Quicksort eingehe, werfen wir noch einmal einen Blick auf die gängigsten Laufzeiten.

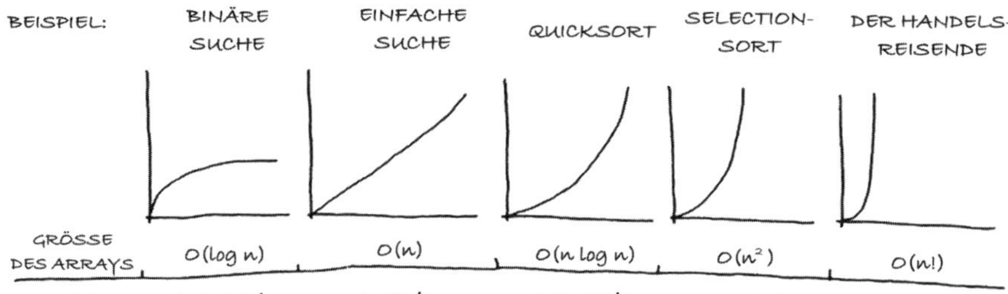

GRÖSSE DES ARRAYS	O(log n)	O(n)	O(n log n)	O(n^2)	O(n!)
10	0,3 Sek.	1 Sek.	3,3 Sek.	10 Sek.	4,2 Tage
100	0,6 Sek.	10 Sek.	66,4 Sek.	16,6 Min.	$2,9 \times 10^{149}$ Jahre
1000	1 Sek.	100 Sek.	996 Sek.	27,7 Std.	$1,27 \times 10^{2559}$ Jahre

Die angegeben Laufzeiten gelten für einen langsamen Computer, der pro Sekunde 10 Operationen ausführt.

Die im Diagramm angegebenen Zeiten sind Abschätzungen, die darauf beruhen, dass pro Sekunde 10 Operationen ausgeführt werden. Die Zahlen unter den Diagrammen sind nicht sehr genau – sie sollen dir lediglich einen Eindruck davon vermitteln, wie unterschiedlich die Laufzeiten sind. Tatsächlich kann dein Computer sehr viel mehr als 10 Operationen pro Sekunde ausführen.

Zu jeder Laufzeit ist außerdem ein Beispielalgorithmus angegeben. Betrachte beispielsweise Selectionsort, das du in Kapitel 2 kennenlernt hast. Es benötigt die Laufzeit O(n^2). Es handelt sich also um einen ziemlich langsamen Algorithmus.

Darüber hinaus gibt es noch einen Sortieralgorithmus namens *Mergesort*, der die Laufzeit O(n log n) benötigt. Das ist schon sehr viel schneller! Quicksort ist ein kniffliger Fall. Im Worst Case benötigt Quicksort die Laufzeit O(n^2).

Das ist genauso langsam wie Selectionsort! Allerdings nur im Worst Case. Im Average Case benötigt Quicksort die Laufzeit O(n log n). Nun wirst du dich vermutlich fragen:

- Was bedeuten *Worst Case* und *Average Case* hier denn eigentlich genau?
- Wenn Quicksort durchschnittlich die Laufzeit O(n log n) benötigt, Mergesort jedoch immer die Laufzeit O(n log n) erzielt, warum dann nicht gleich Mergesort verwenden? Ist es nicht schneller?

4.3.1 Mergesort und Quicksort im Vergleich

Nehmen wir an, du hast die folgende Funktion zur Ausgabe der Objekte in einer Liste geschrieben:

```
def print_items(list):
  for item in list:
    print item
```

Diese Funktion durchläuft sämtliche in der Liste enthaltenen Objekte und gibt sie aus. Da sie die gesamte Liste ein Mal durchläuft, benötigt sie die Laufzeit O(*n*). Nun verändern wir die Funktion so, dass sie vor der Ausgabe eines Objekts jeweils 1 Sekunde wartet:

```
from time import sleep
def print_items2(list):
  for item in list:
    sleep(1)
    print item
```

Die Funktion pausiert jeweils 1 Sekunde lang, bevor sie ein Objekt ausgibt. Stell dir nun vor, dass du die beiden Funktionen verwendest, um eine Liste auszugeben, die fünf Elemente enthält.

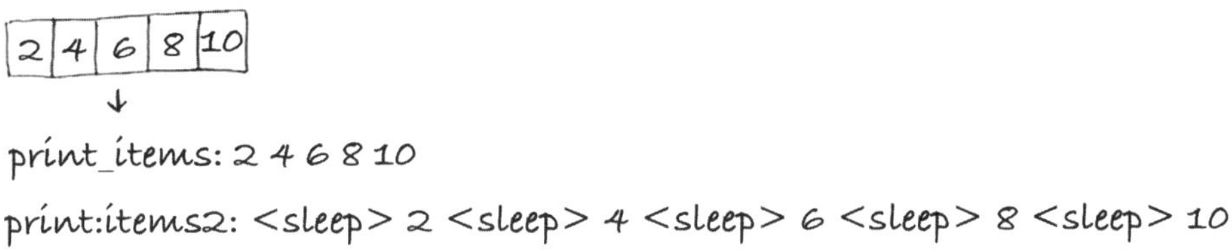

Beide Funktionen durchlaufen die Liste ein Mal, daher benötigen auch beide die Laufzeit O(*n*). Aber welche Funktion ist in der Praxis wohl schneller? Die Funktion `print_items` dürfte sehr viel schneller sein, weil sie nicht jedes Mal 1 Sekunde lang pausiert, bevor sie ein Objekt ausgibt.

Obwohl beide Funktionen gemäß der Landau-Notation dieselbe Laufzeit haben, ist `print_items` in der Praxis schneller. Wenn du eine Landau-Notation wie O(*n*) verwendest, bedeutet das tatsächlich Folgendes:

Dabei ist `c` eine konstante Zeitspanne, die dein Algorithmus zur Ausführung benötigt. Diese konstante Zeitspanne könnte beispielsweise für `print_items` 10 Millisekunden * *n* und für `print_items2` 1 Sekunde * *n* betragen.

Für gewöhnlich schenkt man dieser Konstanten keine Beachtung, denn wenn zwei Algorithmen gemäß der Landau-Notation unterschiedliche Laufzeiten benötigen, spielt diese Konstante keine Rolle. Betrachte beispielsweise die binäre und die einfache Suche. Nehmen wir an, die beiden Algorithmen besitzen die folgenden Konstanten:

10 ms * n	1 Sek. * log n
EINFACHE SUCHE	BINÄRE SUCHE

Nun wirst du vielleicht sagen: »Donnerwetter! Bei der einfachen Suche beträgt die Konstante nur 10 Millisekunden, bei der binären Suche aber 1 Sekunde. Die einfache Suche ist ja viel schneller!«. Wenn du aber eine Liste durchsuchst, die 4 Milliarden Elemente enthält, ergeben sich folgende Zeiten:

EINFACHE SUCHE	10 ms * 4 MILLIARDEN = 463 TAGE
BINÄRE SUCHE	1 Sek. * 32 = 32 Sek.

Wie du siehst, ist die binäre Suche wie gehabt sehr viel schneller. Die Konstanten machen praktisch überhaupt keinen Unterschied.

Aber manchmal ist die Konstante eben *doch* von Bedeutung. Ein Beispiel hierfür liefert der Vergleich von Quicksort und Mergesort. Die Konstante von Quicksort ist kleiner als die von Mergesort. Wenn beide Algorithmen eine Laufzeit von $O(n \log n)$ benötigen, ist Quicksort also schneller. Und in der Praxis ist Quicksort schneller, weil der Average Case sehr viel häufiger als der Worst Case auftritt.

Und nun wirst du dich wohl fragen, wie sich denn der Average Case und der Worst Case unterscheiden.

4.3.2 Average Case und Worst Case im Vergleich

Die Geschwindigkeit von Quicksort hängt stark vom ausgewählten Pivotelement ab. Nehmen wir an, du wählst immer das erste Element des Arrays als Pivotelement aus. Und nun rufst du Quicksort mit einem Array auf, das *bereits sortiert* ist. Da Quicksort nicht überprüft, ob das Eingabearray schon sortiert ist, wird es trotzdem versuchen, das Array zu sortieren.

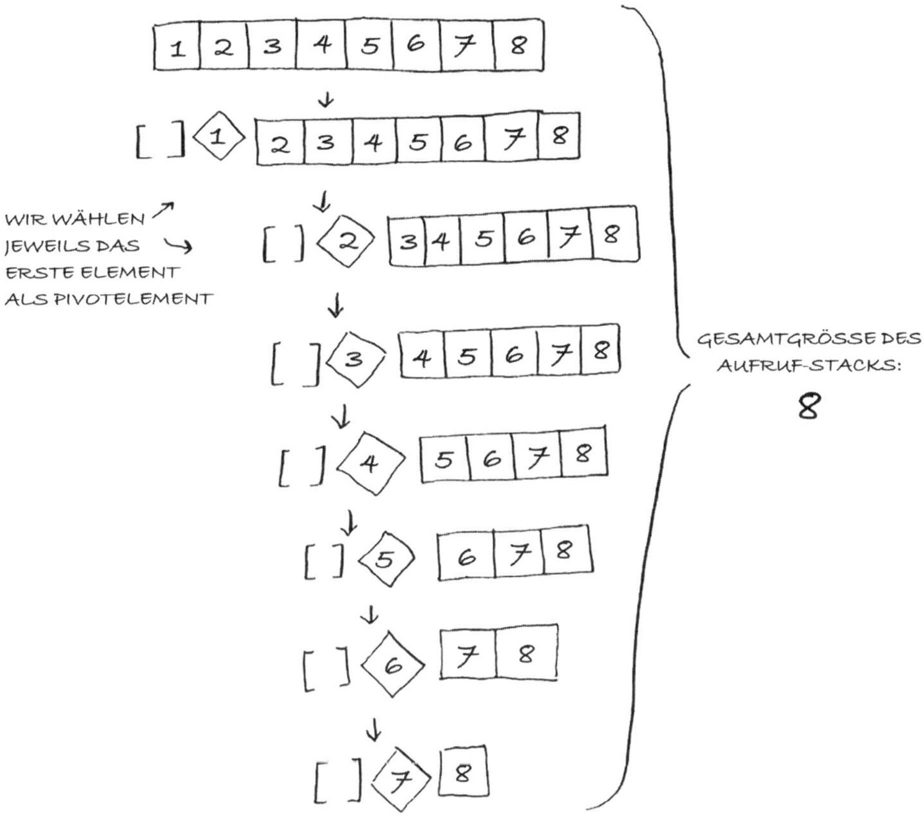

Beachte hier, dass das Array nicht in zwei Hälften aufgeteilt wird. Stattdessen bleibt eines der Unterarrays immer leer. Der Aufruf-Stack ist deshalb ziemlich groß. Und nun nehmen wir an, dass du stets das mittlere Element als Pivotelement auswählst und werfen einen Blick auf den Aufruf-Stack.

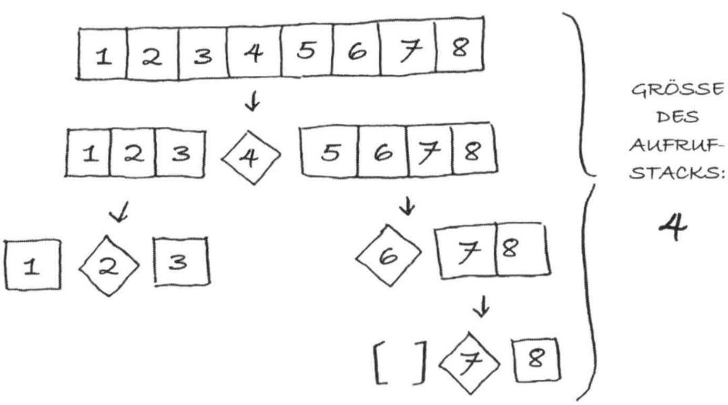

Wirklich kompakt! Da du das Array jedes Mal halbierst, sind nicht so viele rekursive Aufrufe erforderlich. Du gelangst schneller zum Basisfall und der Aufruf-Stack ist sehr viel kleiner.

Das erste der beiden Beispiele stellt den Worst Case dar, das zweite hingegen den Best Case. Im Worst Case ist die Größe des Stacks $O(n)$, im Best Case $O(\log n)$.

Betrachten wir nun die erste Ebene des Stacks. Du wählst ein Pivotelement aus und die übrigen Elemente werden in Unterarrays aufgeteilt. Du rufst alle acht Elemente im Array auf. Die erste Operation benötigt also die Laufzeit $O(n)$. In dieser Ebene des Stacks hast du alle acht Elemente aufgerufen. Aber tatsächlich rufst du $O(n)$ Elemente in jeder Ebene des Aufruf-Stacks auf.

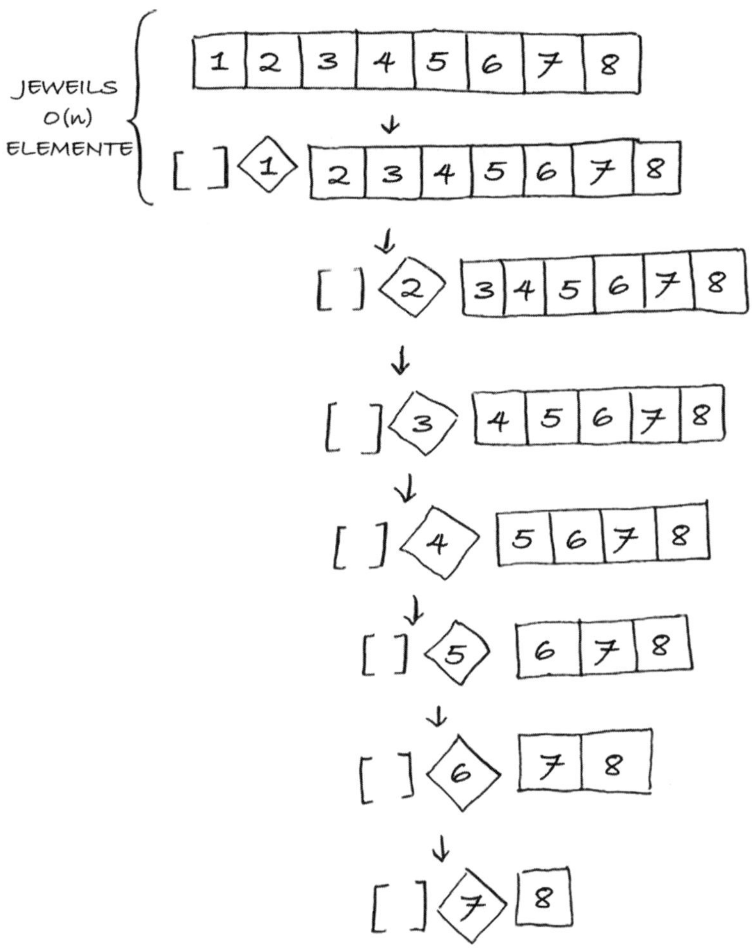

Selbst wenn du eine andere Aufteilung des Arrays vornimmst, musst du jedes Mal $O(n)$ Elemente aufrufen.

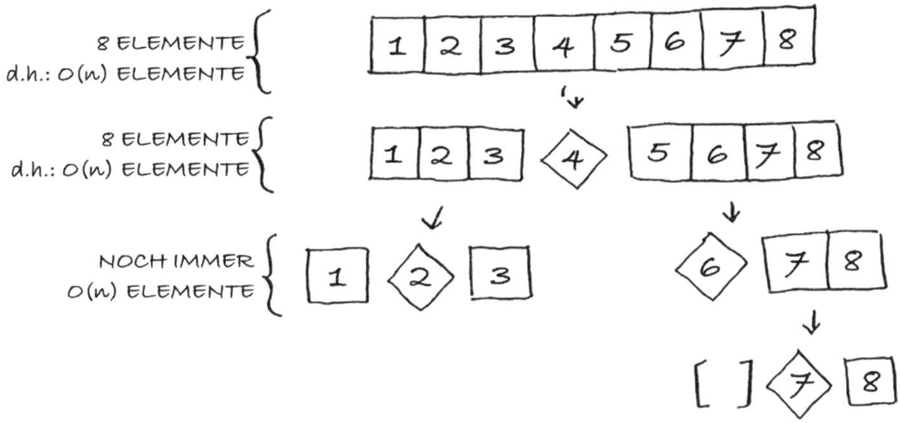

Jede Ebene benötigt somit die Laufzeit O(n), bis die Operationen abgeschlossen sind.

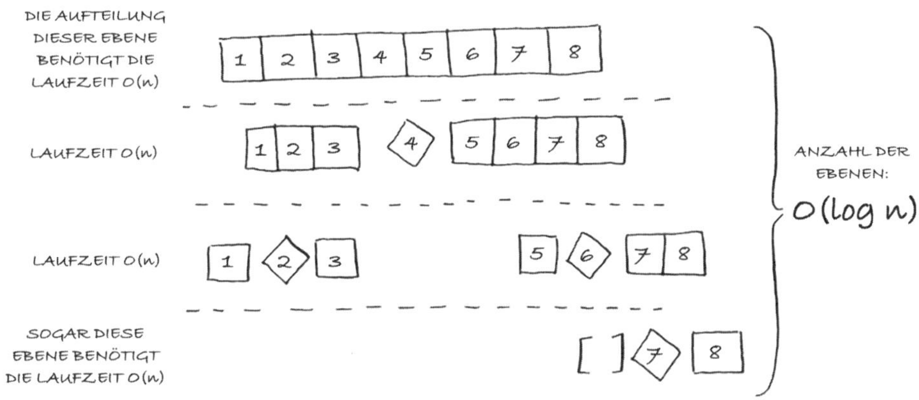

In diesem Beispiel gibt es O(log n) Ebenen. (Das ist die technische Ausdrucksweise, die besagt: »Die Größe des Aufruf-Stacks ist O(log n)«.) Und jede Ebene benötigt die Laufzeit O(n). Der gesamte Algorithmus benötigt die Laufzeit O(n) * O(log n) = O(n log n). Das gilt für den günstigsten Fall.

Im Worst Case gibt es O(n) Ebenen und der Algorithmus benötigt die Laufzeit O(n) * O(n) = O(n^2).

Und weißt du was? Ich kann dir an dieser Stelle sagen, dass der Best Case auch der Average Case ist. *Wenn du immer ein zufällig ausgewähltes Element des Arrays als Pivotelement auswählst,* beträgt die Laufzeit von Quicksort im Durchschnitt O(n log n). Quicksort ist einer der schnellsten Sortieralgorithmen, die es gibt, und außerdem ein ausgezeichnetes Beispiel für das Teile-und-herrsche-Verfahren.

Übungen

Welche Laufzeiten würden die folgenden Operationen gemäß der Landau-Notation haben?

4.5 Ausgabe der Werte aller Elemente in einem Array.

4.6 Verdoppeln der Werte aller Elemente in einem Array.

4.7 Verdoppeln des Werts des ersten Elements in einem Array.

4.8 Erzeugen einer Multiplikationstabelle mit allen Elementen in einem Array. Wenn du das Array `[2, 3, 7, 8, 10]` verwendest, musst du also zunächst alle Elemente mit 2 multiplizieren, dann alle Elemente mit 3 multiplizieren, dann mit 7 usw.

4.4 Zusammenfassung

- Beim Teile-und-herrsche-Verfahren wird eine Aufgabe in immer kleinere Teilaufgaben zerlegt. Wenn du das Teile-und-herrsche-Verfahren auf eine Liste anwendest, ist der Basisfall wahrscheinlich ein leeres Array oder ein Array mit nur einem Element.
- Bei der Implementierung von Quicksort solltest du das Pivotelement zufällig auswählen. Die durchschnittliche Laufzeit von Quicksort ist O(*n* log *n*).
- Die Konstante in der Landau-Notation kann unter bestimmten Umständen von Bedeutung sein. Aus diesem Grund ist Quicksort schneller als Mergesort.
- Beim Vergleich von einfacher und binärer Suche spielt die Konstante praktisch nie eine Rolle, weil O(log *n*) so viel schneller als O(*n*) ist, wenn die Liste größer wird.

Hashtabellen 5

In diesem Kapitel:

- Du lernst Hashtabellen kennen, die zu den nützlichsten grundlegenden Datenstrukturen gehören. Dieses Kapitel erklärt die gängigsten der vielfältigen Anwendungsfälle von Hashtabellen.
- Du lernst außerdem die interne Funktionsweise von Hashtabellen kennen: Implementierung, Kollisionen und Hashfunktionen. Das wird dir dabei helfen zu verstehen, wie man die Performance einer Hashtabelle analysiert.

Stell dir vor, du arbeitest in einem Lebensmittelgeschäft. Wenn ein Kunde ein Produkt kauft, musst du den Preis in einer Artikelliste nachschlagen. Wenn diese Artikelliste nicht alphabetisch sortiert ist, brauchst du ziemlich lange, um alle Zeilen nach einem Begriff wie *Apfel* zu durchsuchen. Wenn du jede Zeile in Augenschein nehmen musst, entspricht das der einfachen Suche aus Kapitel 1. Erinnerst du dich daran, wie lange das dauern würde? Die Laufzeit wäre O(n). Wenn die Artikelliste alphabetisch sortiert wäre, könntest du eine binäre Suche verwenden, um den Preis eines Apfels zu finden. In diesem Fall wäre die Laufzeit nur O(log n).

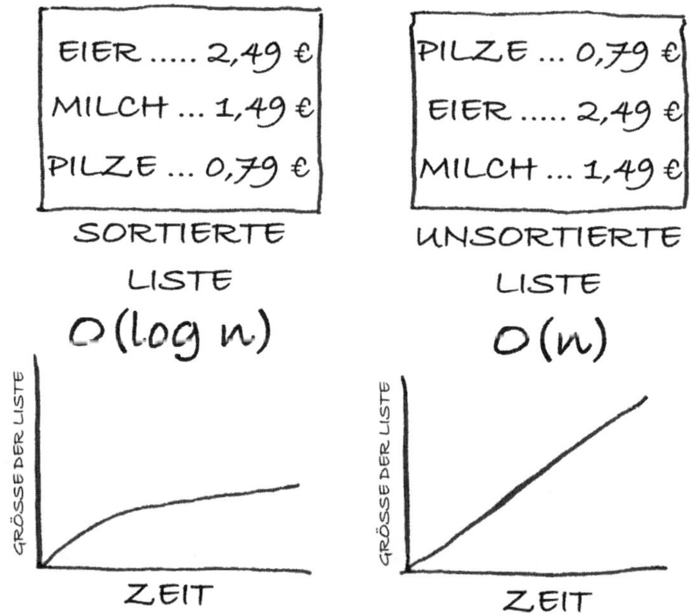

Zur Erinnerung: Der Unterschied zwischen den Laufzeiten O(*n*) und O(log *n*) ist enorm! Nehmen wir an, du könntest pro Sekunde 10 Zeilen der Artikelliste überprüfen. Die folgende Tabelle zeigt, wie lange du dann für die einfache und die binäre Suche brauchst:

ANZAHL DER ARTIKEL	O(n)	O(log n)	
100	10 Sek.	1 Sek.	← $\log_2 100$ = 7 ZEILEN ÜBERPRÜFEN
1000	1,66 Min.	1 Sek.	← $\log_2 1000$ = 10 ZEILEN ÜBERPRÜFEN
10000	16,6 Min.	2 Sek.	← $\log_2 10000$ = 14 ZEILEN ÜBERPRÜFEN

Du weißt ja schon, dass die binäre Suche verdammt schnell ist. Aber als Kassierer die Preise in einer Artikelliste nachschlagen zu müssen, ist eine Qual, auch wenn die Artikelliste alphabetisch sortiert ist. Die Warteschlange an der Kasse wird immer länger, während du in der Artikelliste nach den Preisen suchst. Du bräuchtest eigentlich eine Kollegin, die alle Artikel und alle Preise auswendig kennt. Dann müsstest du nichts mehr nachschlagen: Du würdest deine Kollegin fragen und von ihr augenblicklich eine Antwort erhalten.

Wie lang die Artikelliste ist, spielt keine Rolle: Deine Kollegin Maggie kann dir den Preis für sämtliche Artikel mit der Laufzeit O(1) nennen. Sie ist sogar schneller als eine binäre Suche.

ANZAHL DER ARTIKEL	EINFACHE SUCHE O(n)	BINÄRE SUCHE O(log n)	MAGGIE O(1)
100	10 Sek.	1 Sek.	SOFORT
1000	1,6 Min.	1 Sek.	SOFORT
10000	16,6 Min.	2 Sek.	SOFORT

Tolle Leistung! Aber wie gelangst du an eine »Maggie«?

Denken wir doch mal über Datenstrukturen nach. Du kennst bislang zwei Datenstrukturen: Arrays und Listen. (Ich schenke Stacks an dieser Stelle keine Beachtung, denn einen Stack kann man eigentlich nicht richtig »durchsuchen«.) Du kannst die Artikelliste beispielsweise als Array implementieren.

(EIER, 2,49)	(MILCH, 1,49)	(PILZE, 079)

Die Einträge in der Artikelliste enthalten jeweils zwei Werte: die Bezeichnung eines Artikels und den Preis. Wenn du dieses Array nach der Bezeichnung sortierst, kannst du eine binäre Suche verwenden, um den Preis eines Artikels herauszufinden. Du benötigst für die Suche nach einem Artikel also die Laufzeit O(log *n*), du möchtest die Artikel jedoch genauso schnell wie Maggie finden, mit der Laufzeit O(1). Hier kommen die Hashfunktionen ins Spiel.

5.1 Hashfunktionen

Eine Hashfunktion ist eine Funktion, die einen String entgegennimmt und eine Zahl zurück liefert. (Mit *String* sind in diesem Zusammenhang beliebige Daten gemeint, also eine Folge von Bytes.)

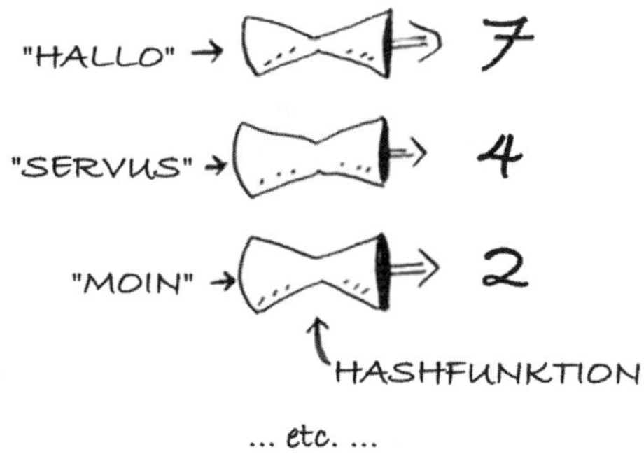

Die technische Bezeichnung dafür lautet, dass die Hashfunktion »Strings Zahlen zuordnet«. Man könnte denken, dass es kein erkennbares Muster für die Zuordnung von Strings zu Zahlen gibt. Eine Hashfunktion muss jedoch bestimmte Anforderungen erfüllen:

- Sie muss *konsistent* sein, also widerspruchsfrei. Nimm beispielsweise an, du übergibst der Hashfunktion den String »Apfel« und erhältst »4« zurück. Wenn du »Apfel« übergibst, solltest du immer den Wert »4« erhalten, denn andernfalls würde die Hashtabelle nicht funktionieren.
- Die Hashfunktion sollte verschiedenen Wörtern unterschiedliche Zahlen zuordnen. Beispielsweise ist eine Hashfunktion nutzlos, wenn sie allen übergebenen Wörtern den Wert »1« zuordnet. Bestenfalls ordnet sie allen unterschiedlichen Wörtern verschiedene Zahlen zu.

Eine Hashfunktion bildet also Strings auf Zahlen ab. Und was hat man davon? Du kannst sie verwenden, um deine »Maggie« zu programmieren!

Erzeuge zunächst einmal ein leeres Array:

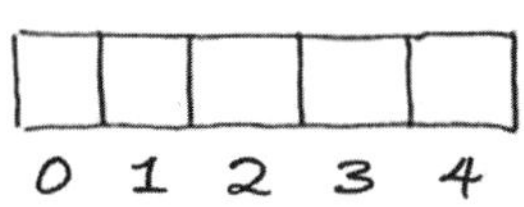

In diesem Array werden sämtliche Preise gespeichert. Nun fügen wir den Preis für einen Apfel hinzu. Übergib der Hashfunktion den String »Apfel«.

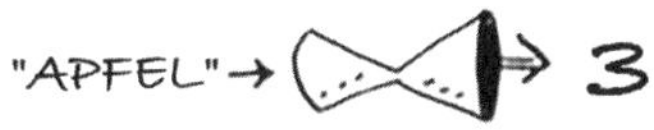

Die Hashfunktion gibt »3« zurück. Also speichern wir den Preis für den Apfel im Array unter dem Index 3.

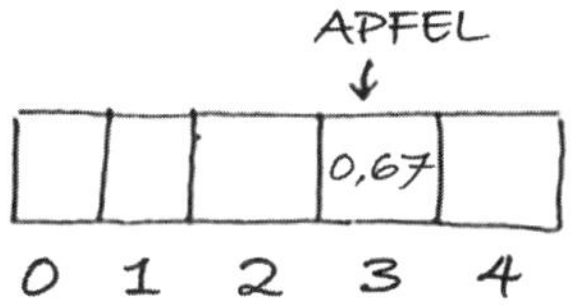

Nun fügen wir den Preis für Milch hinzu und übergeben der Hashfunktion den String »Milch«.

Die Hashfunktion gibt »0« zurück. Und wir speichern den Preis für Milch unter dem Index 0.

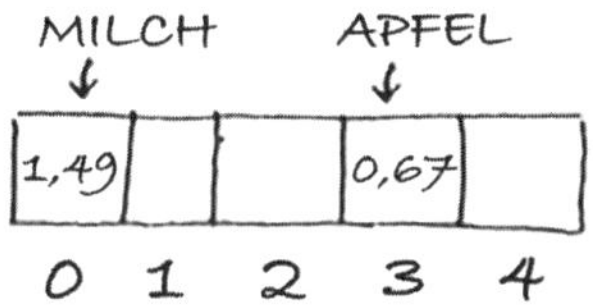

Wenn du damit fortfährst, ist irgendwann das gesamte Array mit Artikelpreisen gefüllt.

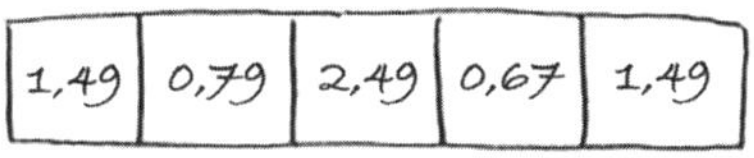

Wenn du nun wissen möchtest, was eine Avocado kostet, brauchst du nicht mehr im Array danach zu suchen. Übergib der Hashfunktion einfach den String »Avocado«.

Sie teilt dir mit, dass der Preis unter dem Index 4 gespeichert ist. Und tatsächlich, da ist er schon.

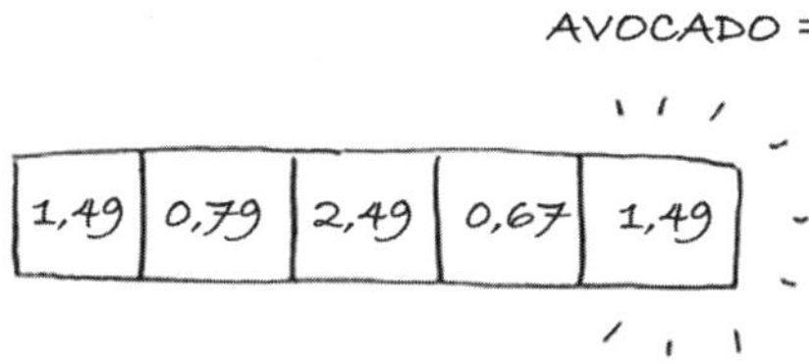

Die Hashfunktion teilt dir genau mit, wo der Preis gespeichert ist. Du musst also überhaupt nicht mehr suchen! Das funktioniert aus folgenden Gründen.

- Die Hashfunktion ordnet einem Namen konsistent denselben Index zu. Wenn du ihr den String »Avocado« übergibst, erhältst du stets dieselbe Zahl zurück. Mit dem ersten Aufruf findest du heraus, an welcher Position der Preis einer Avocado gespeichert werden soll. Anschließend kannst du die Hashfunktion verwenden, um festzustellen, wo du den Preis gespeichert hast.
- Die Hashfunktion ordnet verschiedenen Strings unterschiedliche Indizes zu. »Avocado« ist der Index 4 zugeordnet, »Milch« der Index 0. Allen Strings wird ein anderes Element des Arrays zugeordnet, an dessen Index du den Preis speichern kannst.
- Der Hashfunktion ist bekannt, wie groß dein Array ist und sie gibt nur gültige Indizes zurück. Wenn dein Array fünf Elemente enthält, wird die Hashfunktion also keinesfalls 100 zurückgeben, denn das ist in diesem Array kein gültiger Index.

Du hast soeben eine »Maggie« erstellt! Wenn du eine Hashfunktion mit einem Array kombinierst, erhältst du eine Datenstruktur, die als *Hashtabelle* bezeichnet wird. Die Hashtabelle ist die erste Datenstruktur, die du kennenlernst, die auf zusätzlicher Logik beruht. Arrays und Listen verweisen direkt auf den Arbeitsspeicher, Hashtabellen hingegen sind intelligenter aufgebaut, denn sie verwenden eine Hashfunktion, um herauszufinden, wo die Daten gespeichert werden.

Hashtabellen sind vermutlich die nützlichsten komplexen Datenstrukturen, mit denen du dich befassen wirst. Sie werden auch Dictionarys, Hashmaps, assoziative Datenfelder oder Streuwerttabellen genannt. Und Hashtabellen sind schnell! Aus Kapitel 2, in dem wir Arrays und Listen betrachtet haben, weißt du, dass du augenblicklich auf die Elemente eines Arrays zugreifen kannst. Hashtabellen verwenden Arrays zum Speichern der Daten und sind daher genauso schnell.

Du wirst Hashtabellen wahrscheinlich niemals selbst implementieren müssen. Jede vernünftige Programmiersprache bringt eine Implementierung von Hashtabellen mit. Die in Python implementierten Hashtabellen heißen *Dictionarys*. Mit der `dict`-Funktion kannst du eine Hashtabelle erzeugen:

```
>>> book = dict()
```

LEERE HASHTABELLE

book ist eine neu angelegte Hashtabelle, der wir nun einige Preise hinzufügen:

```
>>> book["Apfel"] = 0.67 ❶
>>> book["Milch"] = 1.49 ❷
>>> book["Avocado"] = 1.49
>>> print book
{'Avocado': 1.49, 'Apfel': 0.67, 'Milch': 1.49}
```

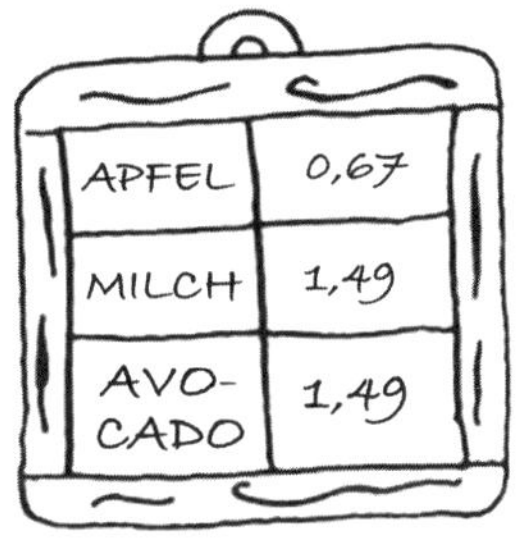

EINE HASHTABELLE MIT ARTIKELPREISEN

❶ Ein Apfel kostet 67 Cent.

❷ Milch kostet 1,49 Euro.

Ziemlich einfach! Nun sehen wir nach, was eine Avocado kostet:

```
>>> print book["Avocado"]
1.49 ❶
```

❶ Preis einer Avocado.

Eine Hashtabelle besitzt Schlüssel und Werte. In der Hashtabelle book sind die Artikelbezeichnungen die Schlüssel und die dazugehörigen Preise die Werte. Eine Hashtabelle ordnet den Schlüsseln Werte zu.

Im nächsten Abschnitt lernst du einige Beispiele kennen, bei denen sich Hashtabellen als ungemein nützlich erweisen.

Übungen

Für eine Hashfunktion ist von entscheidender Bedeutung, dass sie für eine bestimmte Eingabe konsistent die gleiche Ausgabe zurückgibt. Wäre das nicht der Fall, würdest du ein Objekt nicht wiederfinden können, nachdem du es in einer Hashtabelle gespeichert hast.

Welche der folgenden Hashfunktionen sind konsistent?

5.1 `f(x) = 1` gibt immer »1« zurück.

5.2 `f(x) = rand()` gibt eine Zufallszahl zurück.

5.3 `f(x) = next_empy_slot()` gibt den Index des nächsten freien Speicherplatzes in der Hashtabelle zurück.

5.4 `f(x) = len(x)` übergibt als Index die Länge des Strings x.

5.2 Anwendungsfälle

Hashtabellen kommen überall zum Einsatz. Dieser Abschnitt stellt einige Anwendungsfälle vor.

5.2.1 Hashtabellen zum Nachschlagen verwenden

In deinem Smartphone ist ein praktisches Telefonbuch integriert. Allen Namen ist eine Telefonnummer zugeordnet.

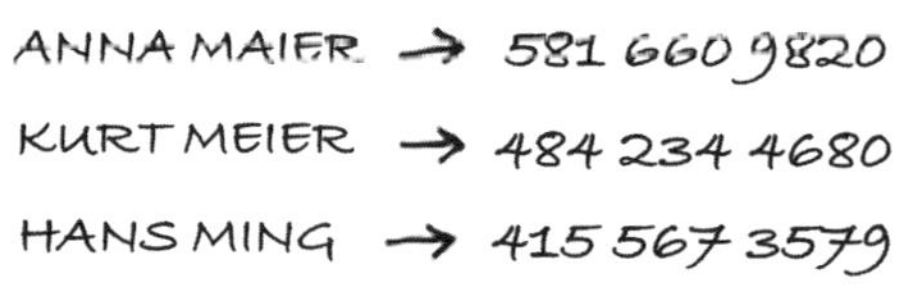

Stell dir vor, dass du ein solches Telefonbuch programmierst. Du ordnest den Namen der Personen Telefonnummern zu. Dein Telefonbuch soll folgende Funktionalitäten bieten:

- Hinzufügen eines Namens und der dazugehörigen Telefonnummer.
- Eingabe eines Namens und Anzeige der dazugehörigen Telefonnummer.

Das ist ein perfekter Anwendungsfall für eine Hashtabelle! Hashtabellen sind besonders gut geeignet, wenn du

- einem Objekt ein anderes Objekt zuordnen oder
- etwas nachschlagen möchtest.

Die Programmierung eines Telefonbuchs ist ziemlich einfach. Erzeuge zunächst eine neue Hashtabelle:

```
>>> phone_book = dict()
```

In Python gibt es übrigens einen Kurzbefehl zum Erzeugen einer Hashtabelle. Verwende einfach zwei geschweifte Klammern:

```
>>> phone_book = {} ❶
```

❶ Entspricht phone_book = dict().

Jetzt fügen wir dem Telefonbuch ein paar Einträge hinzu:

```
>>> phone_book["Jenny"] = 8675309
>>> phone_book["Notruf"] = 112
```

So einfach ist das! Nehmen wir nun an, du suchst Jennys Telefonnummer. Rufe die Hashfunktion einfach mit dem Schlüssel auf:

```
>>> print phone_book["Jenny"]
8675309 ❶
```

❶ Jennys Telefonnummer.

EINE HASHTABELLE ALS TELEFONBUCH

Stell dir vor, du müsstest statt einer Hashtabelle ein Array verwenden. Wie würdest du das machen? Hashtabellen vereinfachen es, eine Beziehung zwischen einem Objekt und einem anderen abzubilden.

Hashtabellen werden zum Nachschlagen in sehr viel größerem Maßstab eingesetzt. Nehmen wir beispielsweise an, du möchtest eine Website wie `http://adit.io` besuchen. Dein Computer muss zunächst `adit.io` in eine IP-Adresse übersetzen.

ADIT.IO → 173.255.248.55

Bei jeder Website, die du aufsuchst, muss die Webadresse in eine IP-Adresse übersetzt werden.

GOOGLE.COM → 74.125.239.133
FACEBOOK.COM → 173.252.120.6
SCRIBD.COM → 23.235.47.175

Moment mal, Webadressen IP-Adressen zuordnen? Das hört sich doch nach einem perfekten Anwendungsfall für Hashtabellen an! Dieser Vorgang wird als *IP-Adressauflösung* bezeichnet. Hashtabellen bieten die Möglichkeit, diese Funktionalität bereitzustellen.

5.2.2 Doppelte Einträge verhindern

Stell dir vor, du bist Wahlhelfer in einem Wahllokal. Naturgemäß darf jeder Wähler nur ein Mal abstimmen. Wie kannst du sicherstellen, dass jemand nicht schon gewählt hat? Wenn jemand ins Wahllokal kommt und wählen möchte, erfragst du den vollständigen Namen. Dann prüfst du, ob sich dieser Name bereits auf der Liste der Wähler befindet, die schon abgestimmt haben.

Wenn der Name vorhanden ist, hat die fragliche Person bereits gewählt – schmeiß sie raus! Andernfalls fügst du den Namen der Liste hinzu und gestattest das Wählen. Nun kommen allerdings sehr viele Leute ins Wahllokal, um zu wählen, und die Liste der Wähler, die ihre Stimme bereits abgegeben haben, ist auch von enormer Länge.

Jedes Mal, wenn jemand das Wahllokal betritt, musst du diese gigantische Liste durchsuchen und überprüfen, ob die Person schon gewählt hat. Es gibt jedoch eine bessere Methode: Verwende eine Hashtabelle!

Erstelle zunächst eine Hashtabelle, die über die Personen Buch führt, die bereits gewählt haben.

```
>>> voted = {}
```

Wenn jemand das Wahllokal betritt und wählen möchte, überprüfst du, ob die Person bereits in der Hashtabelle vorhanden ist:

```
>>> value = voted.get("Tom")
```

Die `get`-Funktion liefert `True` zurück, falls `"Tom"` in der Hashtabelle enthalten ist. Andernfalls gibt sie `None` zurück.

Auf diese Weise kannst du überprüfen, ob jemand schon gewählt hat!

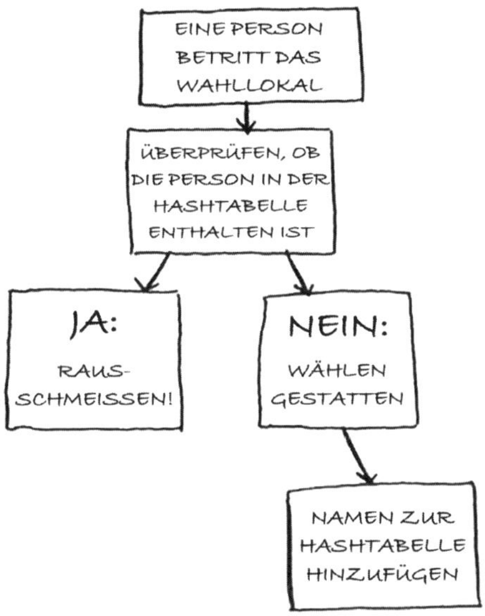

Und hier ist der entsprechende Code:

```
voted = {}
def check_voter(name):
  if voted.get(name):
    print "Rauschmeißen!"
  else:
    voted[name] = True
    print "Wählen gestatten!"
```

Nun führen wir ein paar Tests durch:

```
>>> check_voter("Tom") Wählen gestatten!
>>> check_voter("Mike") Wählen gestatten!
>>> check_voter("Mike") Rausschmeißen!
```

Wenn Tom das Wahllokal zum ersten Mal besucht, gibt der Code »Wählen gestatten!« aus. Dann kommt Mike und der Code gibt ebenfalls »Wählen gestatten!« aus. Schließlich versucht Mike es ein zweites Mal, und der Code gibt »Rausschmeißen!« aus.

Beachte Folgendes: Wenn du die Namen der Personen, die bereits gewählt haben, in einer Liste speicherst, würde die Funktion allmählich sehr langsam werden, weil eine einfache Suche mit der gesamten Liste durchgeführt werden müsste. Du speicherst die Namen jedoch in einer Hashtabelle, mit der du augenblicklich feststellen kannst, ob der Name einer Person darin enthalten ist oder nicht. In einer Hashtabelle nach bereits vorhandenen Einträgen zu suchen, geht sehr schnell.

5.2.3 Hashtabellen als Cache verwenden

Zum Abschluss betrachten wir noch den Anwendungsfall *Caching*. Wenn du eine Website betreibst, hast du vermutlich schon davon gehört, dass Caching eine sinnvolle Sache ist. Dem Caching liegt folgende Idee zugrunde: Nehmen wir an, du besuchst die Website von Facebook.

1. Du sendest eine Anfrage an den Facebook-Server.
2. Der Server »überlegt« einen Moment lang und liefert dann eine Webseite an dich aus.
3. Dir wird die Webseite angezeigt.

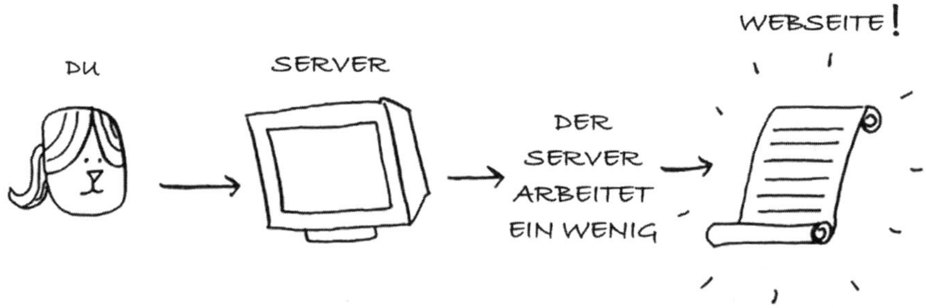

Der Facebook-Server erstellt möglicherweise eine Liste der Aktivitäten deiner Freunde, die dir anschließend angezeigt wird. Es dauert einige Sekunden, all diese Aktivitäten zusammenzustellen und dir anzuzeigen. Für den User fühlen sich diese paar Sekunden allerdings wie eine kleine Ewigkeit an. Du denkst dir dann vielleicht: »Warum ist Facebook so langsam?«. Allerdings müssen die Facebook-Server Millionen Besucher mit Daten versorgen, und die paar Sekunden summieren sich. Die Facebook-Server sind schon ziemlich ausgelastet, wenn all diese Webseiten ausgeliefert werden müssen. Gibt es vielleicht eine Möglichkeit, die Facebook-Server zu beschleunigen und sie gleichzeitig zu entlasten?

Stell dir vor, dass deine Nichte dich immer wieder mit astronomischen Fragen löchert. »Wie weit ist der Mars von der Erde entfernt?«, »Wie weit weg ist der Jupiter?«, »Wie weit ist der Mond entfernt?«. Du musst jedes Mal im Internet suchen, um ihre Fragen beantworten zu können, was jedes Mal einige Minuten dauert. Wenn deine Nichte dich immer nur fragen würde, wie weit der Mond entfernt ist, würdest du dir ziemlich schnell merken, dass der Abstand zur Erde rund 384.400 Kilometer beträgt. Du müsstest nicht mehr im Internet nachsehen, sondern würdest dich einfach daran erinnern und die Frage beantworten. Auf diese Weise funktioniert auch Caching: Websites merken sich die Daten, anstatt sie erneut zusammenzustellen oder zu berechnen.

Wenn du dich bei Facebook anmeldest, sind alle Inhalte, die du siehst, für dich maßgeschneidert. Jedes Mal, wenn du Facebook besuchst, müssen die Server ermitteln, an welchen Inhalten du interessiert bist. Wenn du jedoch nicht angemeldet bist, wird dir die Startseite angezeigt, auf der du dich anmelden kannst. Diese Startseite sieht für alle User gleich aus. Facebook muss deshalb immer wieder dieselbe Webseite ausliefern: »Ich möchte, dass mir die Startseite angezeigt wird, wenn ich nicht angemeldet bin«. Deshalb sorgt Facebook dafür, dass die Server keine Zeit damit verschwenden, zu ermitteln, wie die Startseite aussieht. Stattdessen wird das Aussehen der Startseite gespeichert. Und bei Bedarf wird die Seite an dich gesendet.

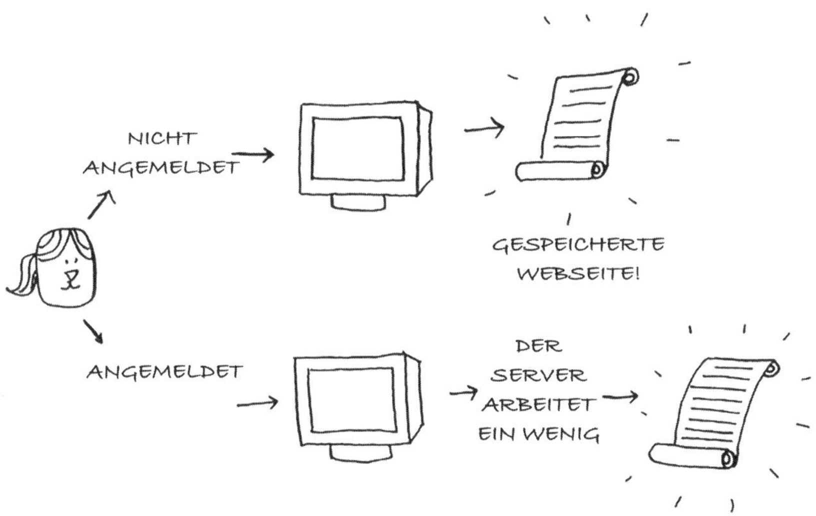

Man bezeichnet das als *Caching*. Dabei ergeben sich zwei Vorteile:

- Die Webseite wird erheblich schneller an dich ausgeliefert. Du könntest die Frage deiner Nichte nach der Entfernung des Monds ja auch schneller beantworten, wenn du dir die Antwort merkst. Wenn sie das nächste Mal fragt, brauchst du nicht im Internet zu suchen. Du kannst sofort antworten.

- Die Facebook-Server werden entlastet.

Caching ist ein gebräuchliches Verfahren, mit dem sich viele Vorgänge beschleunigen lassen. Alle großen Websites verwenden Caching. Und die Daten werden in einer Hashtabelle gespeichert!

Facebook nutzt Caching aber nicht nur für die Startseite, sondern auch für die Seiten ÜBER UNS und DATENSCHUTZINFO, für die Seite mit den Nutzungsbedingungen und viele andere. Den URLs der Seiten müssen also die Seitendaten zugeordnet werden.

Wenn du eine Seite bei Facebook besuchst, wird zunächst überprüft, ob die Seite in der Hashtabelle gespeichert ist.

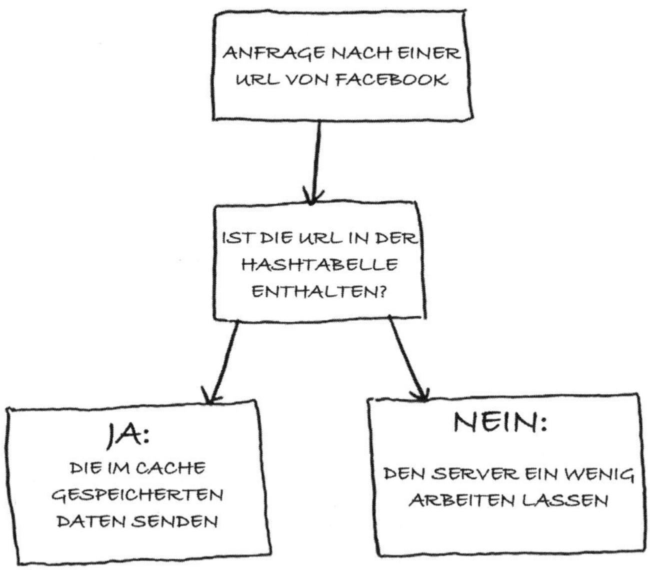

Hier der Vorgang als Code:

```
cache = {}
def get_page(url):
  if cache.get(url):
    return cache[url] ❶
```

```
else:
    data = get_data_from_server(url)
    cache[url] = data ❷
    return data
```

❶ Gibt die gecachten Daten zurück.

❷ Speichert die Daten zuerst im Cache.

Der Server muss nur aktiv werden, wenn die URL nicht im Cache enthalten ist. Bevor die Daten zurückgegeben werden, speicherst du sie im Cache. Wenn die URL das nächste Mal aufgerufen wird, kannst du die Daten aus dem Cache ausliefern, ohne dass der Server aktiv werden muss.

5.2.4 Zusammenfassung

Hashtabellen erweisen sich für verschiedene Aufgaben als nützlich:

- Abbildung der Beziehung zwischen einem Objekt und einem anderen
- Herausfiltern von Duplikaten
- Caching/Zwischenspeichern von Daten, anstatt den Server zu belasten

5.2.5 Kollisionen

Wie vorhin schon erwähnt, bieten die meisten Programmiersprachen Hashtabellen. Du brauchst nicht zu wissen, wie man das selbst programmiert. Ich werde also nicht besonders ausführlich auf die interne Funktionsweise von Hashtabellen eingehen. Aber die Performance ist natürlich trotzdem von Bedeutung! Um die Performance von Hashtabellen besser zu verstehen, musst du wissen, was Kollisionen sind. Die folgenden beiden Abschnitte befassen sich mit Kollisionen und Performance.

Zunächst einmal muss ich einräumen, dass ich dir eine Notlüge aufgetischt habe. Ich habe behauptet, dass eine Hashfunktion verschiedenen Schlüsseln immer unterschiedliche Elemente des Arrays zuordnet.

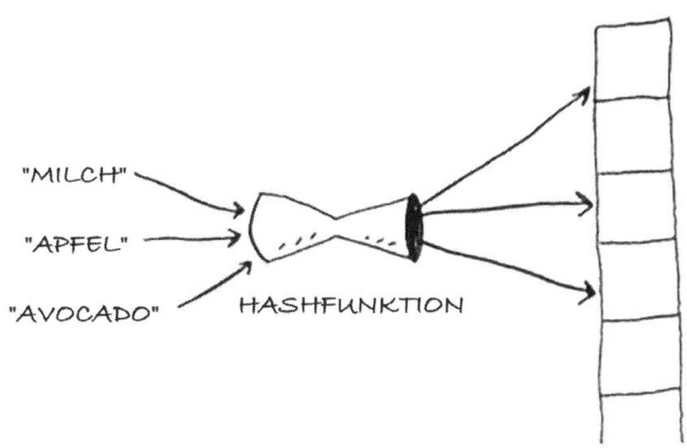

Tatsächlich ist es praktisch fast unmöglich, eine solche Hashfunktion zu schreiben. Betrachten wir ein einfaches Beispiel. Nehmen wir an, dein Array enthält 26 Elemente.

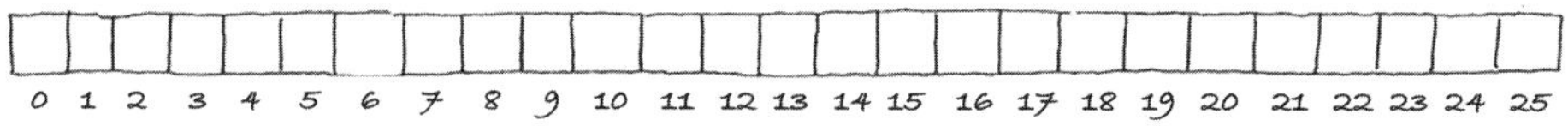

Und deine Hashfunktion ist besonders einfach: Sie weist die Position im Array alphabetisch zu.

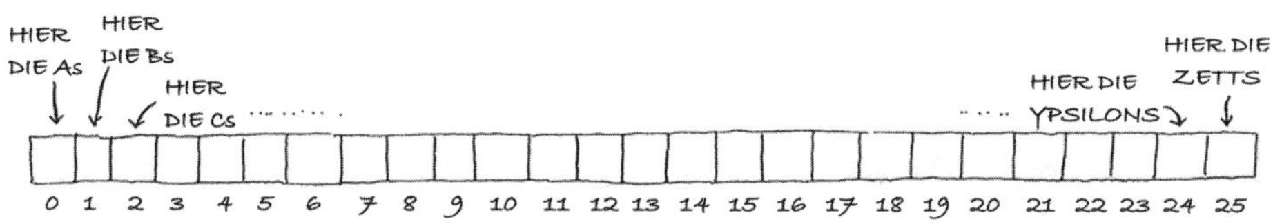

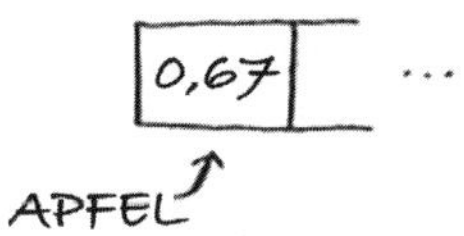

Vielleicht ahnst du schon, was hier das Problem ist. Du möchtest den Preis für einen Apfel in der Hashtabelle speichern. Zu diesem Zweck wird dir das erste Element zugewiesen. Nun möchtest du den Preis für Bananen in der Hashtabelle speichern und dir wird das zweite Element zugewiesen.

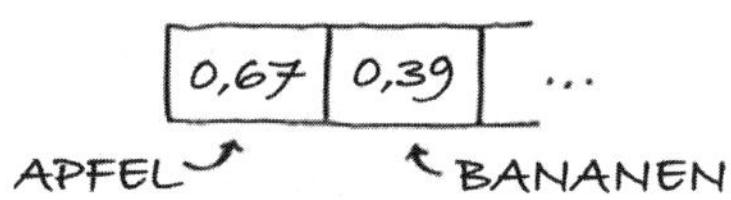

Alles funktioniert wunderbar! Aber nun möchtest du den Preis für Avocados in der Hashtabelle speichern. Und dir wird erneut das erste Element zugewiesen.

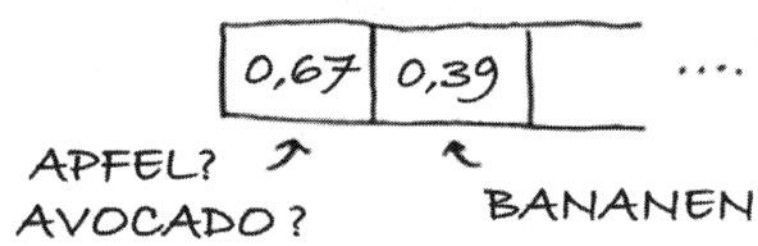

Oh je! Der Platz ist ja schon vom Apfel belegt. Und nun? Man spricht hier von einer *Kollision*: Zwei Schlüsseln wurde dasselbe Element zugewiesen. Hier liegt das Problem. Wenn du den Preis für eine Avocado im ersten Element speicherst, überschreibst du den Preis für den Apfel. Wenn das nächste Mal jemand wissen möchte, was Äpfel kosten, wird der Preis für Avocados angezeigt! Kollisionen sollten deswegen unbedingt verhindert werden. Es gibt viele verschiedene Möglichkeiten, Kollisionen zu handhaben. Die einfachste Lösung ist diese: Sollten mehrere Schlüssel auf dasselbe Element verweisen, erzeugst du eine verkettete Liste und speicherst sie in diesem Element.

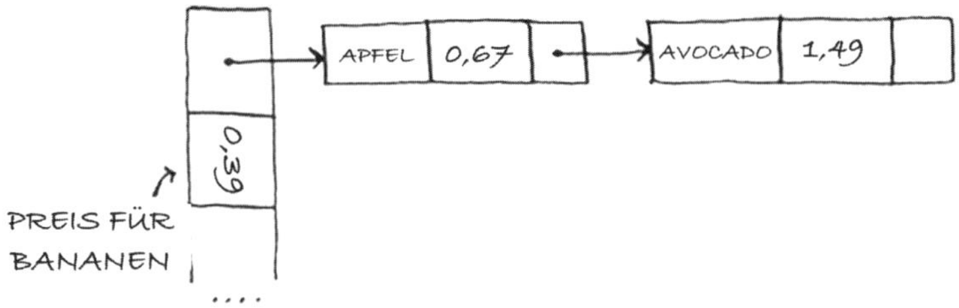

In diesem Beispiel verweisen »Apfel« und »Avocado« auf dasselbe Element. Also erstellst du eine verkette Liste für dieses Element. Wenn du den Preis für Bananen wissen möchtest, ist die Suche noch immer schnell. Wenn du wissen möchtest, was ein Apfel kostet, ist die Suche etwas langsamer. Du musst in diesem Fall die verkettete Liste nach »Apfel« durchsuchen. Wenn die verkettete Liste klein ist, stellt das kein Problem dar – du musst dann vielleicht drei oder vier Elemente durchsuchen. Aber wenn du in einem Lebensmittelgeschäft arbeitest, das nur Artikel verkauft, deren Bezeichnungen mit dem Buchstaben *A* anfangen?

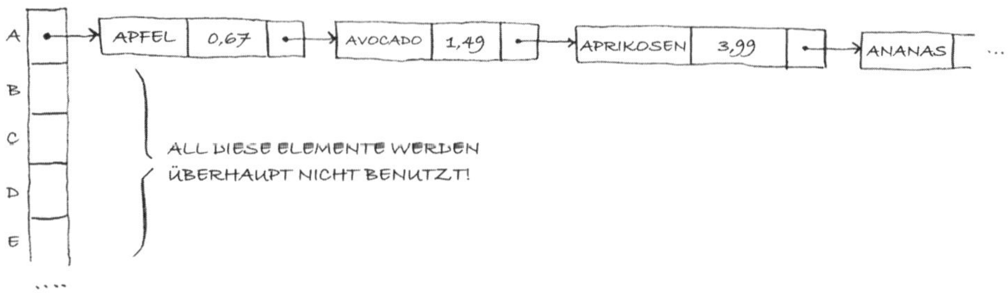

Augenblick mal! Die ganze Hashtabelle ist bis auf das erste Element völlig leer. Und dieses Element enthält eine riesige verkettete Liste! Sämtliche Elemente der Hashtabelle sind in der verketteten Liste gespeichert. Das ist genauso schlimm, als ob du von Anfang an alles in einer verketteten Liste gespeichert hättest. Die Hashtabelle wird dadurch stark verlangsamt.

Daraus kann man zwei Dinge lernen:

- *Die Hashfunktion ist wirklich sehr wichtig.* Diese Hashfunktion ordnet alle Schlüssel einem einzigen Element zu. Idealerweise sollte die Hashfunktion die Schlüssel gleichmäßig über die gesamte Hashtabelle verteilen.
- Wenn die verketteten Listen länger werden, wird die Hashtabelle dadurch stark verlangsamt. Sie werden allerdings nicht sehr lang, wenn du *eine gute Hashfunktion verwendest.*

Hashfunktionen sind von großer Bedeutung. Bei einer guten Hashfunktion kommt es nur sehr selten zu Kollisionen. Aber wie kann man eine gute Hashfunktion auswählen? Um diese Frage geht es im nächsten Abschnitt.

5.3 Performance

Am Anfang dieses Kapitels ging es um ein Lebensmittelgeschäft. Du wolltest eine Möglichkeit finden, *augenblicklich* auf die Artikelpreise zugreifen zu können. Hashtabellen sind wirklich sehr schnell.

	AVERAGE CASE	WORST CASE
SUCHEN	O(1)	O(n)
EINFÜGEN	O(1)	O(n)
LÖSCHEN	O(1)	O(n)

PERFORMANCE VON HASHTABELLEN

Im Average Case benötigen Hashtabellen die Laufzeit O(1) für alle Operationen. O(1) wird als *konstante Laufzeit* bezeichnet. Konstante Laufzeit bedeutet keinen augenblicklichen Zugriff, sondern dass die erforderliche Zeit gleich bleibt – unabhängig davon, wie groß die Hashtabelle ist. Du weißt bereits, dass die einfache Suche eine lineare Laufzeit benötigt.

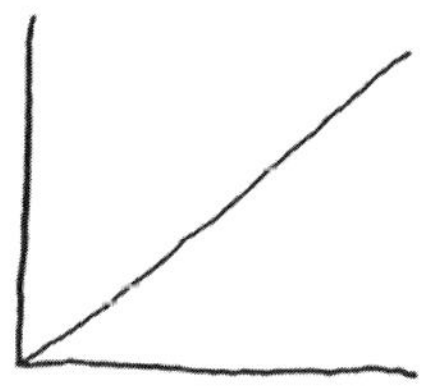

O(n)

LINEARE LAUFZEIT
(EINFACHE SUCHE)

Die binäre Suche ist schneller. Sie benötigt eine logarithmische Laufzeit.

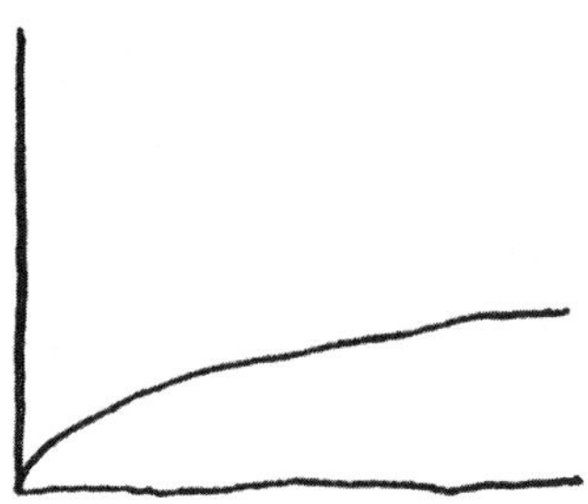

O(log n)

LOGARITHMISCHE
LAUFZEIT
(BINÄRE SUCHE)

Das Nachschlagen in einer Hashtabelle benötigt eine konstante Laufzeit.

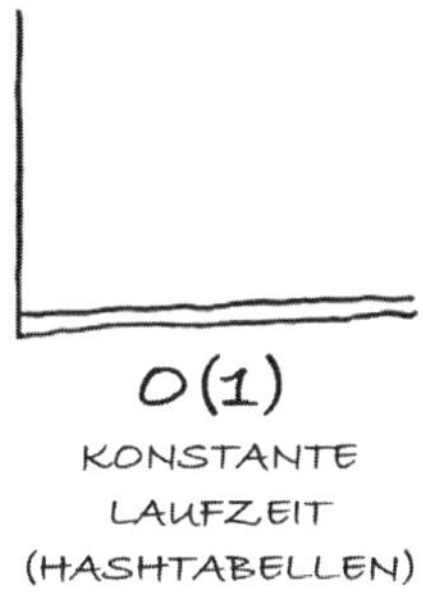

Wie du siehst, handelt es sich um eine völlig flache Kurve. Das bedeutet, dass es keine Rolle spielt, ob deine Hashtabelle aus nur einem Element oder aber aus einer Milliarde Elementen besteht. Eine Abfrage der Hashtabelle benötigt stets die gleiche Zeit. Tatsächlich bist du einer konstanten Laufzeit bereits begegnet: Die Abfrage eines Elements, das in einem Array gespeichert ist, benötigt eine konstante Laufzeit. Wie groß das Array ist, spielt dabei keine Rolle, die Abfrage eines Elements benötigt stets die gleiche Zeit. Im Average Case sind Hashtabellen sehr schnell.

Im Worst Case benötigt eine Hashtabelle die Laufzeit O(*n*) – lineare Laufzeit – für alle Operationen, was wirklich ziemlich langsam ist. Vergleichen wir doch einmal Hashtabellen mit Arrays und Listen.

	HASHTABELLEN (AVERAGE CASE)	HASHTABELLEN (WORST CASE)	ARRAYS	VERKETTETE LISTEN
SUCHEN	O(1)	O(n)	O(1)	O(n)
EINFÜGEN	O(1)	O(n)	O(n)	O(1)
LÖSCHEN	O(1)	O(n)	O(n)	O(1)

Sieh dir den Average Case bei Hashtabellen an. Bei der Suche sind Hashtabellen genauso schnell wie Arrays (Abrufen eines Werts mit einem bestimmten Index). Und beim Einfügen und Löschen sind sie genauso schnell wie verkettete Listen. Sie bieten also das Beste beider Welten! Im Worst Case sind Hashtabellen allerdings bei allen Aufgaben langsam. Es ist daher wichtig, bei der Verwendung von Hashtabellen den Worst Case zu vermeiden. Und um das zu erreichen, musst du Kollisionen verhindern. Zur Vermeidung von Kollisionen solltest du auf Folgendes achten:

- einen niedrigen Auslastungsfaktor und
- eine gute Hashfunktion.

Hinweis

Bevor du den nächsten Abschnitt liest, solltest du wissen, dass es sich hier nicht um Pflichtlektüre handelt. Ich werde die Implementierung einer Hashtabelle erklären, aber du wirst diese Aufgabe niemals selbst erledigen müssen. Praktisch jede Programmiersprache, die du je verwenden wirst, verfügt über eine Hashtabellen-Implementierung. Du kannst also die integrierte Hashtabelle verwenden und davon ausgehen, dass sie eine gute Performance bietet. Der nächste Abschnitt wirft einen Blick hinter die Kulissen.

5.3.1 Der Auslastungsfaktor

Der Auslastungsfaktor einer Hashtabelle lässt sich leicht berechnen.

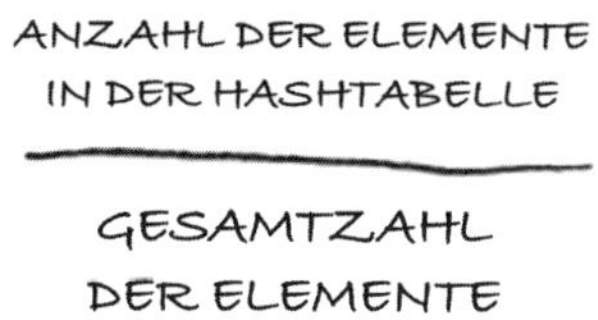

Hashtabellen speichern die Daten in einem Array. Du zählst also, wie viele Elemente des Arrays mit einem Wert belegt sind. Der Auslastungsfaktor der folgenden Hashtabelle ist beispielsweise 2/5 bzw. 0,4.

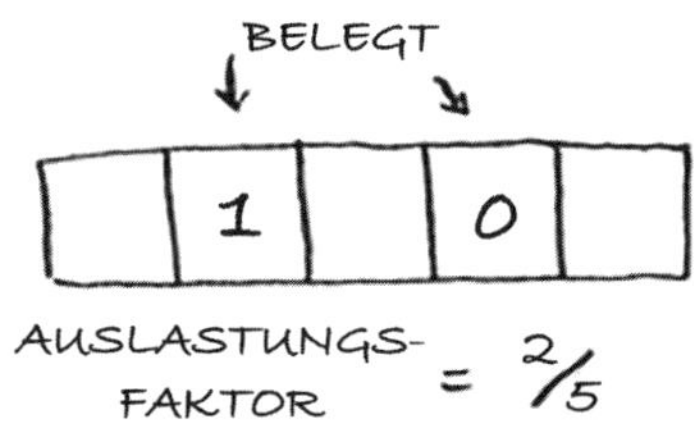

Welchen Auslastungsfaktor besitzt diese Hashtabelle?

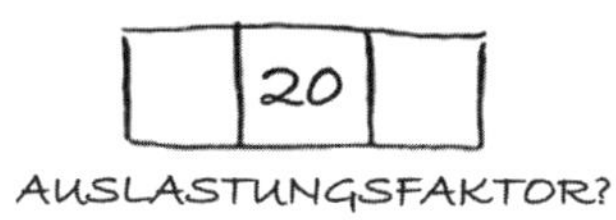

Wenn deine Antwort 1/3 lautet, liegst du richtig. Der Auslastungsfaktor ist ein Maß dafür, wie viele Elemente in der Hashtabelle noch nicht mit einem Wert belegt sind.

Nehmen wir an, du möchtest 100 Artikelpreise in deiner Hashtabelle speichern und die Hashtabelle besitzt 100 Elemente. Idealerweise ist jeder Artikelpreis in seinem eigenen Element gespeichert.

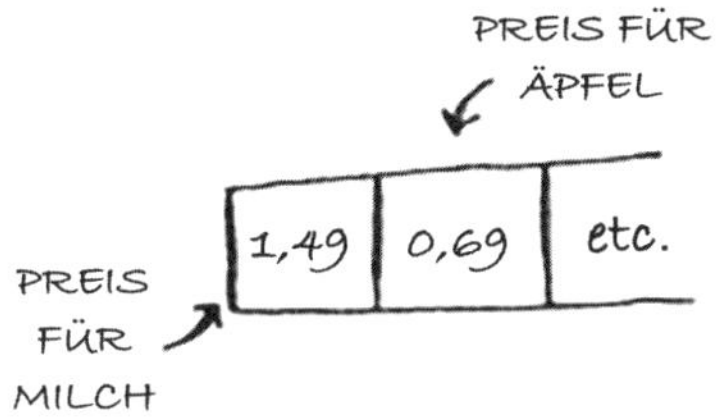

Der Auslastungsfaktor dieser Hashtabelle ist 1. Und wenn die Hashtabelle nur 50 Elemente besitzt? Dann ist der Auslastungsfaktor 2. Es gibt keine Möglichkeit, jedem Artikelpreis ein eigenes Element zuzuweisen, weil nicht genügend Elemente vorhanden sind. Ein Auslastungsfaktor, der größer als 1 ist, bedeutet, dass dein Array mehr Artikelpreise als Elemente enthält. Sobald der Auslastungsfaktor anwächst, musst du deiner Hashtabelle weitere Elemente hinzufügen. Man spricht in diesem Fall von einer *Größenanpassung*. Betrachte beispielsweise folgende Hashtabelle, die schon ziemlich gut gefüllt ist.

In diesem Fall musst du eine Größenanpassung der Hashtabelle vornehmen. Erzeuge zunächst ein neues, größeres Array. Die Faustregel lautet, die Größe des Arrays zu verdoppeln.

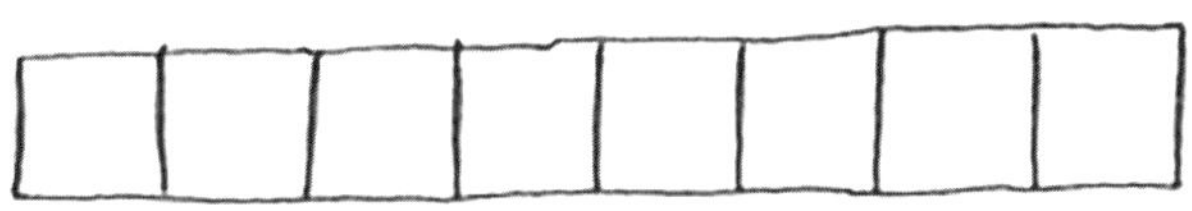

Anschließend musst du alle Elemente mit der `hash`-Funktion in die neue Hashtabelle einfügen.

Die neue Hashtabelle besitzt den Auslastungsfaktor 3/8. Schon viel besser! Ein niedrigerer Auslastungsfaktor bedeutet weniger Kollisionen und die Performance der Hashtabelle ist besser. Eine Größenanpassung vorzunehmen, wenn der Auslastungsfaktor den Wert 0,7 übersteigt, ist eine gute Faustregel.

Nun denkst du dir vielleicht: »Diese Größenanpassungen nehmen aber eine Menge Zeit in Anspruch!«. Und damit liegst du völlig richtig. Größenanpassungen sind aufwendig und du solltest sie nicht zu häufig vornehmen. Aber im Durchschnitt benötigen Hashtabellen eine Laufzeit von O(1), selbst wenn Größenanpassungen stattfinden.

5.3.2 Eine gute Hashfunktion

Eine gute Hashfunktion verteilt die Werte gleichmäßig im Array.

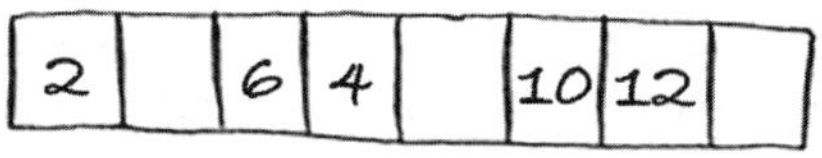

Eine schlechte Hashfunktion platziert die Werte nebeneinander und verursacht dadurch viele Kollisionen.

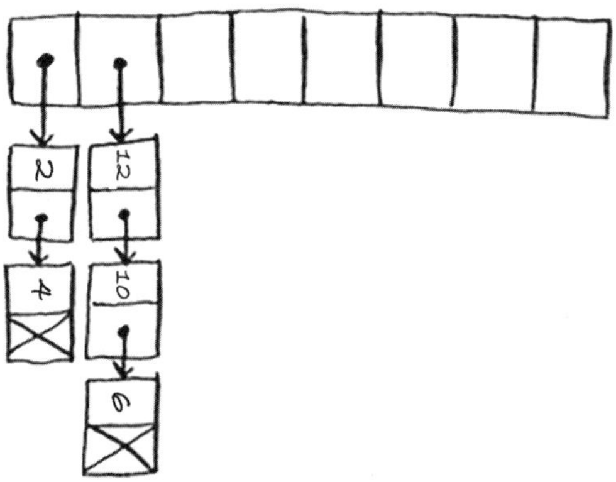

Was ist eine gute Hashfunktion? Über diese Frage brauchst du dir keine Gedanken zu machen – darüber zerbrechen sich andere schlaue Männer und Frauen im stillen Kämmerlein den Kopf. Wenn dich das wirklich interessiert, kannst du den Abschnitt über SHA-Algorithmen in Kapitel 11 lesen. Dort findest du eine kurze Beschreibung, die dir als Grundlage für deine Hashfunktion dienen kann.

Übungen

Für eine Hashfunktion ist es von großer Bedeutung, dass sie die Werte vernünftig verteilt. Sie sollte die Objekte so verstreut wie möglich zuteilen. Der Worst Case ist eine Hashfunktion, die sämtliche Objekte in nur einem Element der Hashtabelle speichert.

Betrachte die folgenden vier Hashfunktionen, die Strings entgegennehmen:

A. Bei allen Eingaben wird »1« zurückgegeben.

B. Verwende die Länge des Eingabestrings als Index.

C. Verwende den ersten Buchstaben des Eingabestrings als Index. Alle Strings, die mit *a* anfangen, werden also zusammen in einem Element gespeichert usw.

D. Verwende für die Buchstaben die Reihe der Primzahlen: a = 2, b = 3, c = 5, d = 7, e = 11 usw. Bei einem String ergibt sich für die Hashfunktion die Summe aller Zeichen modulo der Größe der Hashtabelle. Wenn beispielsweise die Größe der Hashtabelle 10 beträgt und der String »bag« lautet, ergibt sich für den Index: 3 + 2 + 7 % 10 = 22 % 10 = 2.

Welche dieser Hashfunktionen würde für die folgenden Beispiele eine gute Verteilung ergeben? Gehe von einer Hashtabelle mit 10 Elementen aus.

5.5 Ein Telefonbuch, das Namen als Schlüssel und Telefonnummern als Werte enthält. Die Namen lauten: Esther, Ben, Bob und Dan.

5.6 Eine Zuordnung von Batteriegröße zur Kapazität. Die Größenbezeichnungen lauten: A, AA, AAA und AAAA.

5.7 Eine Zuordnung von Buchtiteln zu Autoren. Die Titel lauten *Maus*, *Fun*, *Home* und *Watchmen*.

5.4 Zusammenfassung

Du wirst praktisch niemals selbst eine Hashtabelle implementieren müssen. Die Programmiersprache, die du verwendest, sollte dir eine Implementierung bereitstellen. Wenn du die Hashtabellen in Python verwendest, kannst du davon ausgehen, dass die Performance dem Average Case Fall entspricht: konstanter Laufzeit.

Hashtabellen sind so leistungsfähige Datenstrukturen, weil sie sehr schnell sind und es dir ermöglichen, die Daten auf verschiedene Weise zu repräsentieren. Du wirst vermutlich schon bald feststellen, dass du sehr häufig davon Gebrauch machst:

- Du erhältst eine Hashtabelle, indem du eine Hashfunktion mit einem Array kombinierst.
- Kollisionen sind unerwünscht. Die Hashfunktion sollte die Anzahl der Kollisionen minimieren.
- Das Suchen, Einfügen und Löschen ist bei Hashtabellen sehr schnell.

- Hashtabellen sind gut geeignet, um die Beziehung von einem Objekt zu einem anderen abzubilden.
- Sobald der Auslastungsfaktor den Wert 0,7 übersteigt, solltest du eine Größenanpassung der Hashtabelle vornehmen.
- Hashtabellen werden zum Caching von Daten verwendet (z. B. bei einem Webserver).
- Hashtabellen sind ausgezeichnet für das Auffinden bereits vorhandener Daten (Duplikate) geeignet.

Breitensuche 6

In diesem Kapitel:

- Du erfährst, wie sich Netzwerke durch eine neue, abstrakte Datenstruktur abbilden lassen, nämlich durch Graphen.
- Du lernst die Breitensuche kennen, einen Algorithmus, den du auf Graphen anwenden kannst, um Fragen wie »Welcher Pfad nach X ist der kürzeste?« zu beantworten.
- Du entdeckst, was der Unterschied zwischen gerichteten und ungerichteten Graphen ist.
- Du lernst die topologische Sortierung kennen, eine andere Art Sortieralgorithmus, der die Abhängigkeiten zwischen den Knoten aufzeigt.

Dieses Kapitel führt dich in die Graphentheorie ein. Zunächst einmal werde ich erläutern, was Graphen eigentlich sind (jedenfalls besitzen sie keine X- oder Y-Achse). Anschließend stelle ich den ersten Graphenalgorithmus vor, der die Bezeichnung *Breitensuche* (engl. *Breadth-First Search*, kurz BFS) trägt.

Die Breitensuche ermöglicht es, den kürzesten Abstand zwischen zwei Objekten zu finden. Der Begriff »kürzester Abstand« kann allerdings ganz unterschiedliche Bedeutungen haben. Du kannst die Breitensuche beispielsweise für folgende Aufgaben verwenden:

- Programmierung einer Dame-KI, die berechnet, wie man mit möglichst wenigen Zügen gewinnt.
- Programmierung einer Rechtschreibkorrektur (Minimierung der Anzahl von Änderungen, bis ein fehlerhaftes Wort korrigiert ist; LESEF -> LESER beispielsweise entspricht einer Änderung).
- Auffinden des Arztes, der dir in einem Netzwerk am nächsten ist.

Graphenalgorithmen gehören zu den nützlichsten Algorithmen, die ich kenne. Vergewissere dich, dass du die nächsten Kapitel sorgfältig liest – du wirst diese Algorithmen immer wieder anwenden können.

6.1 Einführung in Graphen

Stell dir vor, du bist in San Francisco und möchtest von Twin Peaks zur Golden Gate Bridge fahren. Du benutzt dazu den Bus und möchtest natürlich möglichst wenig umsteigen. Dir stehen die folgenden Möglichkeiten zur Verfügung:

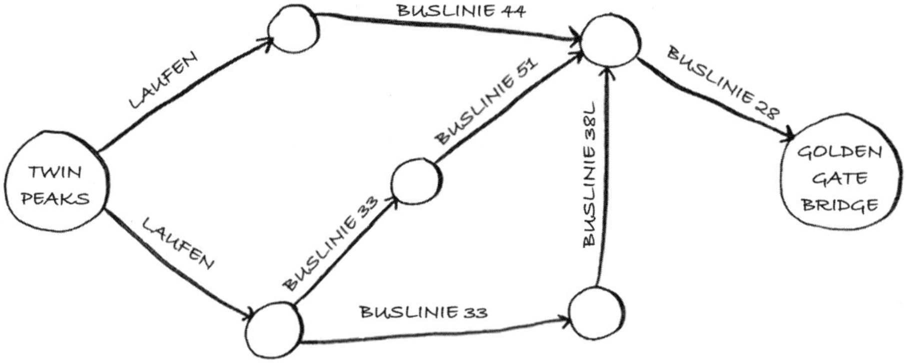

Welchen Algorithmus würdest du verwenden, um die Verbindung zu finden, bei der du möglichst wenig Schritte benötigst?

Kannst du das Ziel mit nur einem Schritt erreichen? Hier sind alle Orte dargestellt, die du mit einem Schritt erreichen kannst:

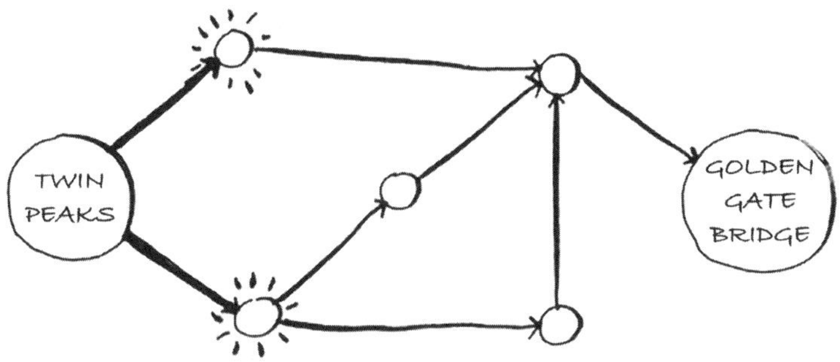

Die Brücke ist nicht hervorgehoben – sie ist mit einem Schritt also nicht erreichbar. Kannst du mit zwei Schritten dorthin gelangen?

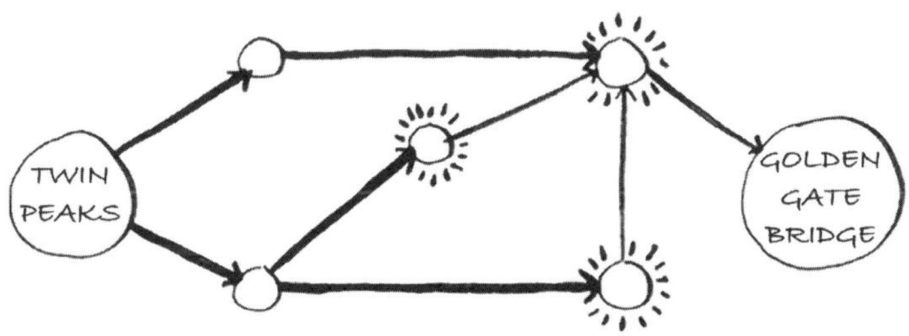

Die Brücke ist wieder nicht dabei, ist also auch mit zwei Schritten nicht erreichbar. Wie sieht es mit drei Schritten aus?

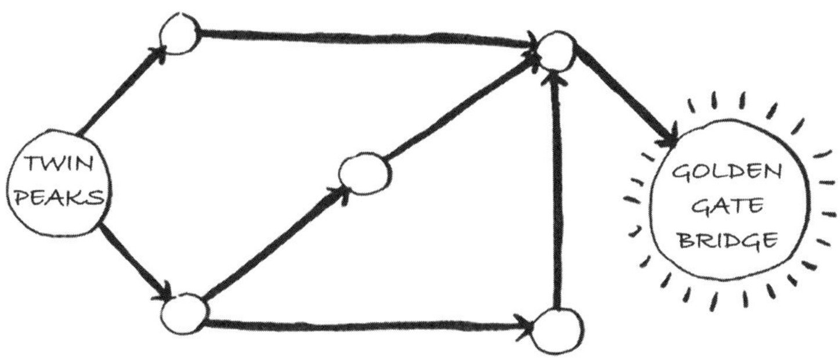

Aha! Jetzt ist die Golden Gate Bridge hervorgehoben. Auf dieser Route sind also drei Schritte erforderlich, um von Twin Peaks zur Brücke zu gelangen.

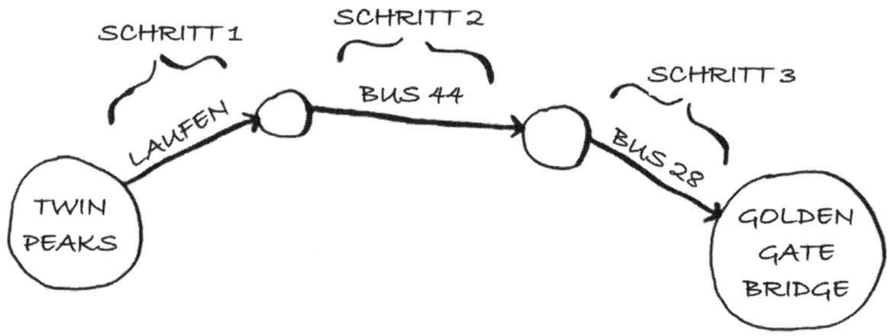

Es gibt noch andere Routen, auf denen du die Brücke erreichen kannst, sie sind jedoch länger (vier Schritte). Der Algorithmus hat festgestellt, dass für die kürzeste Verbindung zur Brücke drei Schritte erforderlich sind. Aufgaben dieser Art werden im Englischen als *Shortest Path Problem* (Problem des kürzesten Pfads) bezeichnet. Du versuchst dabei stets, irgendetwas möglichst Kurzes oder Kleines zu finden. Dabei könnte es sich beispielsweise um den kürzesten Weg zum Haus eines Freundes oder um die geringste Anzahl von Zügen bis zum Schachmatt in einer Schachpartie handeln. Der Algorithmus zur Lösung eines Shortest-Path-Problems heißt *Breitensuche*.

Um herauszufinden, wie man von Twin Peaks zur Golden Gate Bridge gelangt, sind zwei Schritte erforderlich:

1. Bilde die Aufgabenstellung in Form eines Graphen ab.
2. Löse die Aufgabe durch eine Breitensuche.

Als Nächstes geht es darum, was Graphen eigentlich sind. Anschließend werde ich ausführlicher auf die Breitensuche eingehen.

6.2 Was ist ein Graph?

Ein Graph bildet eine Menge von Verbindungen ab. Stell dir beispielsweise vor, du spielst mit deinen Freunden Poker und möchtest erfassen, wer wem Geld schuldet. »Alex schuldet Rick Geld« könntest du etwa so abbilden:

Der vollständige Graph könnte ungefähr so aussehen:

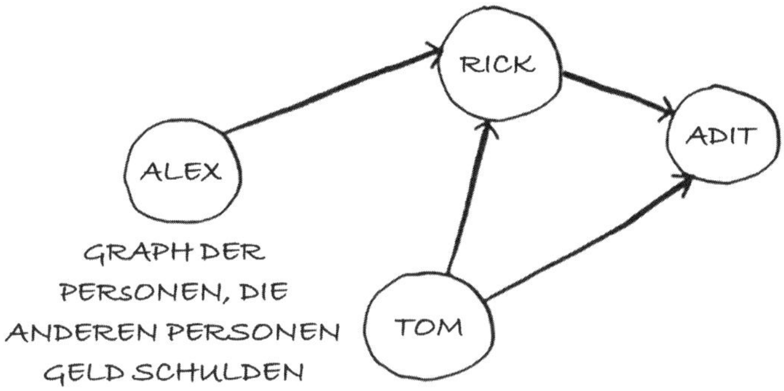

Alex schuldet Rick Geld, Tom schuldet Adit Geld usw. Ein Graph besteht aus *Knoten* und *Kanten.*

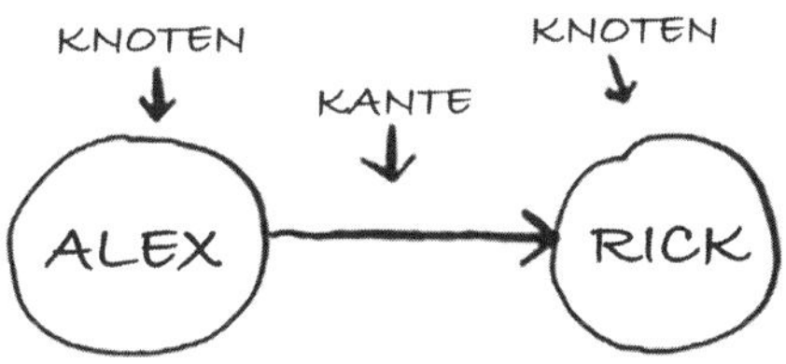

Mehr gibt es nicht zu sagen! Graphen bestehen aus Knoten und Kanten. Ein Knoten kann direkt mit vielen anderen Knoten verbunden sein. Diese Knoten werden als die *Nachbarn* des Knotens bezeichnet. In diesem Graphen ist Rick der Nachbar von Alex. Adit ist kein Nachbar von Alex, weil er nicht direkt mit ihm verbunden ist. Adit ist aber der Nachbar von Rick und Tom.

Graphen bieten die Möglichkeit abzubilden, wie verschiedene Objekte miteinander in Verbindung stehen. Und nun sehen wir uns die Breitensuche in Aktion an.

6.3 Breitensuche

In Kapitel 1 haben wir uns mit einem Suchalgorithmus befasst, der binären Suche. Die Breitensuche ist eine andere Art Suchalgorithmus, weil sie auf Graphen anwendbar ist. Die Breitensuche kann hilfreich sein, um zwei Arten von Fragen zu beantworten:

- Fragetyp 1: Gibt es einen Pfad, der von Knoten A nach Knoten B führt?
- Fragetyp 2: Welcher Pfad von Knoten A nach Knoten B ist der kürzeste?

Bei der Suche nach der kürzesten Route von Twin Peaks zur Golden Gate Bridge hast du schon eine erste Breitensuche kennengelernt. Dabei handelte es sich um den Fragetyp 2: »Welcher Pfad ist der kürzeste?«. Nun gehen wir ausführlicher auf den Algorithmus ein und betrachten den Fragetyp 1: »Gibt es überhaupt einen Pfad?«.

Nehmen wir an, du bist stolzer Besitzer einer Mangoplantage. Du suchst nach einem Mangohändler, der deine Mangos verkaufen soll. Bist du vielleicht bei Facebook mit einem Mangohändler verbunden? Um das herauszufinden, könntest du deine Freunde durchsuchen.

Die Suche ist ganz unkompliziert. Erstelle zunächst eine Liste deiner Freunde.

Gehe anschließend die Liste der Reihe nach durch und überprüfe jeweils, ob die Person Mangos verkauft.

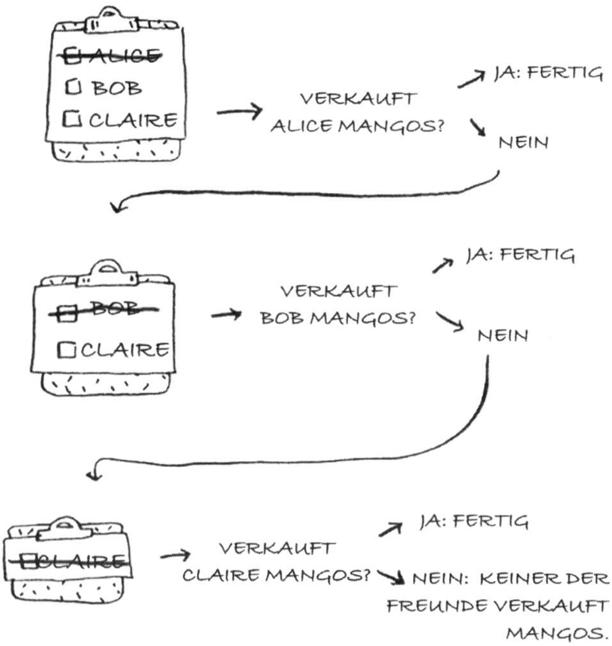

Nehmen wir weiter an, dass keiner deiner Freunde mit Mangos handelt. Nun musst du die Freunde deiner Freunde durchsuchen.

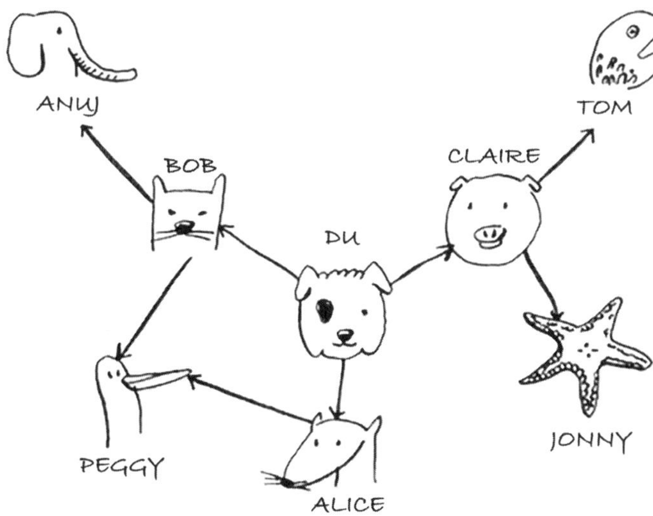

Bei jeder Suche nach einer der Personen auf deiner Liste fügst du alle Freunde dieser Person zur Liste hinzu.

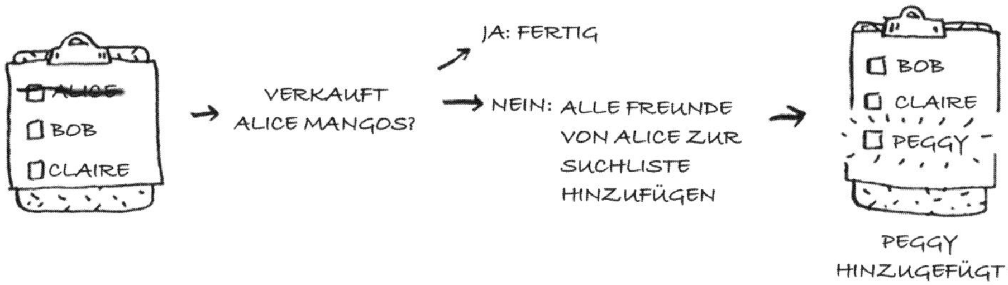

Auf diese Weise durchsuchst du nicht nur deine eigenen Freunde, sondern auch die Freunde deiner Freunde. Du möchtest ja schließlich einen Mangohändler in deinem Netzwerk finden. Und wenn Alice nicht mit Mangos handelt, fügst du auch ihre Freunde der Liste hinzu. Das bedeutet, dass du letzten Endes ihre Freunde durchsuchst – und schließlich auch deren Freunde usw. Mit diesem Algorithmus durchsuchst du das gesamte Netzwerk, bis du schließlich auf einen Mangohändler stößt. Dieser Algorithmus ist eine Breitensuche.

6.3.1 Den kürzesten Pfad finden

Zur Erinnerung: Es gibt zwei Arten von Fragen, die eine Breitensuche beantworten kann:

- Fragetyp 1: Gibt es einen Pfad, der von Knoten A nach Knoten B führt? (Gibt es einen Mangohändler in deinem Netzwerk?)
- Fragetyp 2: Welcher Pfad von Knoten A nach Knoten B ist der kürzeste? (Welcher Mangohändler ist dir am nächsten?)

Wie sich die erste Frage beantworten lässt, weißt du schon. Versuchen wir also, die zweite Frage zu beantworten. Kannst du den Mangohändler finden, der dir am nächsten ist? Deine eigenen Freunde sind beispielsweise Verbindungen ersten Grades, deren Freunde wiederum sind Verbindungen zweiten Grades.

Eine Verbindung ersten Grades ist dir lieber als eine Verbindung zweiten Grades und eine Verbindung zweiten Grades lieber als eine Verbindung dritten Grades usw. Deshalb solltest du nicht nach einer Verbindung zweiten Grades suchen, bevor du dich vergewissert hast, dass es keine Verbindung ersten Grades zu einem Mangohändler gibt. Die Breitensuche erledigt das automatisch! Die Breitensuche breitet sich strahlenförmig vom Ausgangspunkt aus. Du überprüfst also die Verbindungen ersten Grades vor den Verbindungen zweiten Grades. Preisfrage: Wer wird zuerst überprüft, Claire oder Anuj? Antwort: Claire ist eine Verbindung ersten Grades und Anuj ist eine Verbindung zweiten Grades. Deshalb wird Claire vor Anuj überprüft.

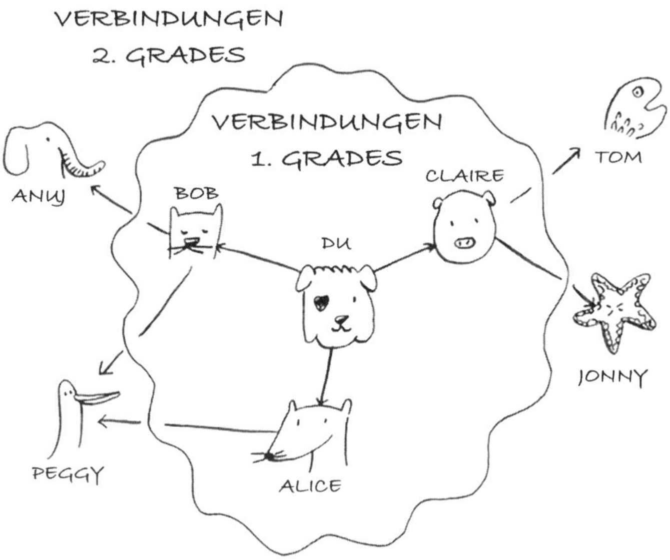

Diese Reihenfolge ist auch daran erkennbar, dass die Verbindungen ersten Grades der Suchliste früher hinzugefügt werden als die Verbindungen zweiten Grades.

Du gehst die Liste von oben nach unten durch und prüfst, ob die jeweilige Person ein Mangohändler ist. Die Verbindungen ersten Grades werden eher durchsucht als die Verbindungen zweiten Grades. Auf diese Weise findest du automatisch den Mangohändler, der dir am nächsten ist. Die Breitensuche findet also nicht nur einen Pfad von A nach B, sondern auch den kürzesten Pfad.

Beachte jedoch, dass dies nur dann funktioniert, wenn du die Personen in der gleichen Reihenfolge durchsuchst, in der sie hinzugefügt wurden. Wenn Claire der Liste früher hinzugefügt wurde als Anuj, muss Claire auch eher als Anuj überprüft werden. Und was geschieht, wenn du Anuj eher überprüfst als Claire, aber beide mit Mangos handeln? Anuj ist ein Kontakt zweiten Grades, Claire dagegen ein Kontakt ersten Grades. Du landest also bei einem Kontakt, der gar nicht der nächste Mangohändler in deinem Netzwerk ist. Du musst die Personen also in der Reihenfolge überprüfen, in der sie der Liste hinzugefügt wurden. Zu diesem Zweck gibt es eine Datenstruktur, die als *Warteschlange* bezeichnet wird.

6.3.2 Warteschlangen

Eine Warteschlange funktioniert genauso wie im wirklichen Leben. Angenommen, du und dein Freund reihen sich in die Warteschlange an einer Bushaltestelle ein. Wenn du vor ihm stehst, kannst du auch vor ihm in den Bus einsteigen. Eine Warteschlange funktioniert auch hier auf diese Weise. Warteschlangen ähneln Stacks. Du kannst nicht auf beliebige Elemente in der Warteschlange zugreifen. Stattdessen gibt es nur zwei Operationen: Elemente in die Warteschlange *einreihen* oder Elemente aus ihr *entnehmen*.

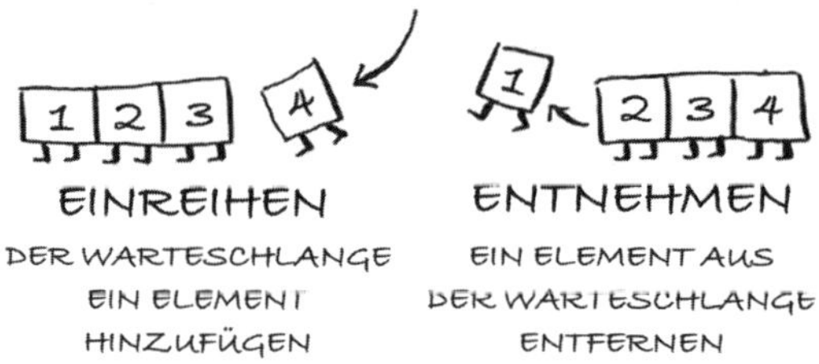

Wenn du zwei Elemente in eine Warteschlange einreihst, wird das zuerst hinzugefügte Element eher wieder entnommen als das zweite. Du kannst eine Warteschlange also als Suchliste verwenden! Die Personen, die der Warteschlange zuerst hinzugefügt wurden, werden auch als erste wieder entnommen und überprüft.

Eine solche Warteschlange wird als *FIFO*-Datenstruktur bezeichnet: *First In, First Out* (zuerst herein, zuerst hinaus, also der Reihe nach). Im Gegensatz dazu ist ein Stack eine *LIFO*-Datenstruktur (*Last In, First Out*, zuletzt herein, zuerst hinaus, das zuletzt hinzugefügte Element muss als erstes wieder entnommen werden).

Nun weißt du, wie eine Warteschlange funktioniert und wir können die Breitensuche implementieren!

Übungen

Wende die Breitensuche auf die nachfolgenden Graphen an, um die Lösung zu finden.

6.1 Finde die Länge des kürzesten Pfads heraus, der vom Start zum Ziel führt.

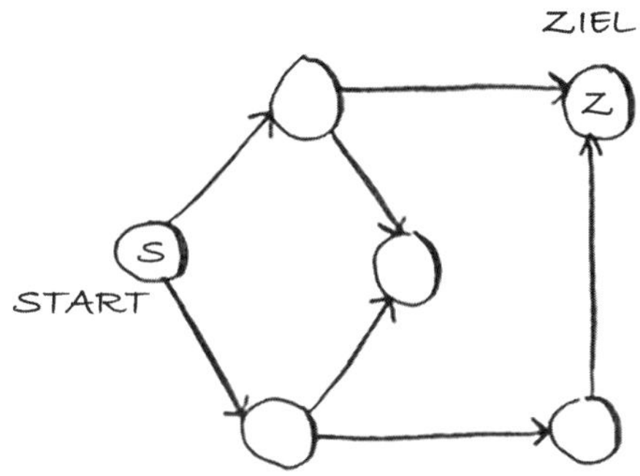

6.2 Finde die Länge des kürzesten Pfads heraus, der von »cab« nach »bat« führt.

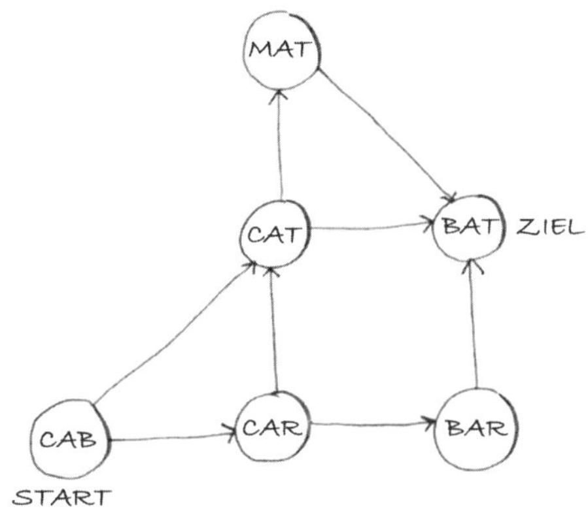

6.4 Implementierung des Graphen

Zunächst einmal musst du den Graphen als Code implementieren. Ein Graph besteht aus mehreren Knoten.

Jeder Knoten ist mit benachbarten Knoten verbunden. Wie kann man eine Beziehung wie »Du -> Bob« ausdrücken? Erfreulicherweise kennst du ja eine Datenstruktur, mit der sich Beziehungen formulieren lassen: *eine Hashtabelle*!

Wie du weißt, ist es mit einer Hashtabelle möglich, einem Schlüssel einen Wert zuzuordnen. In diesem Fall möchtest du einem Knoten alle seine Nachbarn zuordnen.

In Python sieht das folgendermaßen aus:

```
graph = {}
graph["Du"] = ["Alice", "Bob", "Claire"]
```

Beachte hier, dass »Du« ein Array zugeordnet ist. `graph["Du"]` gibt also ein Array zurück, das alle Nachbarn von »Du« enthält.

Ein Graph ist eigentlich nur eine Ansammlung von Knoten und Kanten – mehr ist für einen Graphen in Python nicht nötig. Aber wie sieht es mit umfangreicheren Graphen aus, wie diesem hier?

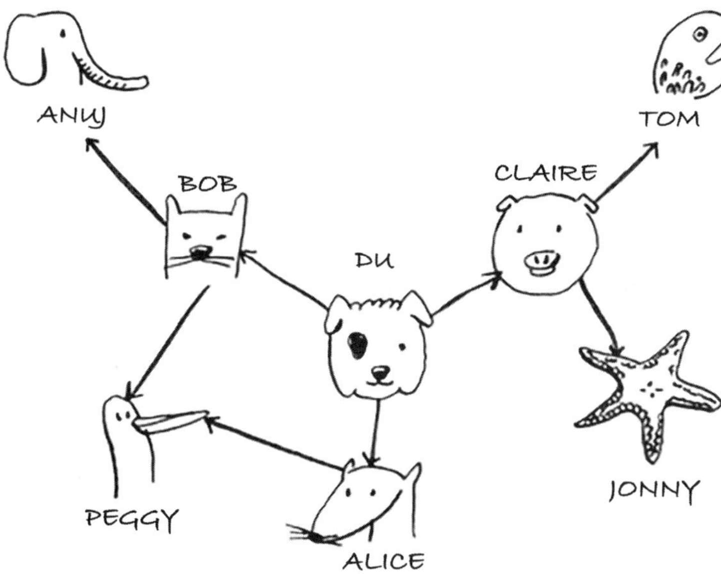

Hier der Python-Code des obigen Graphen:

```
graph = {}
graph["Du"] = ["Alice", "Bob", "Claire"]
graph["Bob] = ["Anuj", "Peggy"]
graph["Alice"] = ["Peggy"]
graph["Claire"] = ["Tom", "Jonny"]
graph["Anuj"] = []
graph["Peggy"] = []
graph["Tom"] = []
graph["Jonny"] = []
```

Preisfrage: Ist es von Bedeutung, in welcher Reihenfolge du die Schlüssel-Werte-Paare hinzufügst? Spielt es eine Rolle, wenn du

```
graph["Claire"] = ["Tom", "Jonny"]
graph["Anuj"] = []
```

statt

```
graph["Anuj"] = []
graph["Claire"] = ["Tom", "Jonny"]
```

schreibst?

Wenn du an das letzte Kapitel zurückdenkst, wird deutlich, dass die Antwort lautet: Es spielt keine Rolle. Hashtabellen besitzen keine Reihenfolge, deshalb ist es egal, in welcher Reihenfolge du die Schlüssel-Werte-Paare hinzufügst.

Anuj, Peggy, Tom und Jonny haben keine Nachbarn. Es gibt zwar Pfeile, die auf sie zeigen, von ihnen zeigen jedoch keine Pfeile auf andere Knoten. Man spricht hier von einem *gerichteten Graphen* – die Beziehungen bestehen nur in einer Richtung. Anuj ist zwar Bobs Nachbar, aber Bob ist kein Nachbar von Anuj. Bei einem ungerichteten Graphen gibt es keine Pfeile – beide Knoten sind Nachbarn des jeweils anderen. Die beiden folgenden Graphen sind beispielweise gleichwertig.

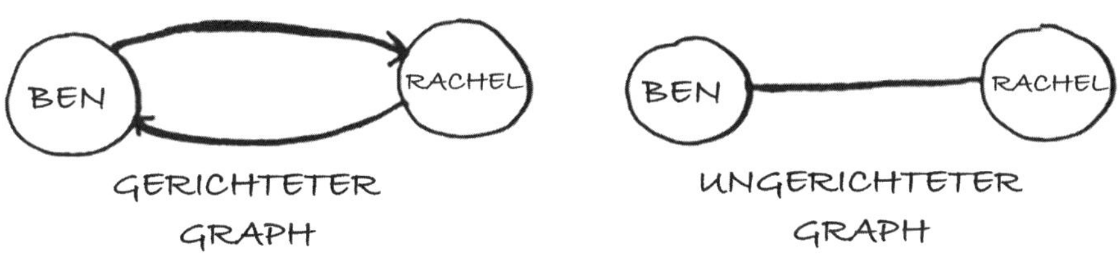

6.5 Implementierung des Algorithmus

Ich fasse hier noch einmal zusammen, wie die Implementierung funktioniert.

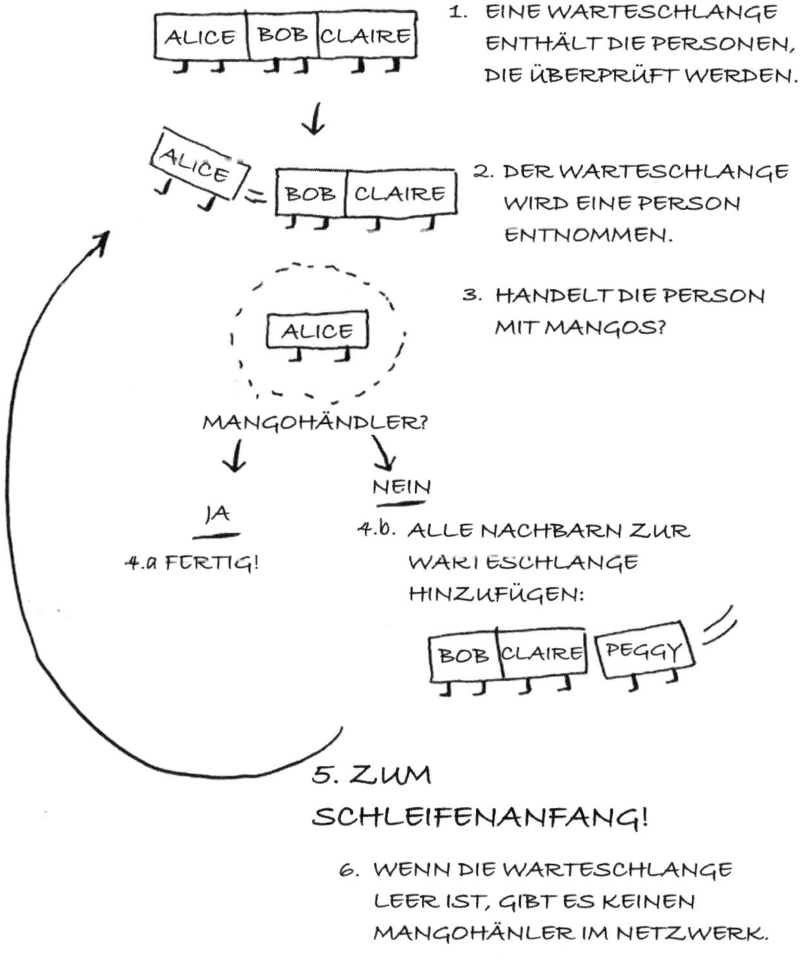

> **Hinweis**
>
> Beim Aktualisieren einer Warteschlange werden die Begriffe *einreihen* und *entnehmen* verwendet, du wirst aber auch den Begriffen *push* und *pop* begegnen. *Push* ist fast immer gleichbedeutend mit *einreihen* und *pop* bedeutet fast immer dasselbe wie *entnehmen*.

Erstelle als Erstes eine Warteschlange. In Python wird dafür die `deque`-Funktion (von engl. *double-ended queue*) verwendet:

```
from collections import deque
search_queue = deque() ❶
search_queue += graph["Du"] ❷
```

❶ Erstellt eine neue Warteschlange.

❷ Fügt der Warteschlange alle deine Nachbarn hinzu.

Mit der Funktion `graph["Du"]` erhältst du eine Liste all deiner Nachbarn, wie etwa `["Alice", "Bob", "Claire"]`, die alle zur Suchliste hinzugefügt werden.

Und so geht es weiter:

```
while search_queue: ❶
  person = search_queue.popleft() ❷
  if person_is_seller(person): ❸
    print person + " ist Mangohändler!" ❹
    return True
  else:
    search_queue += graph[person] ❺
return False ❻
```

❶ Solange die Warteschlange nicht leer ist ...

❷ ... wird die erste Person der Warteschlange entnommen.

❸ Überprüft, ob die Person Mangohändler ist.

❹ Ja, die Person ist ein Mangohändler.

❺ Nein, die Person ist kein Mangohändler. Füge alle ihre Freunde zur Suchliste hinzu.

❻ Wenn dieser Punkt erreicht wird, gibt es in der Warteschlange keinen Mangohändler.

Eine Sache fehlt noch: Du benötigst eine `person_is_seller`-Funktion, die überprüft, ob eine Person Mangohändler ist, beispielsweise diese:

```
def person_is_seller(name):
  return name[-1] == 'm'
```

Die Funktion überprüft, ob der Name einer Person mit dem Buchstaben *m* endet. Ist dem so, handelt die Person mit Mangos. Diese Methode ist zwar ein wenig albern, aber ich verwende sie dennoch für dieses Beispiel. Betrachten wir nun die Breitensuche in Aktion.

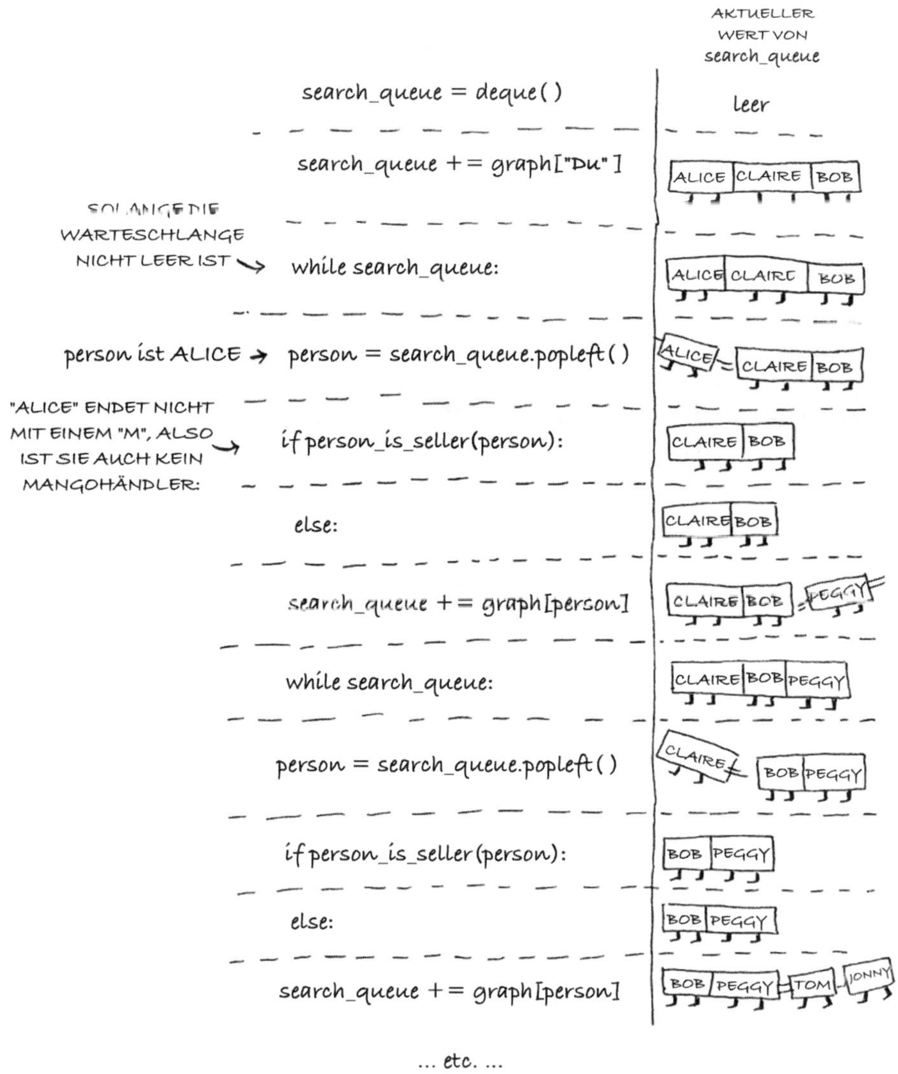

Und so weiter. Der Algorithmus fährt fort, bis entweder

- ein Mangohändler gefunden wird oder aber
- die Warteschlange leer ist, was bedeutet, dass es keinen Mangohändler gibt.

Alice und Bob sind beide mit Peggy befreundet, daher wird Peggy der Liste zwei Mal hinzugefügt: das erste Mal, wenn du die Freunde von Alice hinzufügst, und ein zweites Mal, wenn du Bobs Freunde hinzufügst. Peggy ist in der Suchwarteschlange also doppelt enthalten.

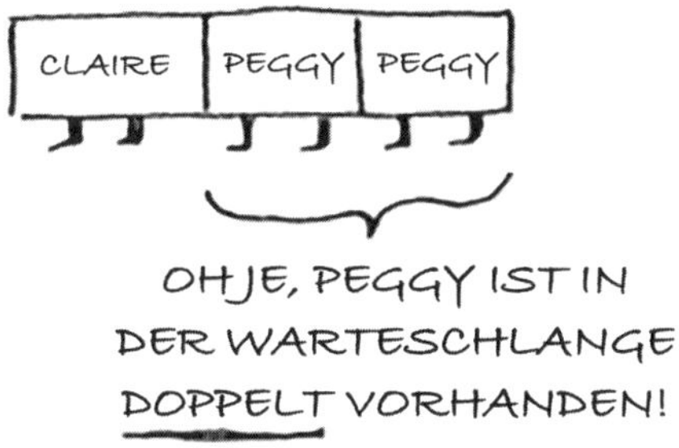

Du musst aber nur ein Mal überprüfen, ob Peggy Mangohändlerin ist. Wenn du sie zwei Mal kontrollierst, bürdest du dir überflüssige zusätzliche Arbeit auf. Deshalb solltest du die bereits überprüften Personen kennzeichnen, damit du sie nicht mehrmals durchsuchst.

Wenn du darauf verzichtest, könnte das zu einer Endlosschleife führen. Nehmen wir an, der Mangohändler-Graph sieht folgendermaßen aus:

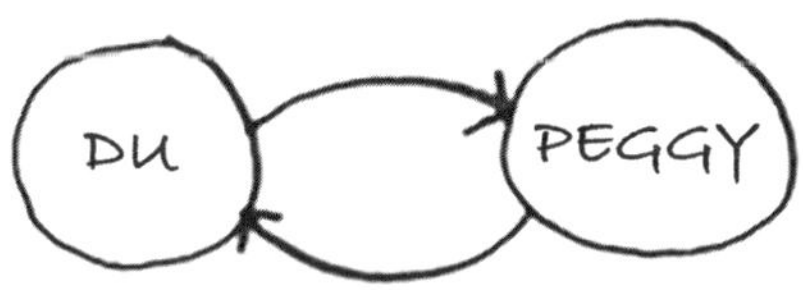

Eingangs enthält die Suchwarteschlange alle deine Nachbarn.

Nun überprüfst du Peggy. Sie handelt nicht mit Mangos, daher fügst du alle ihre Freunde der Suchwarteschlange hinzu.

Als Nächstes überprüfst du dich selbst. Du bist auch kein Mangohändler, dementsprechend fügst du der Suchwarteschlange alle deine Freunde hinzu.

Und so weiter. Hierbei handelt es sich um eine Endlosschleife, weil die Suchwarteschlange unaufhörlich entweder dich oder Peggy enthält.

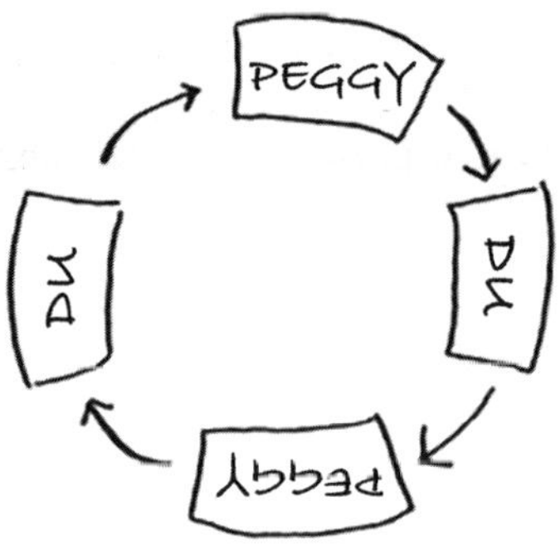

Vor der Überprüfung einer Person solltest du dich deshalb vergewissern, dass sie nicht schon kontrolliert wurde. Zu diesem Zweck erstellst du eine Liste der bereits überprüften Personen.

Hier der fertige Code für die Breitensuche, der diesen Umstand berücksichtigt:

```
def search(name):
  search_queue = deque()
  search_queue += graph[name]
  searched = [] ❶
  while search_queue:
    person = search_queue.popleft()
    if not person in searched: ❷
      if person_is_seller(person):
        print person + " ist Mangohänndler!"
        return True
      else:
```

```
        search_queue += graph[person]
        searched.append(person) ❸
    return False

search("Du")
```

❶ Mit diesem Array führst du darüber Buch, welche Personen schon überprüft wurden.

❷ Überprüfe diese Person nur, wenn sie noch nicht überprüft wurde.

❸ Kennzeichnet diese Person als überprüft.

Führe den Code selbst aus. Du könntest vielleicht ausprobieren, für die `person_is_seller`-Funktion etwas Sinnvolleres zu programmieren und testen, ob sie das Ergebnis liefert, das du erwartest.

6.5.1 Laufzeit

Wenn du das gesamte Netzwerk nach einem Mangohändler durchsuchst, musst du allen Kanten (den Pfeilen oder Verbindungen zwischen zwei Personen) folgen. Die Laufzeit ist deshalb mindestens O(Anzahl der Kanten).

Du erstellst außerdem eine Warteschlange aller zu überprüfenden Personen. Das Hinzufügen einer Person zu dieser Warteschlange benötigt die konstante Laufzeit O(1). Das Hinzufügen aller Personen benötigt somit die Laufzeit O(Anzahl der Personen). Somit benötigt die Breitensuche die Laufzeit O(Anzahl der Personen + Anzahl der Kanten). Man schreibt dafür häufig auch abgekürzt O(V+E). Hier steht V für die Anzahl der Personen (engl. *Vertices* = Knoten) und E für die Anzahl der Kanten (engl. *Edges* = Kanten).

Übung

Hier ist ein Graph meiner allmorgendlichen Tätigkeiten:

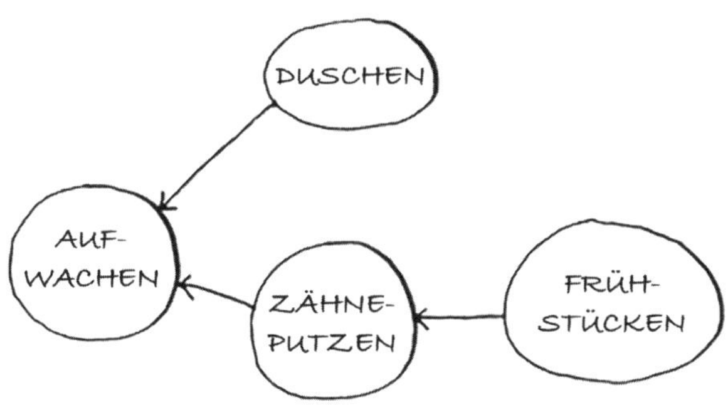

Diesem Graphen zufolge kann ich nicht frühstücken, wenn ich mir vorher nicht die Zähne geputzt habe. Das heißt, »Frühstücken« ist von »Zähneputzen« *abhängig.*

Andererseits ist das Duschen nicht vom Zähneputzen abhängig, denn ich kann duschen, bevor ich mir die Zähne putze. Anhand dieses Graphen kannst du eine Liste erstellen, die festlegt, in welcher Reihenfolge ich meine morgendlichen Tätigkeiten ausführen muss:

1. Aufwachen
2. Duschen
3. Zähneputzen
4. Frühstücken

Beachte, dass »Duschen« verschoben werden kann. Die folgende Liste stellt also ebenfalls eine zulässige Reihenfolge dar:

1. Aufwachen
2. Zähneputzen
3. Duschen
4. Frühstücken

6.3 Sind die folgenden drei Listen zulässig sind oder nicht?

A.	B.	C.
1. AUFWACHEN	1. AUFWACHEN	1. DUSCHEN
2. DUSCHEN	2. ZÄHNEPUTZEN	2. AUFWACHEN
3. FRÜHSTÜCKEN	3. FRÜHSTÜCKEN	3. ZÄHNEPUTZEN
4. ZÄHNEPUTZEN	4. DUSCHEN	4. FRÜHSTÜCKEN

6.4 Hier ein etwas größerer Graph. Erstelle eine zulässige Liste für diesen Graphen.

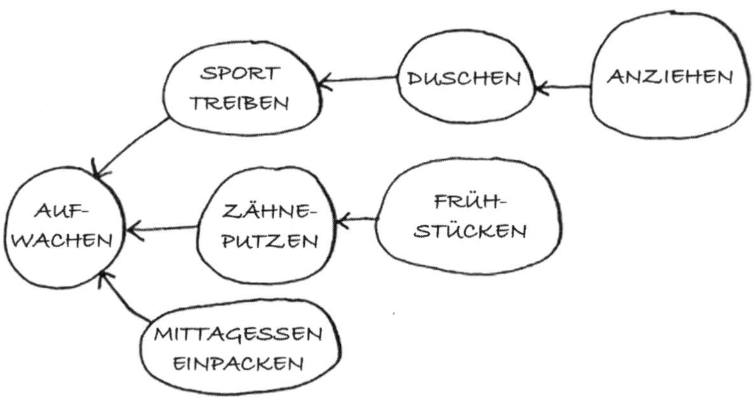

Man könnte sagen, dass diese Liste in gewisser Hinsicht sortiert ist. Wenn Tätigkeit A von Tätigkeit B abhängig ist, erscheint A später in der Liste. Man bezeichnet das als *topologische Sortierung.* Auf diese Weise kann man aus einem Graphen eine geordnete Liste machen. Nehmen wir an, du planst eine Hochzeit. Ein großer Graph enthält alle Aufgaben, die du noch erledigen musst – und du weißt einfach nicht, wo du anfangen sollst. Du könntest den Graphen topologisch sortieren und so eine geordnete Aufgabenliste erhalten.

Betrachte den folgenden Stammbaum:

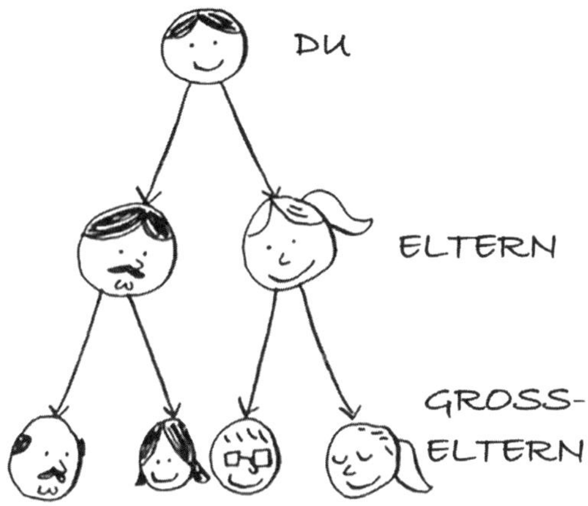

Hierbei handelt es sich um einen Graphen, denn es gibt Knoten (die Personen) und Kanten. Die Kanten (Pfeile) verweisen auf die Eltern eines Knotens. Allerdings zeigen alle Pfeile nach unten – bei einem Stammbaum ergäbe es keinen Sinn, wenn ein Pfeil nach oben zeigen würde. Es wäre abwegig – dein Vater kann schließlich nicht der Vater deines Opas sein!

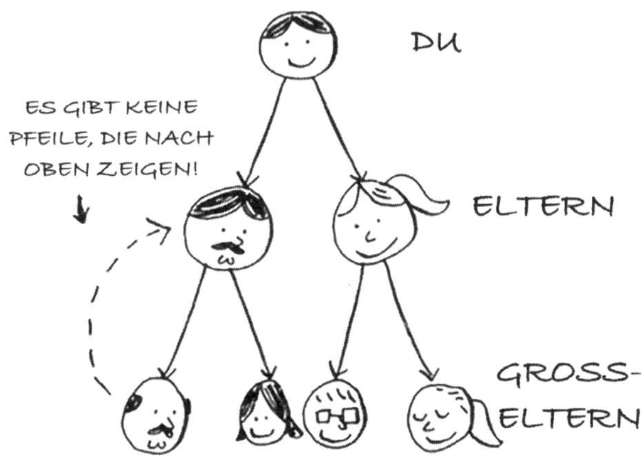

Einen solchen Graphen nennt man *Baum*. Ein Baum ist eine besondere Art Graph, bei dem die Pfeile niemals zurück zeigen.

6.5 Welche der folgenden Graphen sind auch Bäume?

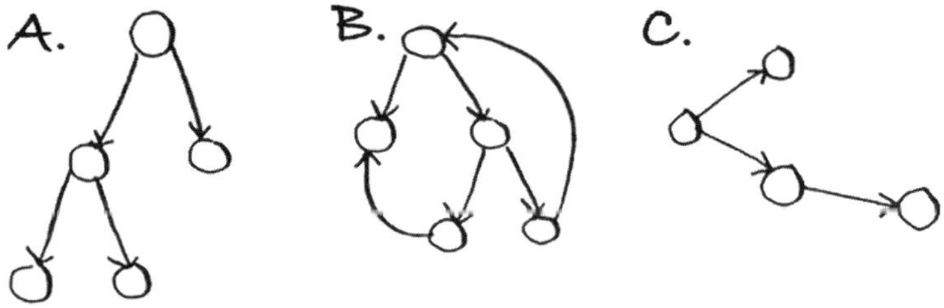

6.6 Zusammenfassung

- Mit der Breitensuche kannst du feststellen, ob es einen Pfad von A nach B gibt.
- Wenn es einen Pfad gibt, findet die Breitensuche den kürzesten Pfad.
- Wenn die Aufgabenstellung lautet, das kürzeste oder kleinste X zu finden, solltest du versuchen, die Aufgabe als Graphen darzustellen und die Breitensuche zur Lösung verwenden.
- In einem gerichteten Graphen gibt es Pfeile. Die Beziehungen entsprechen der Richtung dieser Pfeile. (Rick -> Adit bedeutet: »Rick schuldet Adit Geld«.)
- In ungerichteten Graphen gibt es keine Pfeile. Die Beziehungen gelten in beiden Richtungen. (Ben – Rachel bedeutet »Ben hat sich mit Rachel getroffen und Rachel hat sich mit Ben getroffen«.)
- Warteschlangen arbeiten nach dem FIFO-Prinzip.
- Stacks arbeiten nach dem LIFO-Prinzip.
- Du musst die Personen in derselben Reihenfolge überprüfen, in der sie der Suchliste hinzugefügt wurden, deshalb muss die Suchliste eine Warteschlange sein. Andernfalls findest du nicht den kürzesten Pfad.
- Stelle sicher, dass du bereits überprüfte Personen nicht erneut überprüfst. Andernfalls könntest du in einer Endlosschleife landen.

Der Dijkstra-Algorithmus 7

In diesem Kapitel:

- Wir befassen uns weiter mit Graphen und du lernst gewichtete Graphen kennen, die es erlauben, bestimmten Kanten ein höheres oder niedrigeres Gewicht zuzuweisen.
- Du lernst den Dijkstra-Algorithmus kennen, mit dem du die Frage »Welcher Pfad nach X ist der kürzeste?« für gewichtete Graphen beantworten kannst.
- Du erfährst, was Zyklen in Graphen sind, auf die der Dijkstra-Algorithmus unter bestimmten Umständen nicht anwendbar ist.

Im letzten Kapitel hast du erfahren, wie man einen Weg von Punkt A nach Punkt B findet.

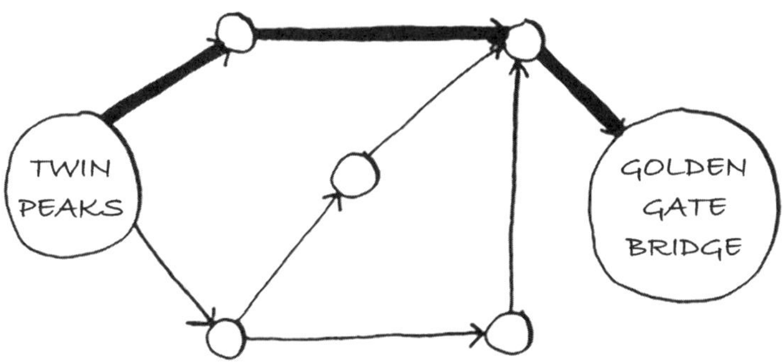

Dabei handelt es sich nicht unbedingt um den schnellsten Pfad. Es ist jedoch der kürzeste Pfad, weil er aus den wenigsten (in diesem Fall aus drei) Abschnitten besteht. Wenn du jedoch auch die Fahrzeiten berücksichtigst, wirst du feststellen, dass es einen schnelleren Pfad gibt.

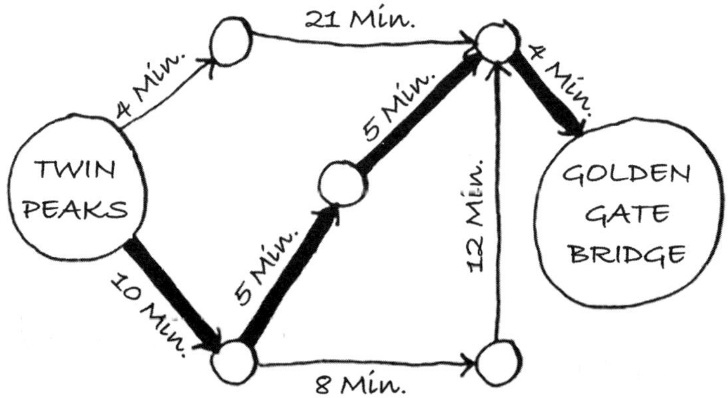

Du hast im letzten Kapitel die Breitensuche verwendet. Die Breitensuche liefert dir den Pfad mit den wenigsten Abschnitten (siehe erstes Diagramm). Und wenn du stattdessen am schnellsten Pfad (siehe zweites Diagramm) interessiert bist? Am *schnellsten* kannst du das mit einem anderen Algorithmus herausfinden, dem Dijkstra-Algorithmus.

7.1 Anwendung des Dijkstra-Algorithmus

Sehen wir uns die Funktionsweise anhand des folgenden Graphen an.

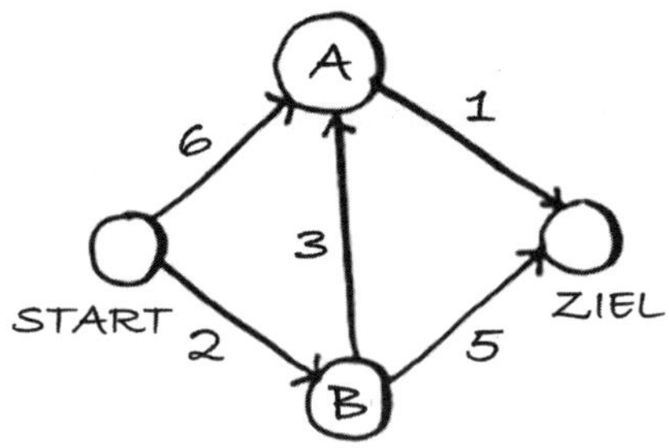

Bei jedem Abschnitt ist die Fahrzeit in Minuten angegeben. Mit dem Dijkstra-Algorithmus kannst du herausfinden, wie du am schnellsten vom Start zum Ziel gelangst.

Wenn du auf diesen Graphen eine Breitensuche anwendest, findest du den folgenden kürzesten Pfad.

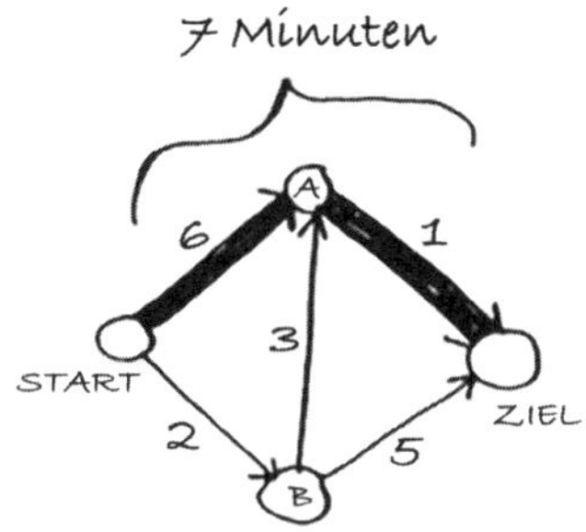

Der Pfad benötigt allerdings eine Fahrzeit von 7 Minuten. Gibt es einen Pfad, der weniger Zeit benötigt? Der Dijkstra-Algorithmus besteht aus vier Schritten:

1. Finde den »günstigsten« Knoten. Das ist der Knoten, der in der kürzesten Zeit erreichbar ist.
2. Aktualisiere den erforderlichen Zeitaufwand für die Nachbarn dieses Knotens. Was damit gemeint ist, erkläre ich gleich.
3. Wiederhole das, bis du diese Aufgabe für sämtliche Knoten des Graphen erledigt hast.
4. Berechne den endgültigen Pfad.

Schritt 1: Finde den günstigsten Knoten. Du befindest dich am Start und stellst dir die Frage, ob du Knoten A oder Knoten B aufsuchen sollst. Wie lange dauert es jeweils, zu dem Knoten zu gelangen?

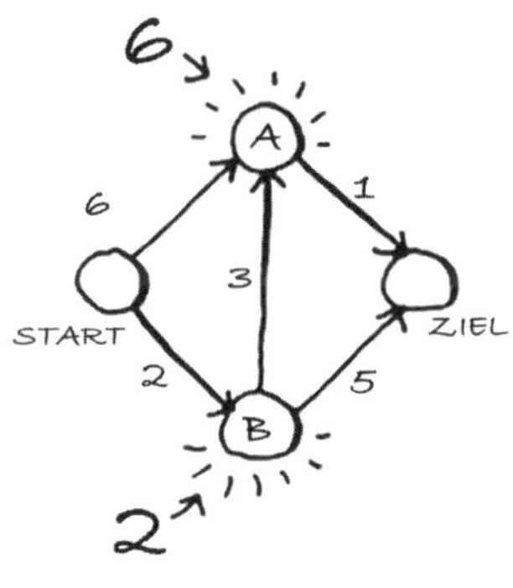

Es dauert 6 Minuten, Knoten A zu erreichen und 2 Minuten, um zu Knoten B zu gelangen. Wie lange es bis zu den anderen Knoten dauert, weißt du noch nicht.

Da dir noch unbekannt ist, wie lange es bis zum Ziel dauert, notierst du dafür den Wert unendlich (warum, wird gleich deutlich). Knoten B ist am schnellsten erreichbar. Er ist 2 Minuten entfernt.

KNOTEN	ZEIT
A	6
B	2
ZIEL	∞

Schritt 2: Berechne, wie lange es bis zu den Nachbarn von B dauert, *indem du den Kanten folgst, die von B ausgehen.*

KNOTEN	ZEIT
A	~~6~~ 5
B	2
ZIEL	7

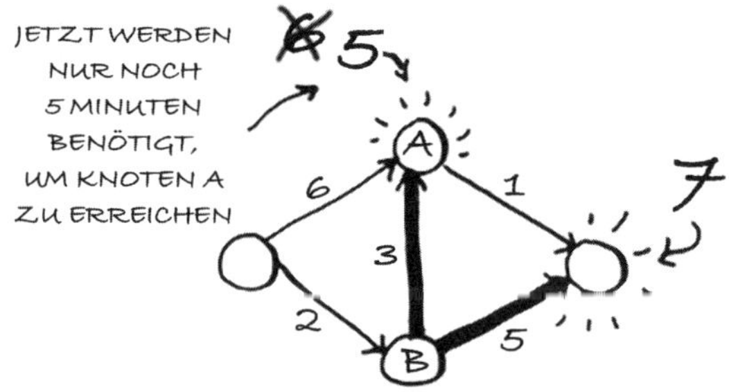

Du hast soeben einen schnelleren Pfad zu Knoten A entdeckt! Vorher hat es 6 Minuten gedauert, A zu erreichen.

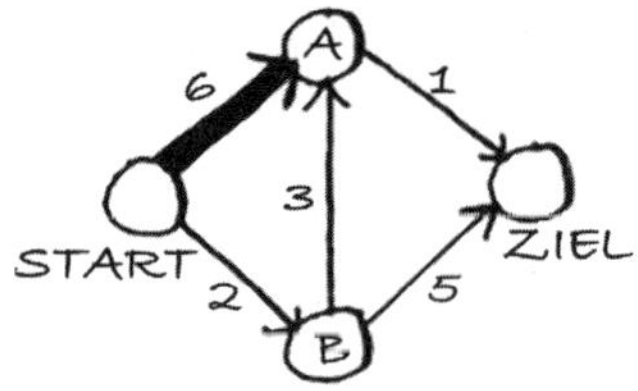

Aber wenn du den Weg über Knoten B nimmst, dauert es nur noch 5 Minuten!

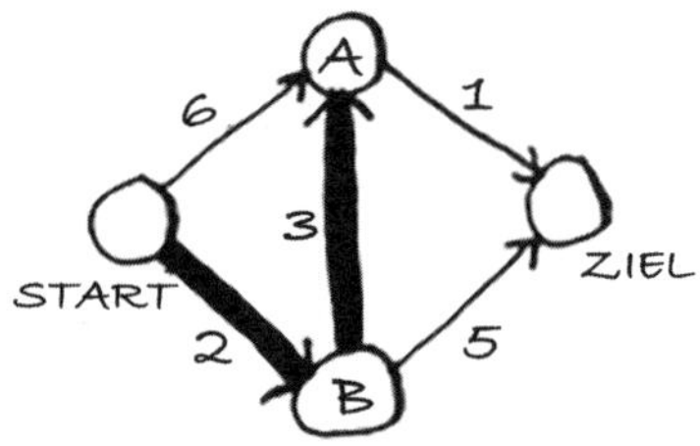

Aktualisiere den erforderlichen Zeitaufwand, wenn du einen schnelleren Pfad gefunden hast, mit dem sich ein Nachbar von B erreichen lässt. In diesem Fall hast du Folgendes entdeckt:

- Einen schnelleren Pfad zu Knoten A (5 Minuten statt 6 Minuten)
- Einen schnelleren Pfad zum Ziel (7 Minuten statt unendlich)

Schritt 3: Wiederholen!

Noch einmal Schritt 1: Finde den Knoten, der sich am schnellsten erreichen lässt. Knoten B ist schon erledigt, also ist Knoten A am zweitschnellsten erreichbar.

KNOTEN	ZEIT	
A	5	←
B	2	
ZIEL	7	

Noch einmal Schritt 2: Aktualisiere den Zeitaufwand für die Nachbarn von A.

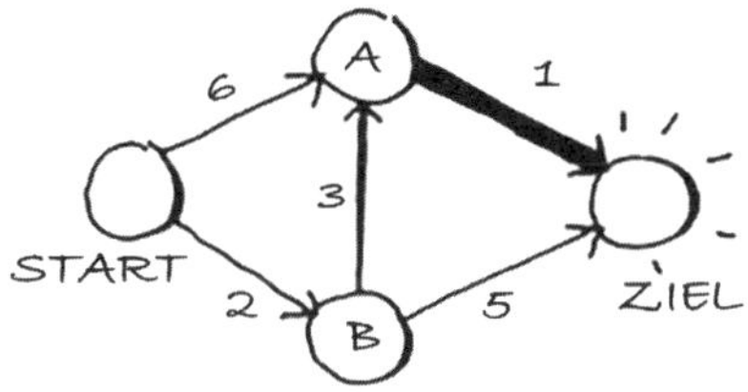

Na also, jetzt ist das Ziel in nur noch 6 Minuten erreichbar!

Du hast den Dijkstra-Algorithmus auf alle Knoten angewendet (für den Zielknoten ist das nicht erforderlich). Jetzt weißt du Folgendes:

- Knoten B ist in 2 Minuten erreichbar.
- Knoten A ist in 5 Minuten erreichbar.
- Das Ziel ist in 6 Minuten erreichbar.

KNOTEN	ZEIT
A	5
B	2
ZIEL	6

Den letzten Schritt, die Berechnung des endgültigen Pfads, hebe ich mir für den nächsten Abschnitt auf. An dieser Stelle zeige ich nur, wie er aussieht.

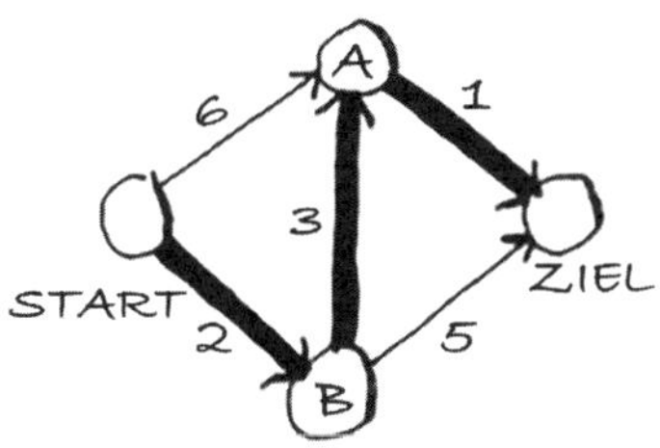

Eine Breitensuche hätte diesen schnellsten Pfad nicht gefunden, weil er aus drei Abschnitten besteht, denn es gibt ja die Möglichkeit, das Ziel mir nur zwei Abschnitten zu erreichen.

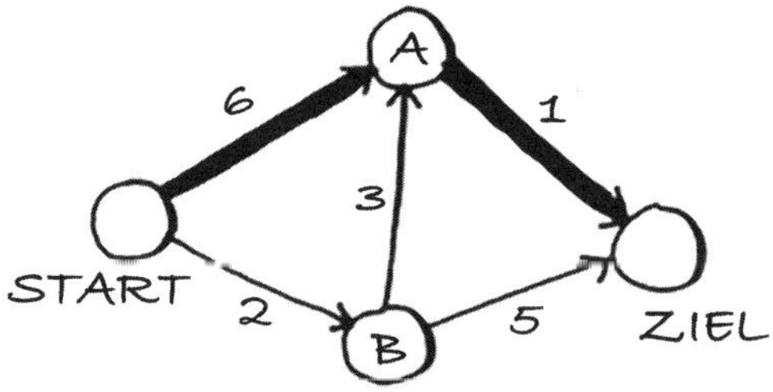

KÜRZESTER PFAD BEI
EINER BREITENSUCHE

Im letzten Kapitel hast du die Breitensuche verwendet, um den kürzesten Pfad zwischen zwei Punkten zu finden. Allerdings war damit der Pfad mit den wenigsten Abschnitten gemeint. Beim Dijkstra-Algorithmus wird jedem Abschnitt eine Zahl bzw. ein Gewicht zugewiesen. Der Dijkstra-Algorithmus findet den Pfad, bei dem die Summe der Gewichte am kleinsten ist.

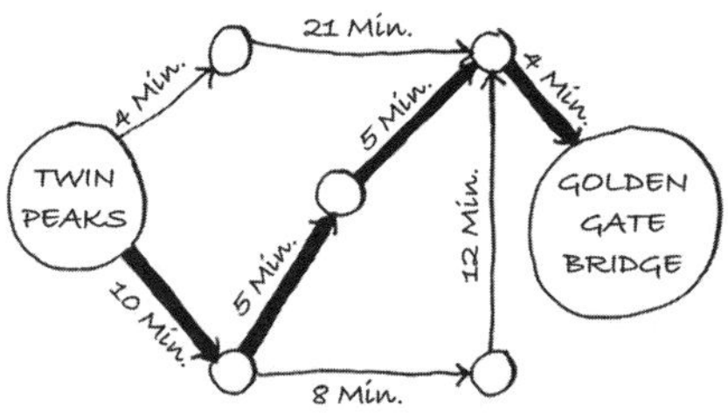

GEWICHTETER GRAPH
(BELLMAN-FORD-ALGORITHMUS)

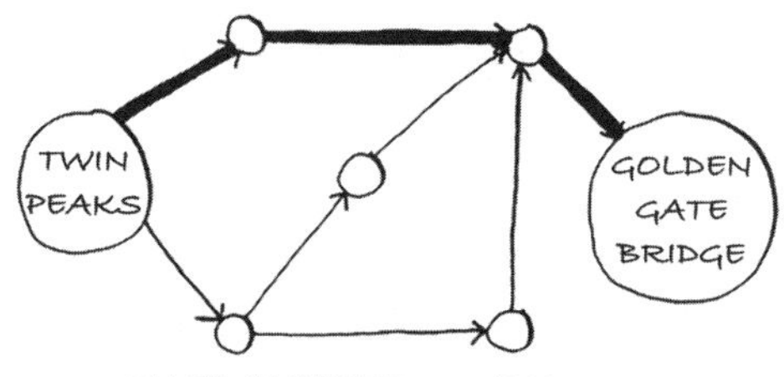

UNGEWICHTETER GRAPH
(BREITENSUCHE)

Hier sind die vier Schritte des Dijkstra-Algorithmus noch einmal zusammengefasst:

1. Finde den »günstigsten« Knoten. Das ist der Knoten, der in der kürzesten Zeit erreichbar ist.
2. Prüfe, ob es einen günstigeren Pfad zu den Nachbarn dieses Knotens gibt. Aktualisiere den Zeitaufwand, wenn das der Fall ist.
3. Wiederhole das, bis du diese Aufgabe für sämtliche Knoten des Graphen erledigt hast.
4. Berechne den endgültigen Pfad (siehe folgenden Abschnitt).

7.2 Terminologie

Ich möchte dir einige weitere Beispiele für den Dijkstra-Algorithmus zeigen. Aber zuerst müssen einige Begriffe erläutert werden.

Wenn du den Dijkstra-Algorithmus verwendest, ist allen Kanten im Graphen eine Zahl zugeordnet. Diese Zahlen werden *Gewichte* genannt.

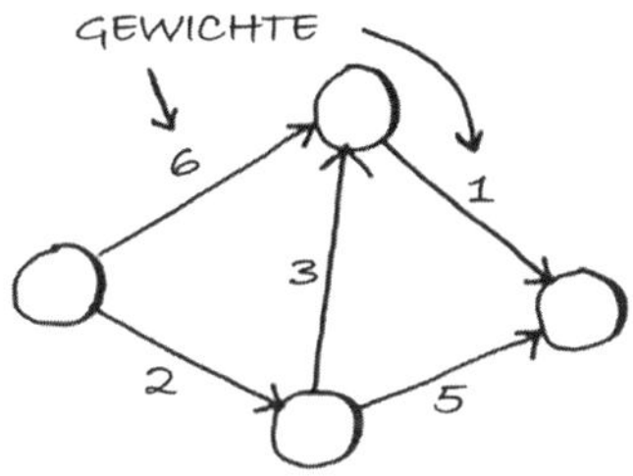

Ein Graph mit Gewichten wird als *gewichteter Graph* bezeichnet. Ein Graph ohne Gewichte heißt *ungewichteter Graph.*

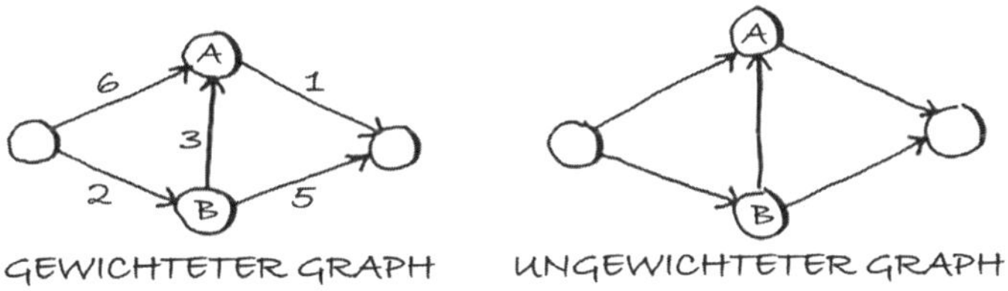

Verwende die *Breitensuche,* um den kürzesten Pfad in einem ungewichteten Graphen zu finden. Verwende stattdessen den *Dijkstra-Algorithmus,* um den kürzesten (schnellsten) Pfad in einem gewichteten Graphen zu finden. Graphen können auch Zyklen enthalten. Ein *Zyklus* sieht so aus:

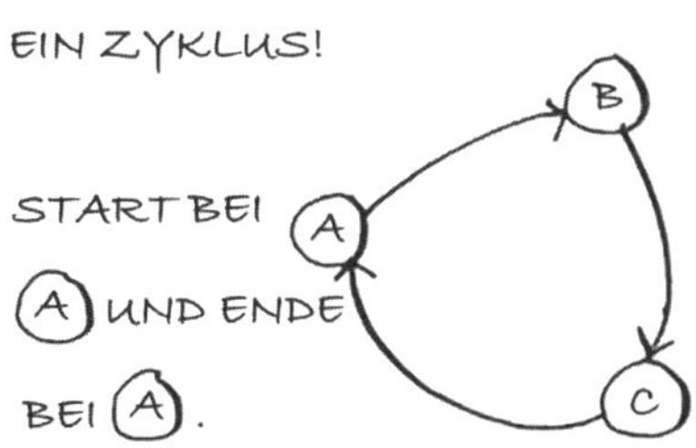

Du kannst also an irgendeinem Knoten anfangen, dich von dort zu anderen Knoten begeben und irgendwann wieder beim ursprünglichen Knoten ankommen. Versuche doch einmal, den kürzesten Pfad in diesem Graphen, der einen Zyklus enthält, zu finden.

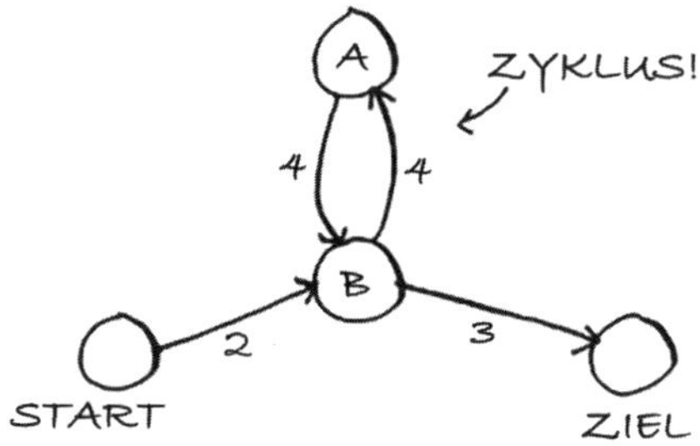

Wäre es sinnvoll, dem Zyklus zu folgen? Du kannst einem Pfad folgen, der den Zyklus umgeht.

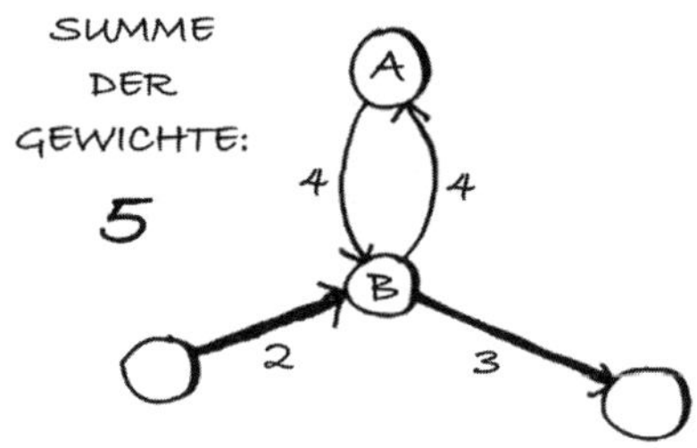

Oder du folgst dem Zyklus.

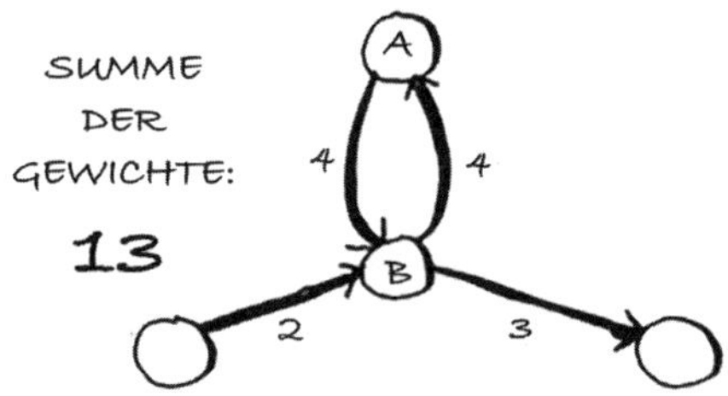

Du gelangst auf beiden Pfaden zum Zielknoten, aber das Durchlaufen des Zyklus fügt zusätzliche Gewichte hinzu. Du könntest den Zyklus sogar mehrmals durchlaufen, wenn du das möchtest.

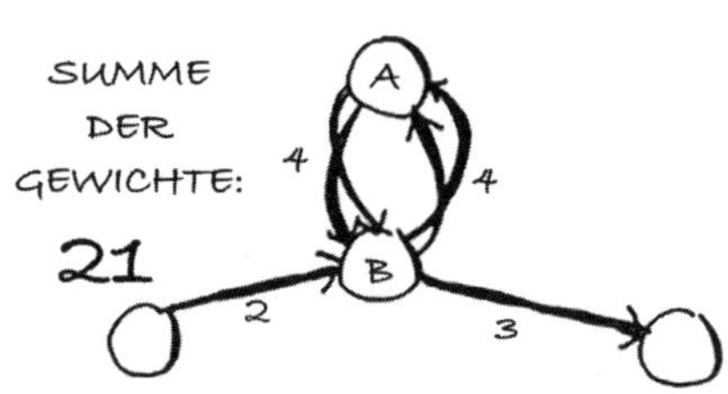

Aber bei jedem Durchlaufen des Zyklus erhöht sich die Summe der Gewichte um 8. Wenn du den Zyklus durchläufst, wirst du den kürzesten Pfad also nicht finden.

Erinnerst du dich noch an den Vergleich gerichteter und ungerichteter Graphen in Kapitel 6?

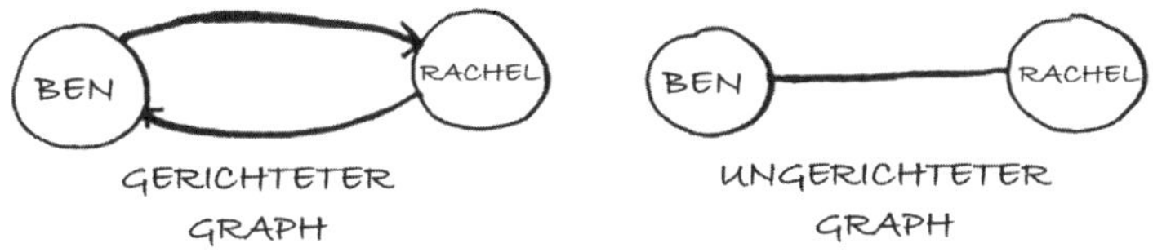

Bei einem ungerichteten Graphen verweisen die beiden Knoten jeweils aufeinander. Das ist ein *Zyklus*!

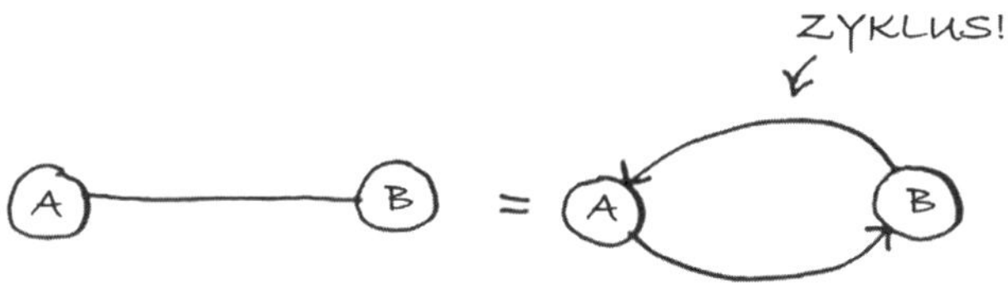

Jede Kante in einem ungerichteten Graphen fügt einen weiteren Zyklus hinzu.

An dieser Stelle wollte ich eigentlich schreiben, dass der Dijkstra-Algorithmus nur mit *gerichteten azyklischen Graphen* funktioniert, aber das stimmt nicht. Der Dijkstra-Algorithmus funktioniert auch dann, wenn ein Zyklus vorhanden ist – sofern er positive Gewichte zur Summe der Gewichte beiträgt.

7.3 Eintauschen gegen ein Klavier

Das war die Terminologie, jetzt geht es wieder mit einem Beispiel weiter. Das ist Richard.

Richard möchte ein Notenheft gegen ein Klavier eintauschen.

»Ich gebe dir dieses Poster für dein Notenheft«, sagt Alex. »Das ist ein Poster meiner Lieblingsband, Destroyer. Oder ich gebe dir diese seltene LP von Rick Astley für dein Notenheft, wenn du noch 5 Euro drauflegst.« Amy meint: »Oh, ich habe gehört, dass diese LP einen tollen Song enthält. Ich tausche meine Gitarre oder mein Schlagzeug gegen das Poster oder die LP.«.

»Ich wollte schon immer Gitarre spielen lernen!«, ruft Beethoven. »Ich tausche mein Klavier gegen Amys Gitarre oder gegen ihr Schlagzeug.«

Klasse! Wenn er etwas Geld locker macht, kann Richard sein Notenheft gegen ein Klavier eintauschen. Nun muss er nur noch herausfinden, wie er möglichst wenig Geld ausgibt, um diesen Tauschhandel über die Bühne zu bringen. Sehen wir uns die Tauschangebote doch einmal als Graphen an.

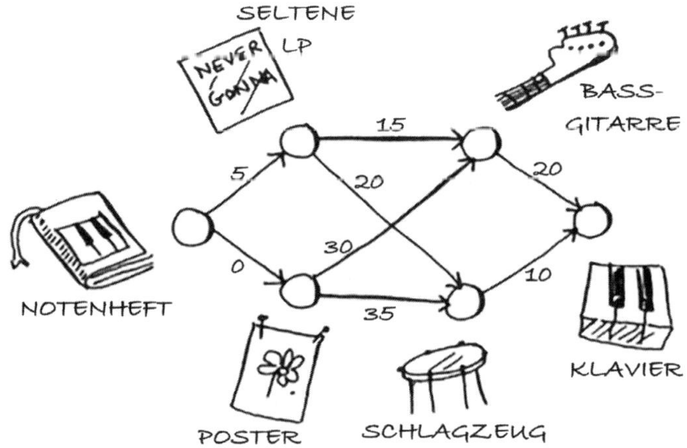

Die Knoten dieses Graphen sind die Gegenstände, die Richard eintauschen kann. Die Gewichte an den Kanten sind die Geldbeträge, die er bezahlen müsste, um den jeweiligen Tauschhandel abzuschließen. Er könnte also das Poster oder die LP gegen die Gitarre eintauschen, wenn er 30 bzw. 15 Euro bezahlt. Wie kann Richard den Pfad vom Notenheft zum Klavier herausfinden, der ihn am wenigsten Geld kostet? Mit dem Dijkstra-Algorithmus! Wie du weißt, besteht der Dijkstra-Algorithmus aus vier Schritten. In diesem Beispiel werden wir alle vier Schritte ausführen, also auch den endgültigen Pfad ermitteln.

KNOTEN	KOSTEN
LP	5
POSTER	0
GITARRE	∞
SCHLAGZEUG	∞
KLAVIER	∞

DIESE KNOTEN HABEN WIR BISLANG NOCH NICHT ERREICHT.

Bevor wir loslegen, müssen wir einige Vorbereitungen treffen. Erstelle eine Tabelle der Kosten für die verschiedenen Knoten. Die Kosten eines Knotens geben an, wie teuer es ist, zu diesem Knoten zu gelangen.

Die Kosten werden nach jedem Schritt des Algorithmus aktualisiert. Die Tabelle enthält außerdem eine Spalte *Elternteil*, die wir benötigen, um den endgültigen Pfad zu bestimmen.

KNOTEN	ELTERNTEIL
LP	NOTENHEFT
POSTER	NOTENHEFT
GITARRE	—
SCHLAGZEUG	—
KLAVIER	—

Wie diese Spalte verwendet wird, führe ich gleich vor. Betrachten wir zunächst einmal den Algorithmus.

Schritt 1: Finde den günstigsten Knoten. In diesem Fall ist das Poster mit Kosten von 0 Euro der günstigste Tausch. Gibt es eine günstigere Möglichkeit, das Poster einzutauschen? Denke einen Moment darüber nach, denn das ist ein ganz entscheidender Punkt. Lässt sich eine Möglichkeit finden, mehrere Tauschgeschäfte durchzuführen, sodass Richard für weniger als 0 Euro an das Poster gelangt? Lies weiter, wenn du ein wenig darüber nachgedacht hast. Antwort: Nein, *denn das Poster ist der günstigste Knoten, den Richard erreichen kann. Es gibt keine Möglichkeit, noch günstiger an das Poster zu gelangen.* Hier ist eine andere Betrachtungsweise dieser Fragestellung: Nehmen wir an, du fährst von deiner Wohnung aus zur Arbeit.

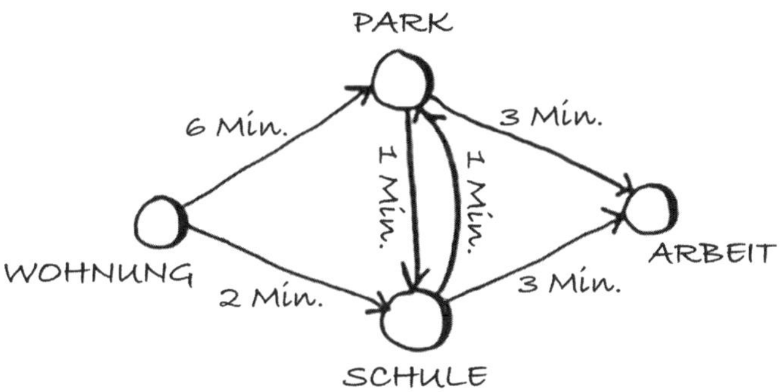

Wenn du den Pfad zur Schule einschlägst, dauert es 2 Minuten, bis du dort ankommst. Wenn du den Weg zum Park wählst, benötigst du 6 Minuten. Gibt es eine Möglichkeit, in weniger als 2 Minuten zur Schule zu gelangen, wenn du den Pfad zum Park wählst? Das ist unmöglich, denn es dauert ja schon mehr als 2 Minuten um nur den Park zu erreichen. Aber lässt sich andererseits ein schnellerer Pfad zum Park finden? Das ist tatsächlich der Fall.

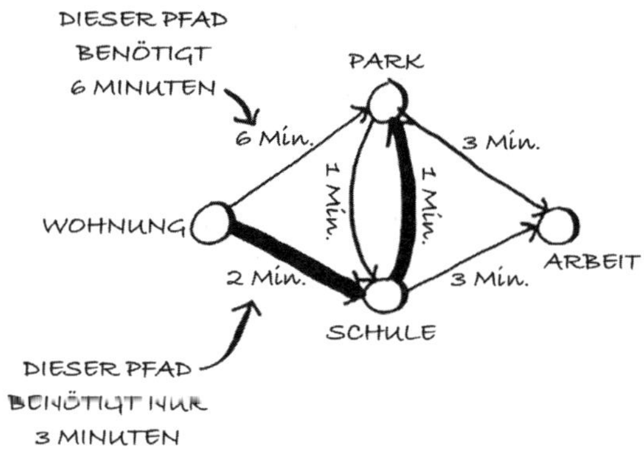

Das ist die entscheidende Idee, die dem Dijkstra-Algorithmus zugrunde liegt: *Betrachte den günstigsten Knoten des Graphen. Es gibt keinen günstigeren Pfad zu diesem Knoten!*

Zurück zum letzten Beispiel. Das Poster ist der günstigste Tausch.

Schritt 2: Finde heraus, wie aufwendig es ist, die Nachbarn zu erreichen (die Kosten).

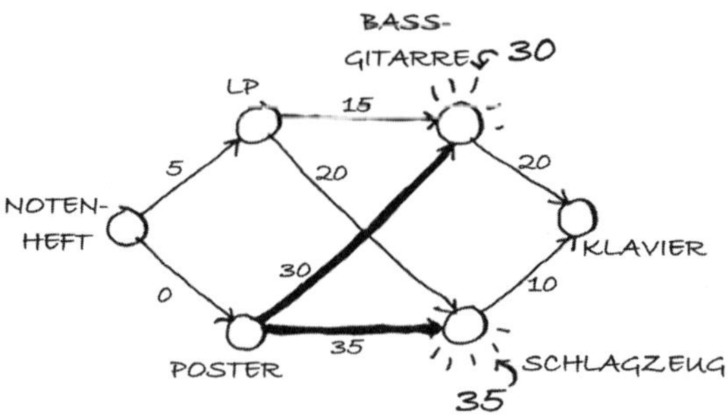

ELTERNTEIL	KNOTEN	KOSTEN
NOTENHEFT	LP	5
NOTENHEFT	POSTER	0
POSTER	GITARRE	~~∞~~ 30
POSTER	SCHLAGZEUG	~~∞~~ 35
—	KLAVIER	∞

Nun stehen in der Tabelle die Kosten der Bassgitarre und des Schlagzeugs. Die Werte wurden ausgehend vom Poster ermittelt, deshalb wird als Elternteil »Poster« eingetragen. Um zur Bassgitarre bzw. zum Schlagzeug zu gelangen, folgst du jeweils der vom Poster ausgehenden Kante.

ELTERNTEIL	KNOTEN	KOSTEN
NOTENHEFT	LP	5
NOTENHEFT	POSTER	0
POSTER	GITARRE	30
POSTER	SCHLAGZEUG	35
—	KLAVIER	∞

WIR GEHEN VON "POSTER" AUS, UM ZU DIESEN KNOTEN ZU GELANGEN (Gitarre, Schlagzeug)

Noch einmal Schritt 1: Mit Kosten von 5 Euro ist die LP der zweitgünstigste Knoten.

Noch einmal Schritt 2: Aktualisiere die Werte aller Nachbarn der LP.

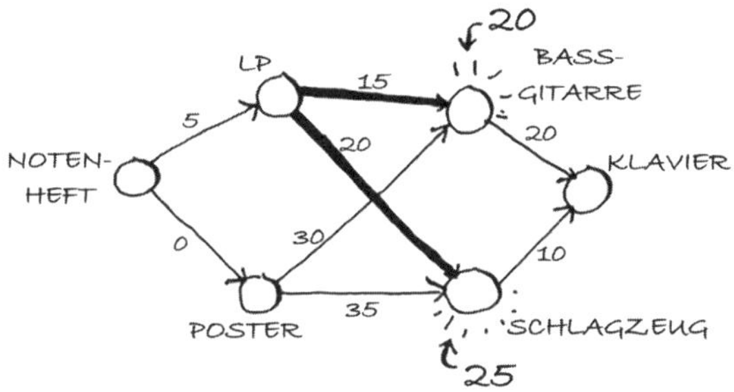

ELTERNTEIL	KNOTEN	KOSTEN
NOTENHEFT	LP	5 5
NOTENHEFT	POSTER	~~0~~ 0
LP	GITARRE	~~30~~ 20
LP	SCHLAG-ZEUG	~~35~~ 25
—	KLAVIER	∞

Na also: Du hast die Kosten des Schlagzeugs und der Gitarre aktualisiert! Es ist also günstiger, der Kante zu folgen, die von der LP ausgeht, um zum Schlagzeug bzw. zur Gitarre zu gelangen. Trage nun »LP« als Elternteil für diese beiden Instrumente ein.

Das nächstgünstigere Objekt ist die Bassgitarre. Aktualisiere die Nachbarn.

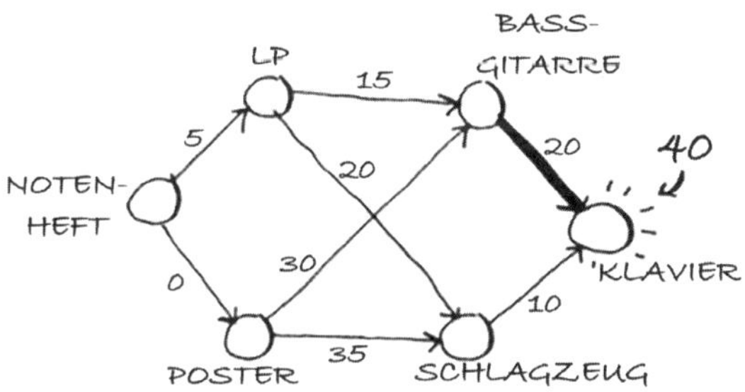

ELTERNTEIL	KNOTEN	KOSTEN
NOTENHEFT	LP	5
NOTENHEFT	POSTER	0
LP	GITARRE	20
LP	SCHLAG-ZEUG	25
GITARRE	KLAVIER	40

Durch den Tausch gegen die Gitarre hast du endlich die Kosten für das Klavier ermittelt. Trage also »Gitarre« als Elternteil von Klavier ein. Jetzt kommen wir zum letzten Knoten, dem Schlagzeug.

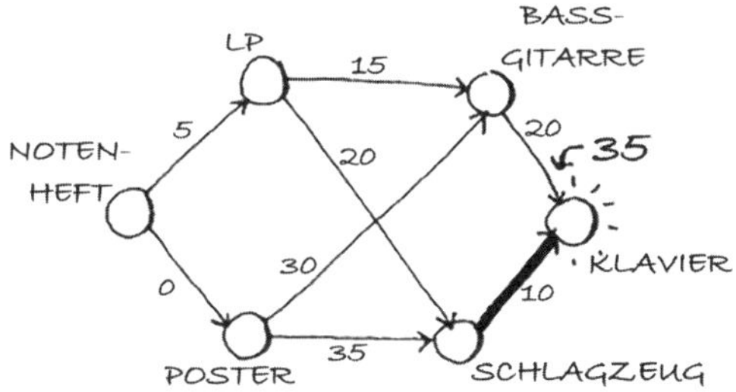

ELTERNTEIL	KNOTEN	KOSTEN
NOTENHEFT	LP	5
NOTENHEFT	POSTER	0
LP	GITARRE	20
LP	SCHLAG-ZEUG	25
SCHLAG-ZEUG	KLAVIER	35

Richard kann sogar noch günstiger an das Klavier gelangen, indem er es gegen das Schlagzeug eintauscht. *Die günstigste Reihe von Tauschgeschäften wird Richard also 35 Euro kosten.*

Nun müssen wir, wie angekündigt, den endgültigen Pfad herausfinden. Bislang weißt du lediglich, dass der günstigste Pfad mit Kosten von 35 Euro verbunden ist. Aber wie kannst du herausfinden, wie er verläuft? Suche zunächst nach dem Elternteil des Klaviers.

ELTERNTEIL	KNOTEN
NOTENHEFT	LP
NOTENHEFT	POSTER
LP	GITARRE
LP	SCHLAGZEUG
SCHLAGZEUG	KLAVIER

Das Schlagzeug ist der Elternteil des Klaviers. Das heißt, Richard tauscht das Schlagzeug gegen das Klavier ein. Also folgst du dieser Kante.

Betrachten wir einmal, wie du den Kanten folgen kannst. Das *Schlagzeug* ist Elternteil von *Klavier*.

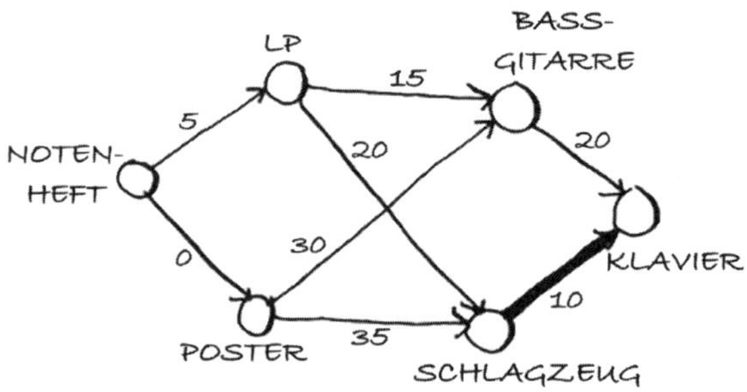

Die *LP* wiederum ist Elternteil von *Schlagzeug*.

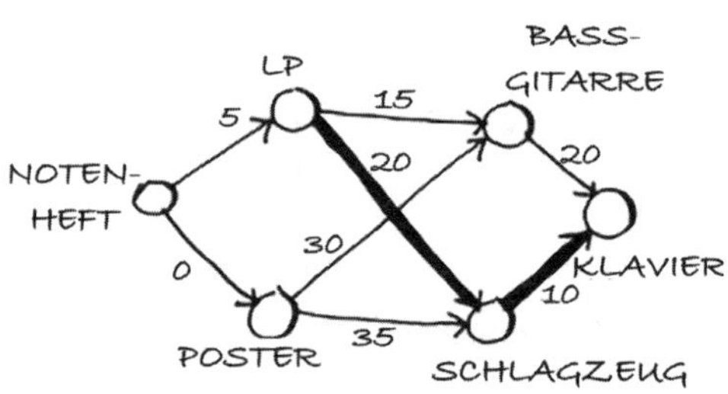

Richard wird also die LP gegen das Schlagzeug eintauschen. Und natürlich das Notenheft gegen die LP. Du kannst also den vollständigen Pfad ermitteln, indem du die Elternteile zurückverfolgst.

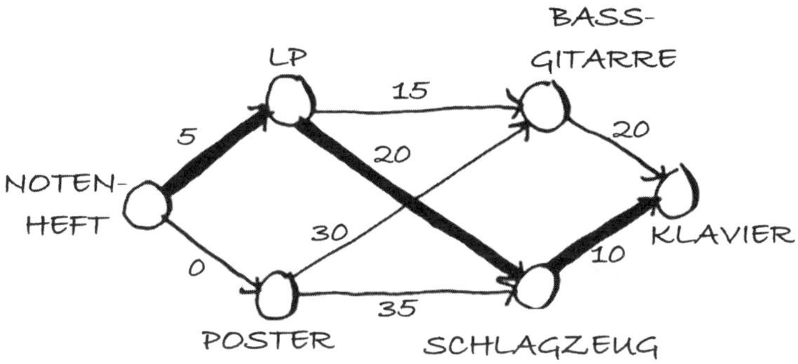

Hier sind die Tauschgeschäfte zusammengefasst, die Richard der Reihe nach abschließt.

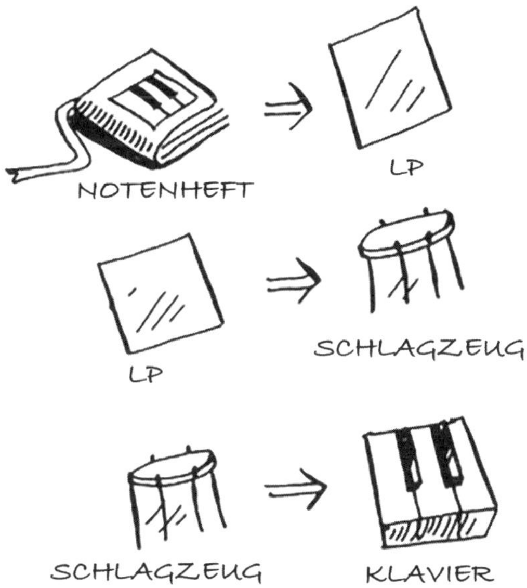

Bislang habe ich den Begriff *kürzester Pfad* mehr oder weniger wortwörtlich verwendet, etwa bei der Berechnung des kürzesten Pfads zwischen zwei Orten oder zwei Personen. Ich hoffe, dieses Beispiel macht deutlich, dass der kürzeste Pfad nicht unbedingt eine physische Distanz sein muss. Es kann auch darum gehen, etwas zu minimieren. In diesem Fall wollte Richard den Geldbetrag minimieren, den er ausgibt. Dankeschön, Herr Dijkstra!

7.4 Negativ gewichtete Kanten

Im Beispiel der Tauschgeschäfte hat Alex angeboten, zwei Objekte gegen das Notenheft einzutauschen.

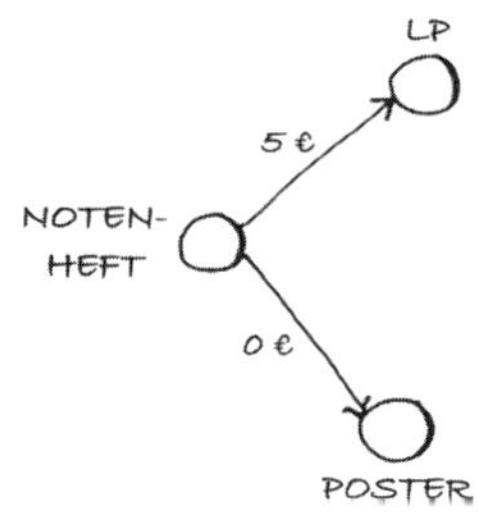

Nehmen wir an, Sarah bietet an, die LP gegen das Poster einzutauschen und Richard zusätzlich 7 Euro zu geben. Dieser Tausch ist für Richard nicht mit irgendwelchen Kosten verbunden; er erhält stattdessen sogar 7 Euro. Wie würdest du das im Graphen darstellen?

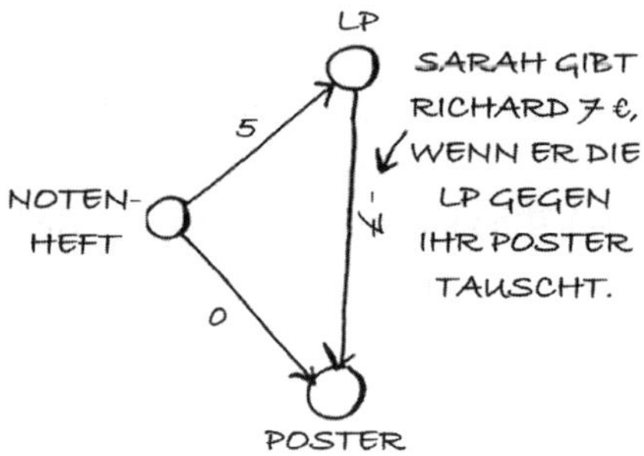

Die Kante zwischen LP und Poster besitzt ein negatives Gewicht! Richard erhält 7 Euro, wenn er diesem Tauschgeschäft zustimmt. Nun gibt es zwei Möglichkeiten, wie Richard an das Poster gelangen an.

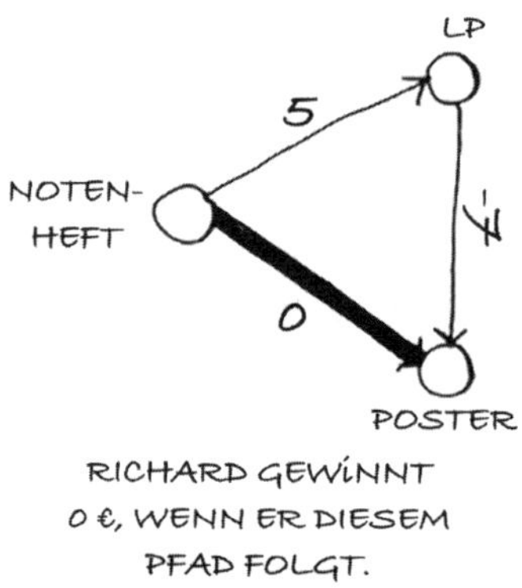

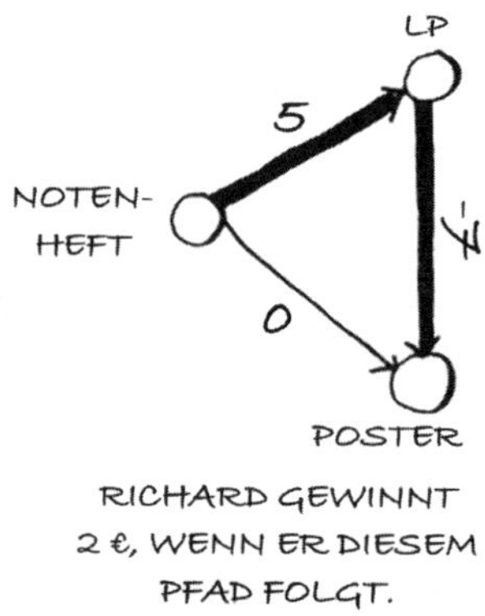

Es wäre also durchaus sinnvoll, das zweite Tauschgeschäft abzuschließen, denn auf diese Weise erzielt Richard 2 Euro Gewinn! Wie du weißt, kann Richard das Poster gegen das Schlagzeug eintauschen. Dafür gibt es jetzt ebenfalls zwei mögliche Pfade.

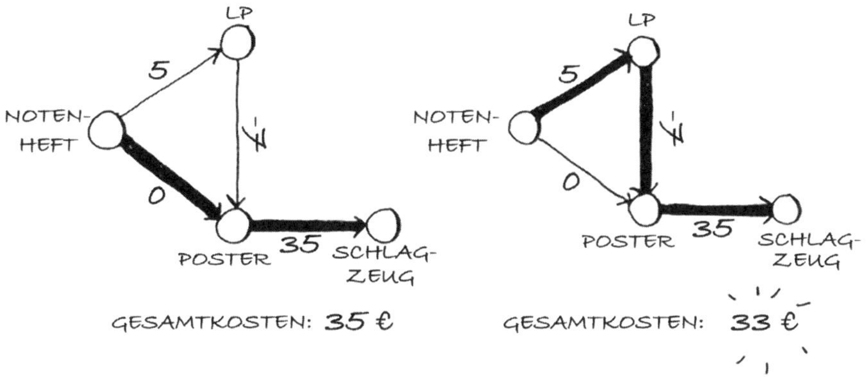

Der zweite Pfad kostet Richard 2 Euro weniger, deshalb sollte er diesen Pfad wählen, richtig? Aber weißt du was? Wenn du den Dijkstra-Algorithmus auf diesen Graphen anwendest, wird Richard den falschen Pfad auswählen, nämlich den kürzeren. *Du darfst den Dijkstra-Algorithmus nicht anwenden, wenn es negativ gewichtete Kanten gibt.* Negativ gewichtete Kanten hebeln den Algorithmus aus. Sehen wir uns an, was geschieht, wenn du hier den Dijkstra-Algorithmus anwendest. Zunächst erstellen wir die Kostentabelle.

LP	5
POSTER	0
SCHLAGZEUG	∞

KOSTEN

Als Nächstes müssen wir den günstigsten Knoten finden und die Kosten der Nachbarn aktualisieren. In diesem Fall ist das Poster der Knoten mit den geringsten Kosten. Laut Dijkstra-Algorithmus gibt es also *keine günstigere Möglichkeit, das Poster zu erlangen, als 0 Euro zu bezahlen.* (Du weißt, dass das nicht stimmt!) Wir aktualisieren aber trotzdem die Kosten der Nachbarn.

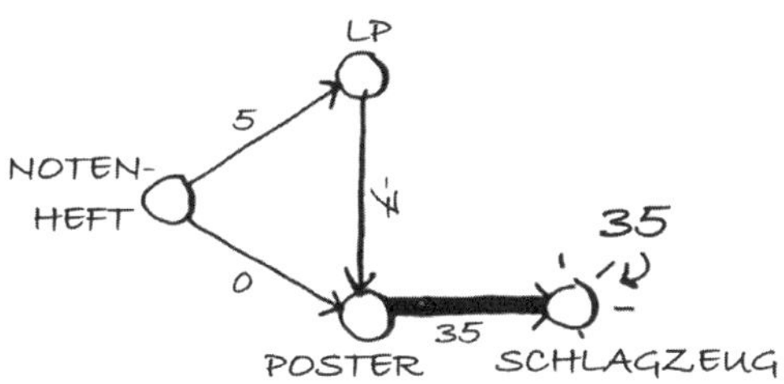

LP	5
POSTER	0
SCHLAGZEUG	35

KOSTEN

Gut, die Kosten für das Schlagzeug betragen nun 35 Euro.

Nun müssen wir den nächstgünstigen Knoten finden, der noch nicht verarbeitet wurde.

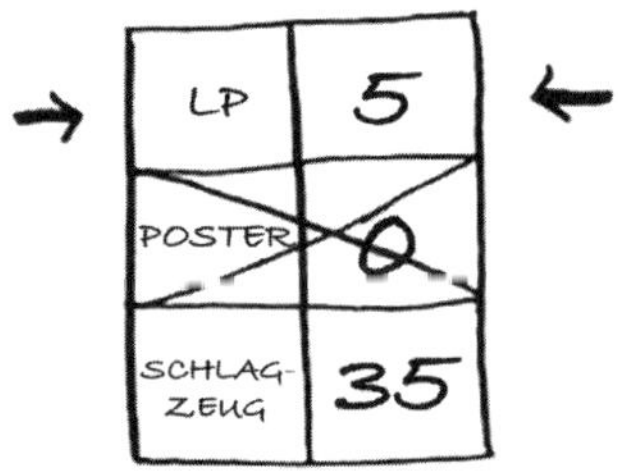

Und jetzt aktualisieren wir die Nachbarn.

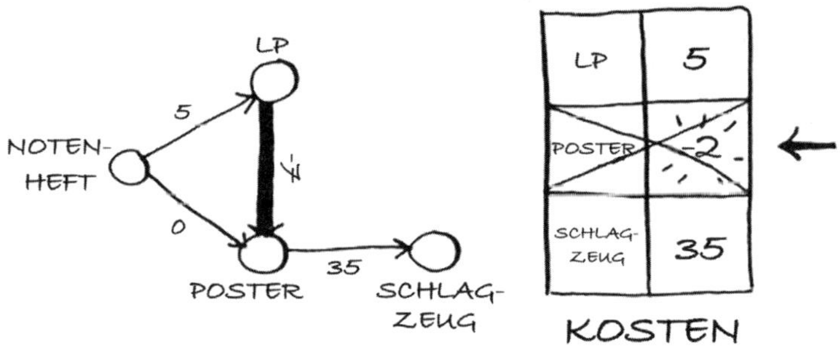

Der Knoten des Posters wurde bereits verarbeitet, aber dennoch werden dessen Kosten aktualisiert. Das ist ein sehr deutliches Warnsignal. Wenn ein Knoten verarbeitet wurde, bedeutet dies, dass es keine günstigere Möglichkeit gibt, ihn zu erreichen. Du hast aber soeben einen günstigeren Pfad zum Poster entdeckt! Der Knoten des Schlagzeugs besitzt keine Nachbarn, der Algorithmus ist damit also beendet. Im folgenden Bild siehst du die endgültigen Kosten.

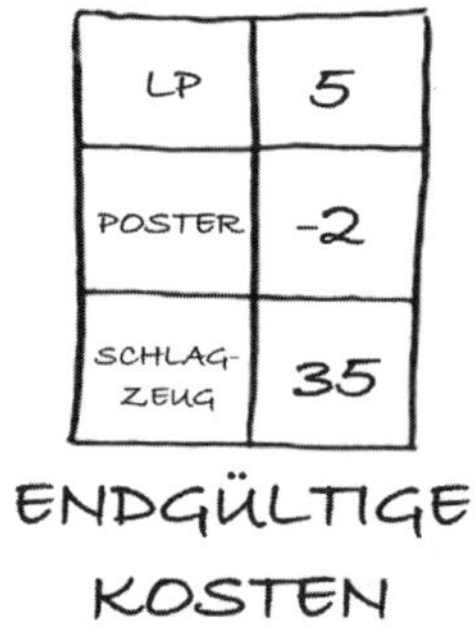

Es kostet 35 Euro, um das Schlagzeug zu erreichen. Du weißt ja, dass es einen Pfad gibt, der nur 33 Euro kostet, den aber der Dijkstra-Algorithmus nicht gefunden hat. Weil du gerade den Knoten des Posters bearbeitest, geht der Dijkstra-Algorithmus davon aus, dass es keinen günstigeren Pfad zu diesem Knoten gibt. Diese Annahme ist jedoch nur dann richtig, wenn keine Kanten mit negativem Gewicht vorhanden sind. *Du darfst den Dijkstra-Algorithmus also nicht auf negativ gewichtete Kanten anwenden.* Wenn du den kürzesten Pfad in einem Graphen mit negativ gewichteten Kanten finden möchtest, gibt es dafür einen eigenen Algorithmus, den *Bellman-Ford-Algorithmus.* Dieser Algorithmus geht über den Rahmen dieses Buchs hinaus, du kannst aber online einige ausgezeichnete Erklärungen finden.

7.5 Implementierung

Sehen wir uns den Code der Implementierung des Dijkstra-Algorithmus an. Für dieses Beispiel verwende ich den folgenden Graphen.

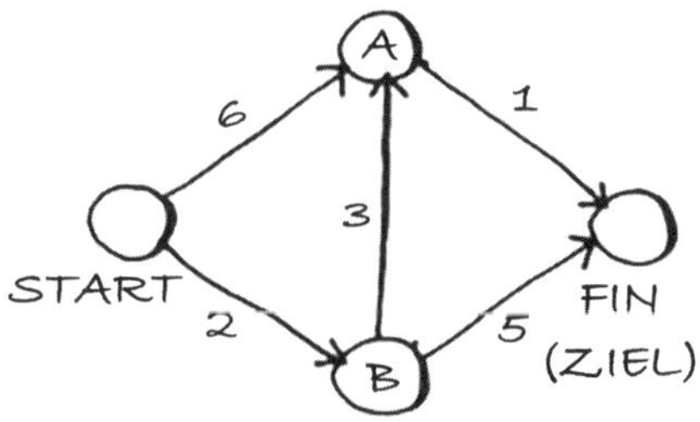

Für die Programmierung dieses Beispiels benötigen wir drei Hashtabellen.

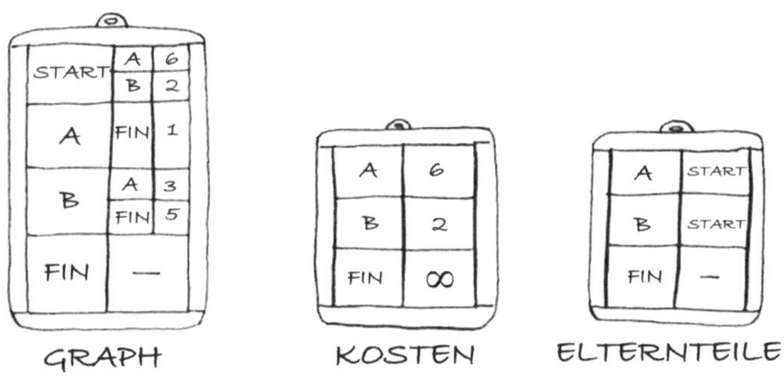

Wenn der Algorithmus fortschreitet, musst du die Hashtabellen für die Kosten und die Elternteile aktualisieren. Als Erstes musst du den Graphen implementieren. Dafür wird eine Hashtabelle wie in Kapitel 6 verwendet:

```
graph = {}
```

Im letzten Kapitel hast du alle Nachbarn eines Knotens in einer Hashtabelle so gespeichert:

```
graph["Du"] = ["Alice", "Bob", "Claire"]
```

Hier müssen jedoch nicht nur die Nachbarn, sondern auch die Kosten gespeichert werden, die zum Erreichen der Nachbarn erforderlich sind. Der Ausgangspunkt Start besitzt beispielsweise zwei Nachbarn, nämlich A und B.

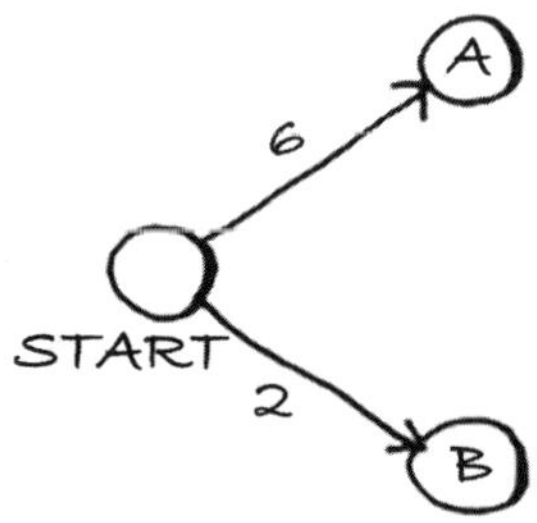

Wie speichert man die Gewichte dieser Kanten? Warum nicht einfach eine weitere Hashtabelle verwenden?

```
graph["start"] = {}
graph["start"]["a"] = 6
graph["start"]["b"] = 2
```

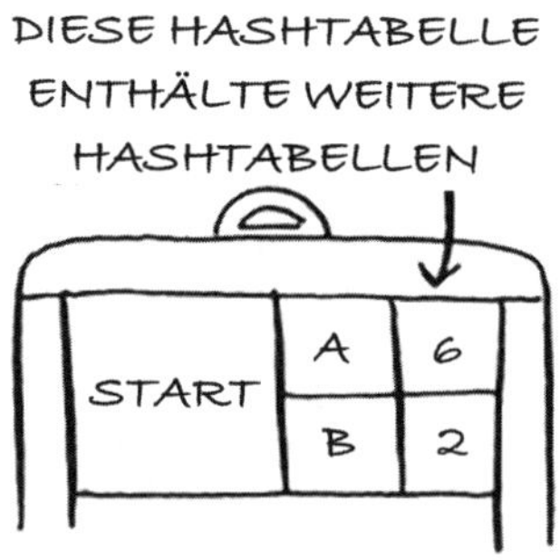

`graph["start"]` ist also eine Hashtabelle. So kannst du die Nachbarn von Start abrufen:

```
>>> print graph["start"].keys()
["a", "b"]
```

Wie kannst du auf die Gewichte der Kanten zwischen Start und A bzw. B zugreifen?

```
>>> print graph["start"]["a"]
6
>>> print graph["start"]["b"]
2
```

Nun fügen wir die übrigen Knoten und deren Nachbarn zum Graphen hinzu:

```
graph["a"] = {}
graph["a"]["fin"] = 1
graph["b"] = {}
graph["b"]["a"] = 3
graph["b"]["fin"] = 5
graph["fin"] = {} ❶
```

❶ Der Zielknoten besitzt keine Nachbarn.

Die vollständige Hashtabelle des Graphen sieht so aus.

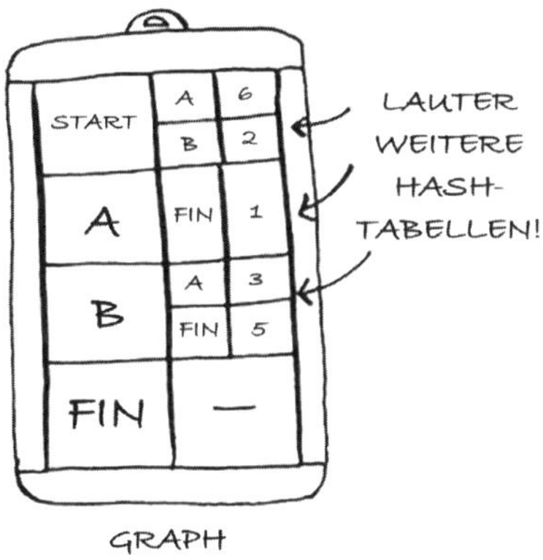

Nun benötigen wir eine Hashtabelle, um die Kosten der Knoten zu speichern.

Die *Kosten* eines Knoten geben an, wie lange es dauert, ihn vom Start ausgehend zu erreichen. Du weißt, dass es 2 Minuten dauert, um vom Start aus Knoten B zu erreichen. Und es dauert 6 Minuten, um vom Start zu Knoten A zu gelangen (auch wenn du möglicherweise einen Pfad findest, der schneller ist). Du weißt jedoch nicht, wie lange es dauert, den Zielknoten zu erreichen. Wenn die Kosten noch nicht bekannt sind, gibst du einfach unendlich an. Kann man unendlich in Python repräsentieren? Das geht tatsächlich:

```
infinity = float("inf")
```

Und hier der Code für die Kostentabelle:

```
infinity = float("inf")
costs = {}
costs["a"] = 6
costs["b"] = 2
costs["fin"] = infinity
```

Für die Elternteile wird eine weitere Hashtabelle benötigt.

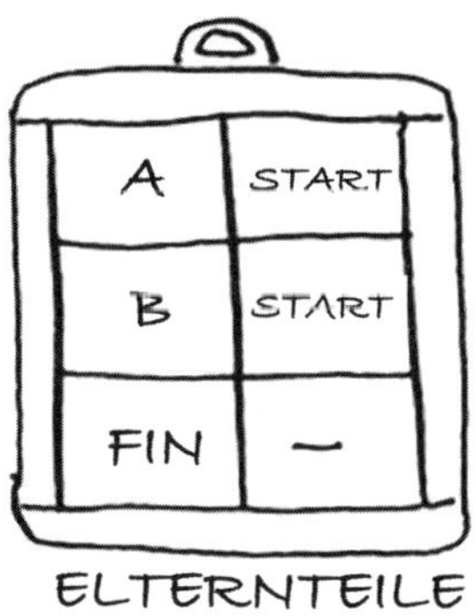

Hier der Code für die Hashtabelle der Elternteile:

```
parents = {}
parents["a"] = "start"
parents["b"] = "start"
parents["fin"] = None
```

Und schließlich benötigen wir noch ein Array, um über alle Knoten Buch zu führen, die bereits verarbeitet wurden, denn ein Knoten muss nur ein Mal verarbeitet werden.

```
processed = []
```

Damit sind die Vorbereitungen erledigt. Betrachten wir nun den Algorithmus.

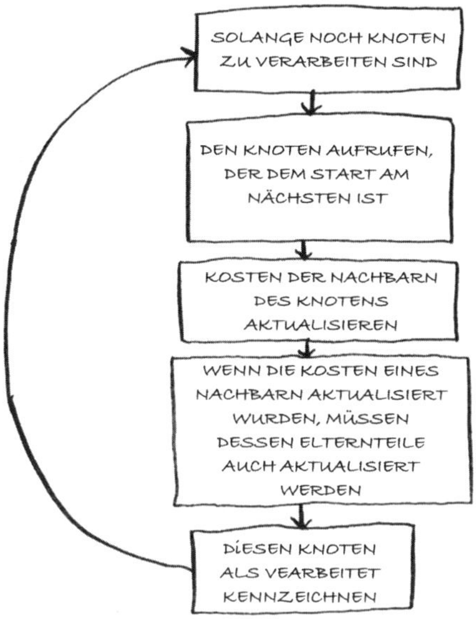

Hier der Code, den wir gleich schrittweise durchgehen:

```
node = find_lowest_cost_node(costs) ❶
while node is not None: ❷
  cost = costs[node]
  neighbors = graph[node]
  for n in neighbors.keys(): ❸
    new_cost = cost + neighbors[n]
    if costs[n] > new_cost: ❹
      costs[n] = new_cost ❺
      parents[n] = node ❻
  processed.append(node) ❼
  node = find_lowest_cost_node(costs) ❽
```

❶ Sucht nach dem günstigsten Knoten, der noch nicht verarbeitet wurde.

❷ Die Schleife wird beendet, wenn alle Knoten verarbeitet worden sind.

❸ Durchläuft alle Nachbarn des Knotens.

❹ Wenn es günstiger ist, den Nachbarn über diesen Knoten zu erreichen, ...

❺ ... werden die Kosten für diesen Knoten aktualisiert.

❻ Dieser Knoten wird der neue Elternteil von diesem Nachbarn.

❼ Knoten als schon verarbeitet kennzeichnen.

❽ Suche des nächsten Knotens, der zu verarbeiten ist, und Fortsetzen der Schleife.

Das ist der Dijkstra-Algorithmus in Python! Zum Code für die `find_lowest_cost_node`-Funktion kommen wir in Kürze. Zunächst einmal betrachten wir den Algorithmus in Aktion.

Suche zuerst nach dem Knoten mit den geringsten Kosten.

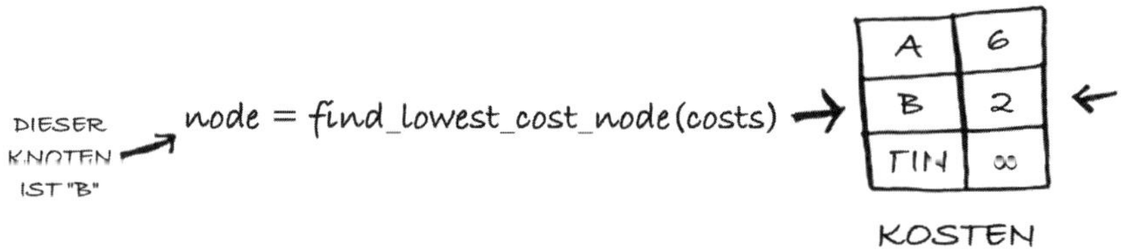

Rufe die Kosten und die Nachbarn dieses Knotens ab.

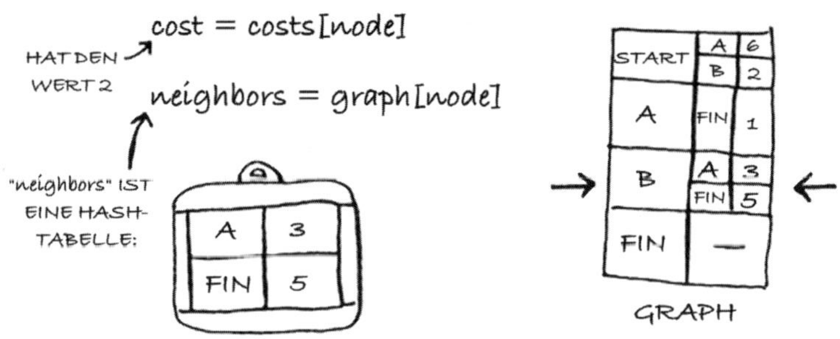

Durchlaufe die Nachbarn.

Für jeden Knoten fallen Kosten an. Die Kosten geben an, wie lange es dauert, den Knoten vom Start aus zu erreichen. Hier wird berechnet, wie lange es dauern würde, den Knoten A zu erreichen, wenn du statt der Route Start > Knoten A die Route Start > Knoten B > Knoten A nimmst.

Vergleichen wir die Kosten.

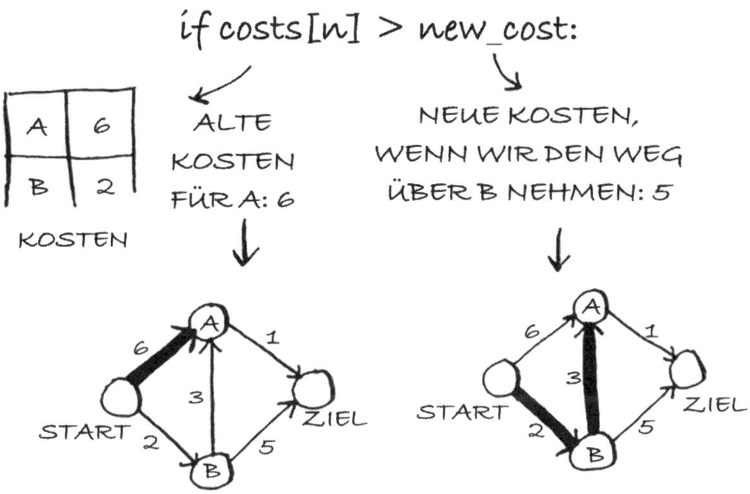

Du hast einen kürzeren Pfad zum Knoten A entdeckt! Aktualisiere die Kosten.

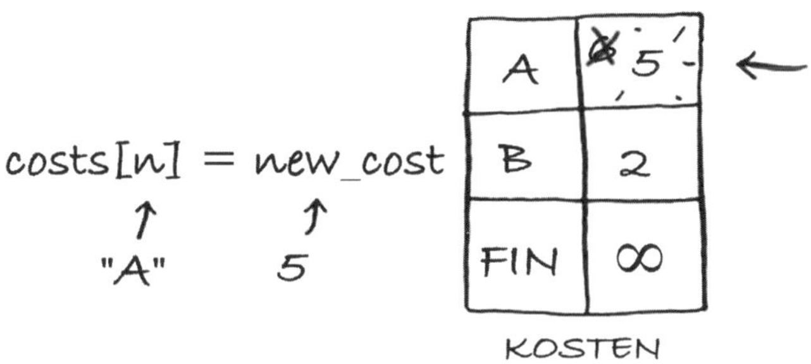

Der neue Pfad führt über den Knoten B, trage also B als neuen Elternteil ein.

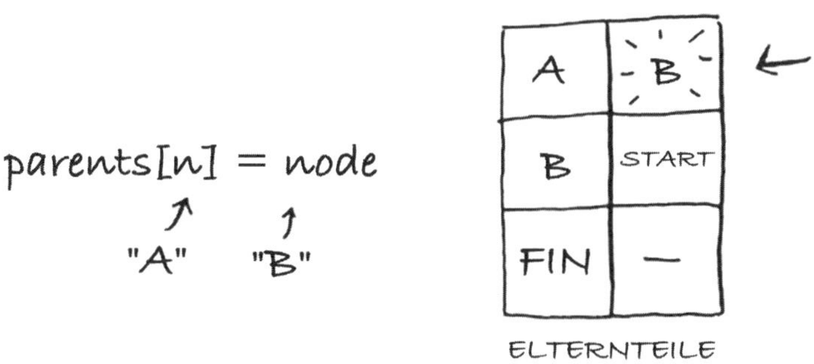

Nun sind wir wieder am Anfang der Schleife. Der nächste Nachbar in der `for`-Schleife ist der Zielknoten.

Wie lange dauert es, zum Ziel zu gelangen, wenn man die Route über Knoten B wählt?

Es dauert 7 Minuten. Die vorherigen Kosten waren unendlich viele Minuten und 7 Minuten sind kleiner als das.

Speichere die neuen Kosten und den neuen Elternteil für den Zielknoten.

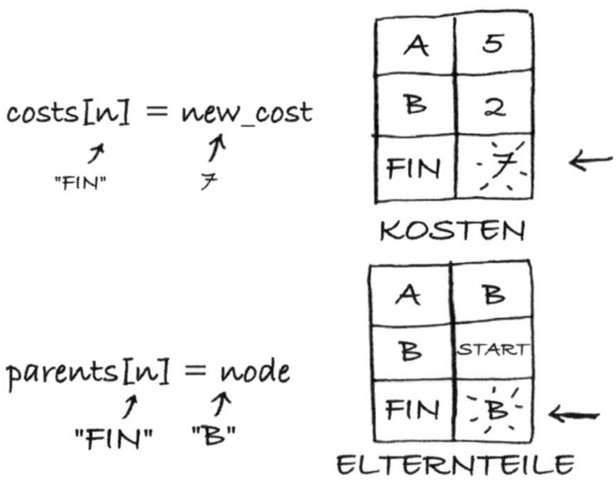

Nun sind die Kosten aller Nachbarn von Knoten B aktualisiert. Kennzeichne ihn als verarbeitet.

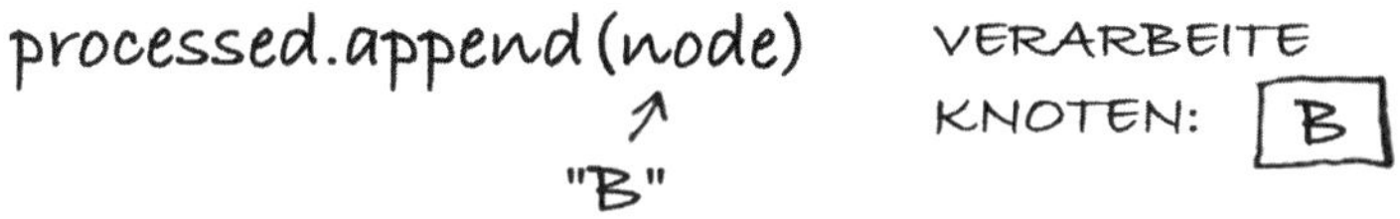

Suche nach dem nächsten zu verarbeitenden Knoten.

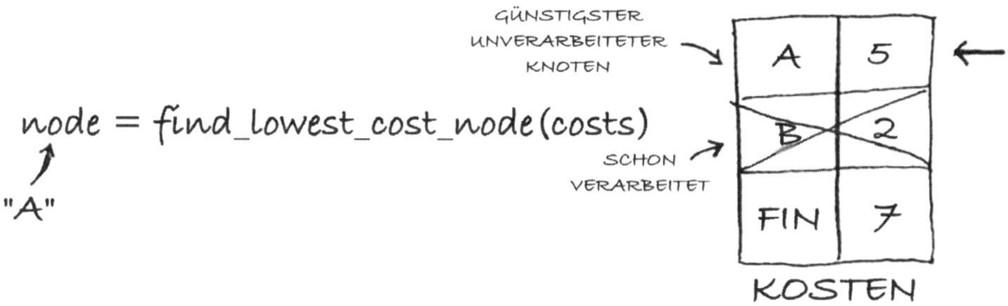

Rufe die Kosten und Nachbarn von Knoten A ab.

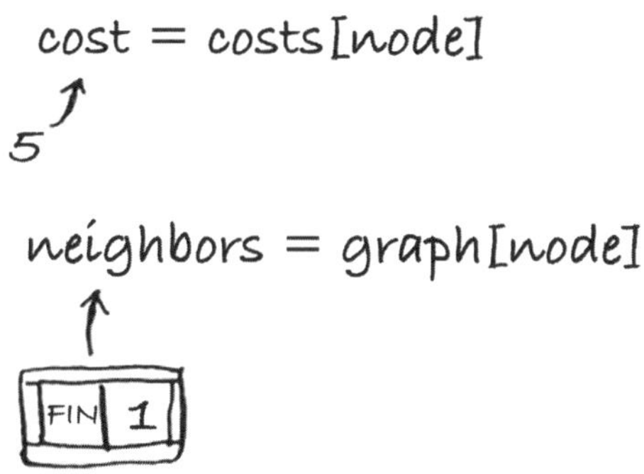

Knoten A besitzt nur einen Nachbarn: den Zielknoten.

Aktuell dauert es 7 Minuten, um den Zielknoten zu erreichen. Wie lange würde es dauern, wenn du die Route über Knoten A wählst?

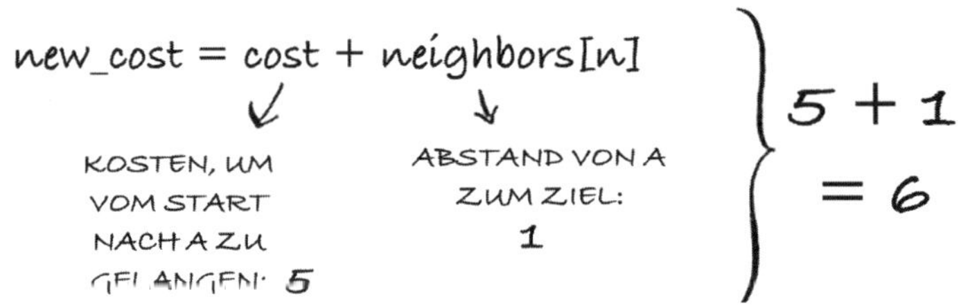

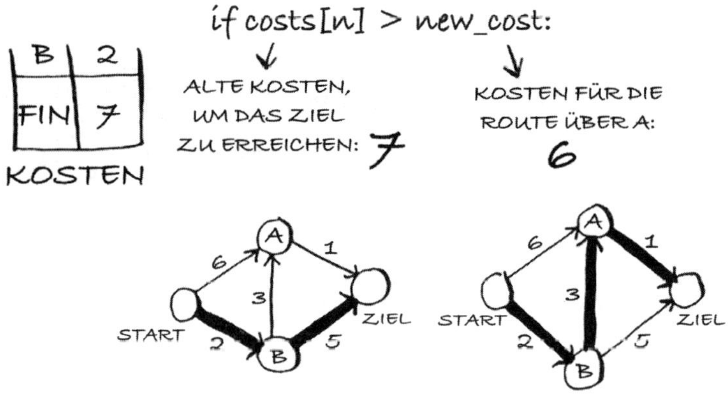

Die Route über Knoten A ist schneller! Aktualisiere die Kosten und den Elternteil.

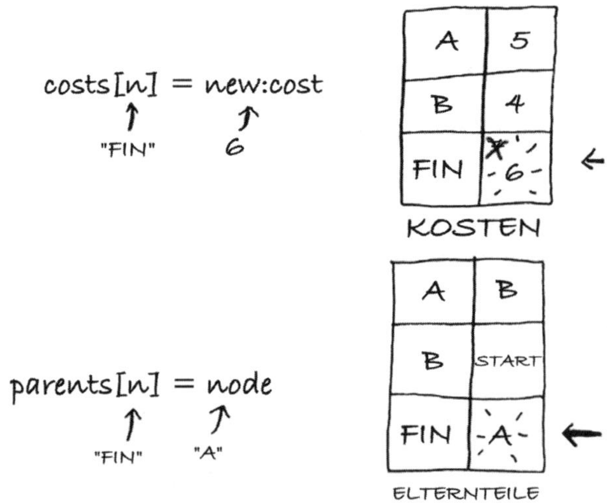

Nachdem du alle Knoten verarbeitet haben, ist der Algorithmus abgeschlossen. Ich hoffe, dass das schrittweise Durchgehen des Algorithmus dir dabei geholfen hat, den Algorithmus etwas besser zu verstehen. Den Knoten mit den geringsten Kosten zu finden, ist dank der `find_lowest_cost_node`-Funktion ziemlich einfach. Hier der Code:

```
def find_lowest_cost_node(costs):
  lowest_cost = float("inf")
  lowest_cost_node = None
  for node in costs: ❶
    cost = costs[node]
    if cost < lowest_cost and node not in processed: ❷
      lowest_cost = cost ❸
      lowest_cost_node = node
  return lowest_cost_node
```

❶ Durchläuft alle Knoten.

❷ Wenn es die bislang geringsten Kosten sind und der Knoten noch nicht verarbeitet worden ist, ...

❸ ... wird er zum neuen Knoten mit den geringsten Kosten.

Übung

7.1 Wie groß ist die Summe der Gewichte des kürzesten Pfads vom Start zum Ziel in den folgenden Graphen?

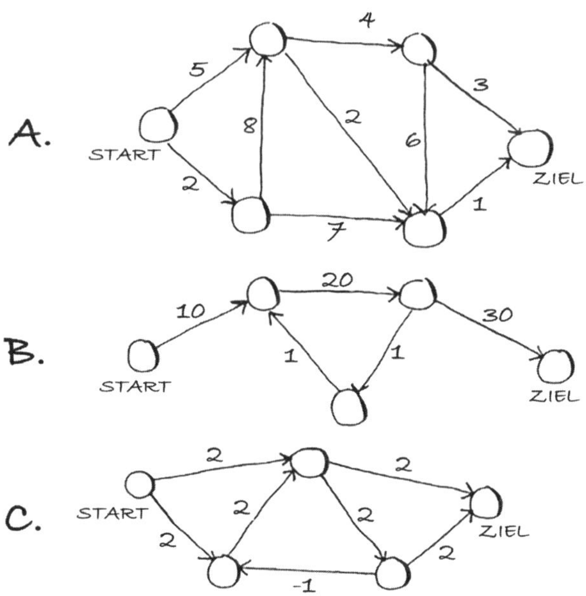

7.6 Zusammenfassung

- Zur Berechnung des kürzesten Pfads in einem ungewichteten Graphen wird die Breitensuche verwendet.
- Zur Berechnung des kürzesten Pfads in einem gewichteten Graphen wird der Dijkstra-Algorithmus verwendet.
- Der Dijkstra-Algorithmus ist anwendbar, wenn alle Gewichte positiv sind.
- Verwende den Bellman-Ford-Algorithmus, wenn negative Gewichte vorhanden sind.

8 Greedy-Algorithmen

In diesem Kapitel:

- Du lernst, eigentlich Unerreichbares in Angriff zu nehmen: Problemstellungen, für die es keine schnelle algorithmische Lösung gibt (NP-vollständige Probleme).
- Du erfährst, wie sich solche Problemstellungen erkennen lassen, damit du deine Zeit nicht damit vergeudest, nach einer algorithmischen Lösung zu suchen.
- Du lernst Approximationsalgorithmen kennen, die du verwenden kannst, um schnell eine näherungsweise Lösung für NP-vollständige Probleme zu finden.
- Du lernst Greedy-Algorithmen kennen, die eine besonders einfache Strategie zur Lösung von Problemen verfolgen.

8.1 Das Stundenplanproblem

Nehmen wir an, du bist Lehrer und dir steht ein Klassenzimmer zur Verfügung, in dem du so viele Stunden wie möglich Unterricht geben möchtest. Du erhältst eine Liste mit den Unterrichtsstunden.

FACH	ANFANG	ENDE
KUNST	9:00 UHR	10:00 UHR
ENGLISCH	9:30 UHR	10:30 UHR
MATHE	10:00 UHR	11:00 UHR
INFORMATIK	10:30 UHR	11:30 UHR
MUSIK	11:00 UHR	12:00 UHR

Du kannst allerdings nicht *alle* Stunden dort unterrichten, weil sich einige davon zeitlich überlappen.

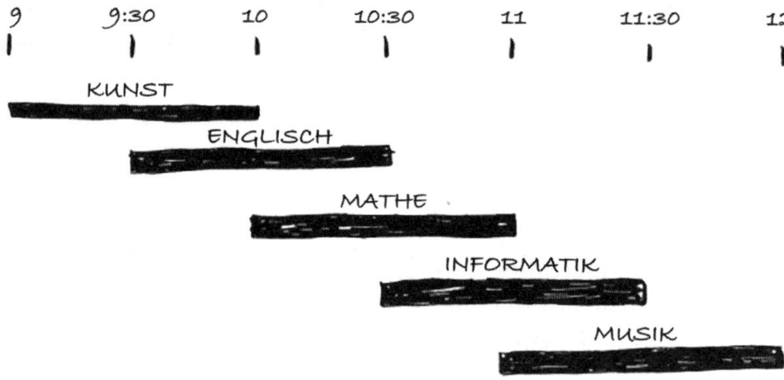

Du möchtest so viele Stunden wie möglich in diesem Klassenzimmer unterrichten. Wie wählst du die Schulfächer aus, damit du möglichst viele Stunden unterrichten kannst?

Das hört sich nach einer schwierigen Aufgabe an, oder? Tatsächlich ist der Algorithmus so einfach, dass du womöglich verblüfft bist. Er funktioniert folgendermaßen:

1. Wähle die Unterrichtsstunde aus, die als erstes endet. Dieses Fach wirst du als erstes in dem Klassenzimmer unterrichten.
2. Nun musst du eine Unterrichtsstunde auswählen, die nach dem Ende der ersten Stunde anfängt. Wähle wieder die Unterrichtsstunde aus, die am frühesten endet. Dieses Fach wirst du als zweites unterrichten.

Wenn du diesen Regeln wiederholt folgst, hast du die Lösung gefunden! Probieren wir das aus. Kunst endet als Erstes, um 10:00 Uhr. Also wählen wir dieses Fach aus.

FACH	ANFANG	ENDE	
KUNST	9:00 UHR	10:00 UHR	✓
ENGLISCH	9:30 UHR	10:30 UHR	
MATHE	10:00 UHR	11:00 UHR	
INFORMATIK	10:30 UHR	11:30 UHR	
MUSIK	11:00 UHR	12:00 UHR	

Nun müssen wir nach dem nächsten Fach suchen, das frühestens um 10:00 Uhr anfängt und möglichst bald endet.

FACH	ANFANG	ENDE	
KUNST	9:00 UHR	10:00 UHR	✓
ENGLISCH	9:30 UHR	10:30 UHR	✗
MATHE	10:00 UHR	11:00 UHR	✓
INFORMATIK	10:30 UHR	11:30 UHR	
MUSIK	11:00 UHR	12:00 UHR	

Englisch kommt nicht infrage, weil es einen Konflikt mit der Kunststunde gibt, aber Mathe funktioniert.

Und schließlich kommt Informatik wegen des Konflikts mit Mathe ebenfalls nicht infrage, aber mit Musik klappt es.

FACH	ANFANG	ENDE	
KUNST	9:00 UHR	10:00 UHR	✓
ENGLISCH	9:30 UHR	10:30 UHR	✗
MATHE	10:00 UHR	11:00 UHR	✓
INFORMATIK	10:30 UHR	11:30 UHR	✗
MUSIK	11:00 UHR	12:00 UHR	✓

Du wirst also die folgenden drei Fächer in dem Klassenzimmer unterrichten.

Viele Leute haben mir berichtet, dass ihnen dieser Algorithmus zu einfach erscheint. Er sei so trivial, dass er falsch sein müsse. Aber das ist ja gerade das Schöne an Greedy-Algorithmen: Sie sind einfach! Ein Greedy-Algorithmus ist wirklich so simpel: Wähle bei jedem Schritt die optimale Aktion. In diesem Fall wählst du stets die Unterrichtsstunde aus, die baldmöglichst endet. Oder technisch formuliert: *Du wählst bei jedem Schritt die lokal optimale Lösung* und gelangst so schließlich zur global optimalen Lösung. Ob du es glaubst oder nicht: Dieser einfache Algorithmus findet die optimale Lösung für das Stundenplanproblem!

Greedy-Algorithmen funktionieren natürlich nicht immer. Sie lassen sich aber leicht programmieren. Betrachten wir ein weiteres Beispiel.

8.2 Das Rucksackproblem

Stell dir vor, du bist ein habgieriger Dieb. Du befindest dich in einem Kaufhaus, in dem es jede Menge Gegenstände gibt, die du stehlen kannst. Allerdings kannst du nur die Dinge mitnehmen, die in deinen Rucksack passen. Mit dem Rucksack kannst du Gegenstände mit einem Gewicht von 35 Pfund transportieren.

Du versuchst, den Wert der Gegenstände, die du in den Rucksack packst, zu maximieren. Welchen Algorithmus verwendest du?

Auch hier ist die Greedy-Strategie wieder sehr einfach:

1. Wähle das wertvollste Objekt aus, das in deinen Rucksack passt.
2. Wähle das zweitwertvollste Objekt aus, das in deinen Rucksack passt. Und so weiter.

Allerdings funktioniert der Algorithmus in diesem Fall nicht! Nehmen wir beispielsweise an, dass du die folgenden drei Gegenstände stehlen kannst:

Dein Rucksack kann 35 Pfund aufnehmen. Die Stereoanlage ist am wertvollsten, also stiehlst du sie. Jetzt hast du allerdings keinen Platz mehr für irgendetwas anderes.

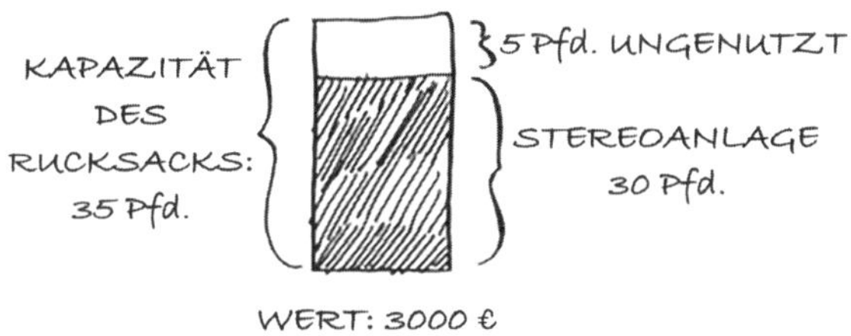

Du hast also Ware im Wert von 3.000 Euro eingesackt. Moment mal! Wenn du anstelle der Stereoanlage den Laptop und die Gitarre stiehlst, könntest du Beute im Wert von 3.500 Euro machen!

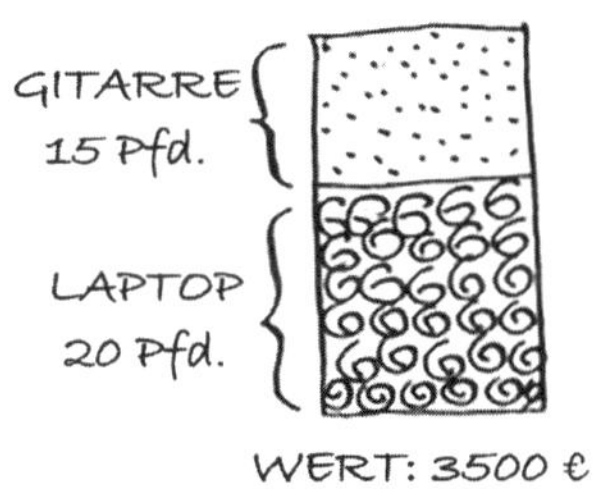

Offensichtlich führt die Greedy-Strategie in diesem Fall nicht zur optimalen Lösung, auch wenn diese ganz gut ist und ihr ziemlich nahe kommt. Im nächsten Kapitel erkläre ich, wie die richtige Lösung berechnet wird. Aber als Dieb in einem Kaufhaus ist dir Perfektionismus egal – »ganz gut« reicht aus.

Was kann man aus diesem zweiten Beispiel lernen? Manchmal führt Perfektionismus zu einer schlechteren Lösung als das Streben nach einer »ganz guten« Lösung. Gelegentlich benötigst du nur einen Algorithmus, der die Aufgabe ziemlich gut löst. Hier zeigt sich eine Stärke von Greedy-Algorithmen, denn sie sind leicht zu programmieren und kommen der optimalen Lösung für gewöhnlich ziemlich nah.

Übungen

8.1 Du arbeitest bei einem Möbelhersteller und musst landesweit Möbel ausliefern. Die LKWs werden mit Kisten beladen. Die Kisten sind von unterschiedlicher Größe und du versuchst, den Raum in den Lastwagen optimal zu nutzen. Wie würdest du die Kisten auswählen, um den genutzten Raum zu maximieren? Entwickle eine Greedy-Strategie. Wirst du damit das optimale Ergebnis erzielen?

8.2 Du bereist Europa und hast sieben Tage Zeit, möglichst viele Touristenattraktionen zu besuchen. Du weist den verschiedenen Sehenswürdigkeiten einen Punktwert zu (abhängig davon, welche du am liebsten sehen möchtest) und schätzt die dafür erforderliche Zeit ab. Wie kannst du die erreichte Punktzahl maximieren? Entwickle eine Greedy-Strategie. Wirst du damit das optimale Ergebnis erzielen?

Betrachten wir ein letztes Beispiel, bei dem Greedy-Algorithmen absolut unverzichtbar sind.

8.3 Das Mengenüberdeckungsproblem

Nehmen wir an, du möchtest eine Radiosendung produzieren und die Hörer in allen 50 US-Bundesstaaten erreichen. Du musst entscheiden, welche Radiosender dein Programm ausstrahlen sollen, um möglichst viele Hörer zu erreichen. Die Nutzung der Sender kostet Geld, daher versuchst du die Anzahl der Sender zu minimieren. Eine Liste der Sender liegt dir vor.

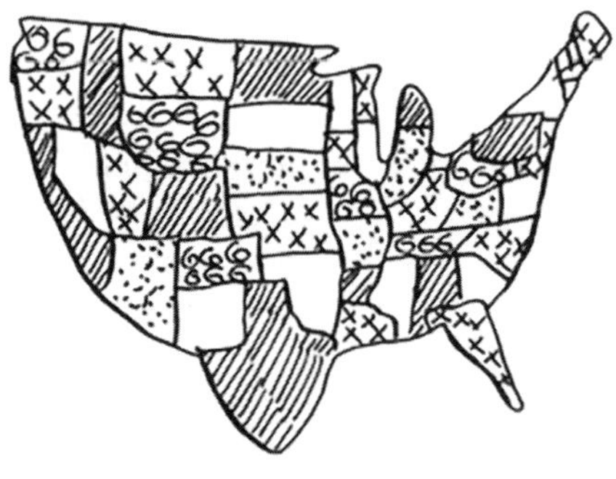

RADIO-SENDER	VERFÜGBAR IN
REINS	ID, NV, UT
RZWEI	WA, ID, MT
RDREI	OR, NV, CA
RVIER	NV, UT
RFÜNF	CA, AZ

... etc. ...

Die verschiedenen Sender decken jeweils ein bestimmtes Sendegebiet ab, allerdings gibt es auch Überschneidungen.

Wie kannst du die kleinste Anzahl von Sendern ermitteln, die alle 50 Staaten abdecken? Hört sich ganz einfach an, oder? Wie sich herausstellen wird, ist diese Aufgabe äußerst schwierig. Hier ist die Lösung:

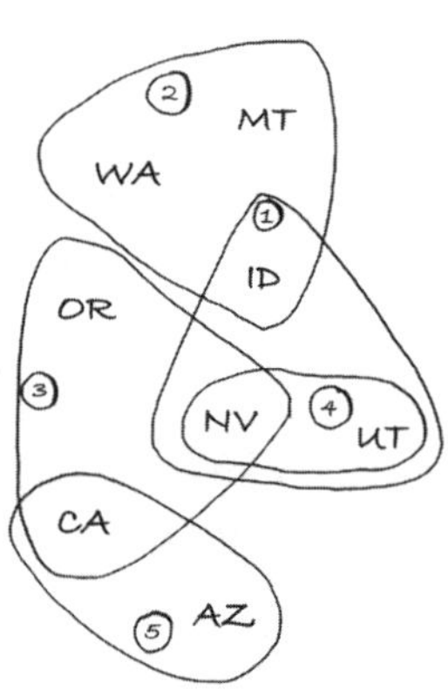

1. Erstelle eine Liste aller möglichen Teilmengen der Sender. Man bezeichnet diese Menge als *Potenzmenge*. Wenn *n* die Anzahl der Sender ist, gibt es 2^n Teilmengen.

2. Wähle die Menge mit der geringsten Anzahl von Sendern aus, die alle 50 Bundesstaaten abdecken.

Das Problem dabei ist, dass es sehr lange dauert, alle möglichen Teilmengen zu berechnen. Die Laufzeit beträgt $O(2^n)$, denn es gibt 2^n Teilmengen. Wenn es sich um eine kleine Menge mit vielleicht 5 oder 10 Elementen handelt, ist das machbar. Aber überlegen wir doch einmal, was geschieht, wenn die Menge – wie im Beispiel – sehr viele Elemente enthält. Wenn es viele Radiosender gibt, dauert die Berechnung sehr viel länger. Nehmen wir an, du kannst pro Sekunde 10 Teilmengen berechnen.

Es gibt keinen Algorithmus, der dafür schnell genug ist! Was also tun?

ANZAHL DER SENDER	ERFORDERLICHE ZEIT
5	3,2 Sek.
10	102,4 Sek.
32	13,6 Jahre
100	4×10^{21} Jahre

8.3.1 Approximationsalgorithmen

Glücklicherweise gibt es ja Greedy-Algorithmen! Der folgende Greedy-Algorithmus kommt der Lösung schon ziemlich nahe:

1. Wähle den Radiosender aus, der die meisten der Bundesstaaten erreicht, die bislang noch nicht abgedeckt sind. Wenn dieser Sender auch Bundesstaaten abdeckt, die schon erreicht werden, ist das unproblematisch.
2. Wiederhole diese Auswahl, bis alle Bundesstaaten abgedeckt sind.

Hierbei handelt es sich um einen *Approximationsalgorithmus* (oder *Näherungsalgorithmus*). Wenn die Berechnung der exakten Lösung zu viel Zeit in Anspruch nimmt, greift man auf einen Approximationsalgorithmus zurück. Für die Bewertung von Approximationsalgorithmen gibt es folgende Kriterien:

- Wie schnell sie sind
- Wie nahe sie der optimalen Lösung kommen

Greedy-Algorithmen sind hier eine gute Wahl, denn sie sind nicht nur leicht zu finden, sondern aufgrund ihrer Einfachheit für gewöhnlich auch schnell. In diesem Fall benötigt der Greedy-Algorithmus die Laufzeit $O(n^2)$, wobei n die Anzahl der Radiosender angibt.

Nun sehen wir uns diese Aufgabenstellung als Code an.

Code zur Vorbereitung

Für dieses Beispiel werde ich der Einfachheit halber Teilmengen der Bundesstaaten und der Radiosender verwenden.

Zunächst einmal erstellen wir eine Liste der Bundesstaaten, die abgedeckt werden sollen:

```
states_needed = set(["mt", "wa", "or", "id", "nv",
"ut", "ca", "az"]) ❶
```

❶ Du übergibst ein Array, das in eine Menge umgewandelt wird.

Ich habe hier eine Menge (`set`) verwendet. Eine Menge ähnelt einer Liste, allerdings darf jedes Element in einer Menge nur ein Mal vorhandenen sein. *In einer Menge gibt es keine doppelt vorhandenen Elemente.* Betrachte beispielsweise die folgende Liste:

```
>>> arr = [1, 2, 2, 3, 3, 3]
```

Nun wird die Liste in eine Menge umgewandelt:

```
>>> set(arr)
set([1, 2, 3])
```

In einer Menge sind 1, 2 und 3 jeweils nur ein Mal vorhanden.

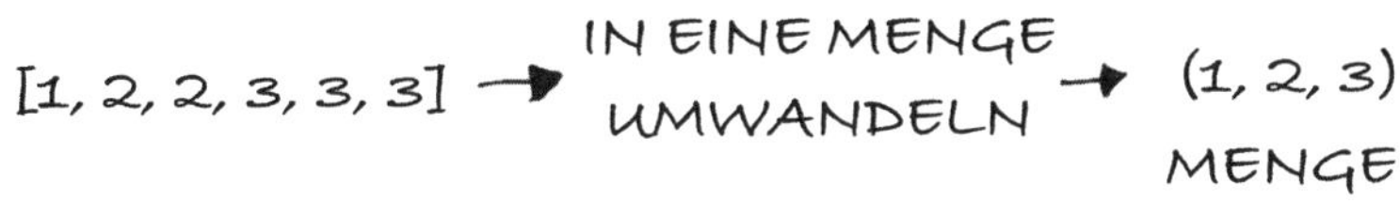

Wir benötigen außerdem eine Liste der zur Auswahl stehenden Sender. Ich verwende dafür eine Hashtabelle:

```
stations = {}
stations["reins"] = set(["id", "nv", "ut"])
stations["rzwei"] = set(["wa", "id", "mt"])
stations["rdrei"] = set(["or", "nv", "ca"])
stations["rvier"] = set(["nv", "ut"])
stations["rfünf"] = set(["ca", "az"])
```

Die Schlüssel sind die Namen der Sender und die Werte die Kürzel der Bundesstaaten, die sie abdecken. In diesem Beispiel deckt der Sender `reins` also die Bundesstaaten Idaho, Nevada und Utah ab. Alle diese Werte sind als Mengen gespeichert. Dadurch werden viele Aufgaben vereinfacht, wie du bald sehen wirst.

Wir benötigen außerdem noch eine Menge zum Speichern der endgültigen Senderauswahl:

```
final_stations = set()
```

Berechnung der Lösung

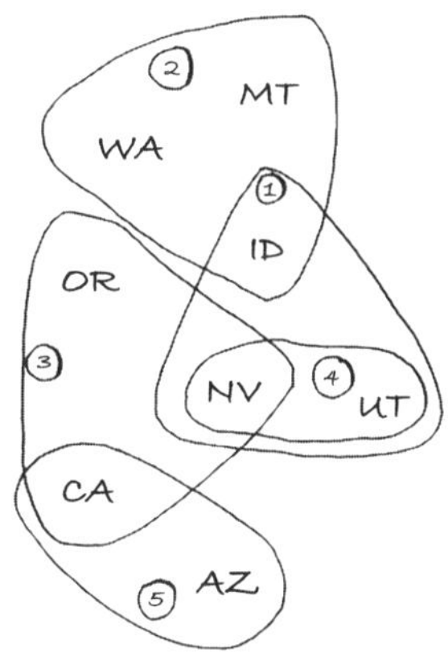

Nun berechnen wir, welche Sender verwendet werden sollen. Wirf einen Blick auf die Abbildung und versuche vorherzusagen, welche Sender ausgewählt werden sollten.

Es kann durchaus mehrere richtige Lösungen geben. Du musst die einzelnen Sender überprüfen und denjenigen auswählen, der die meisten noch nicht abgedeckten Bundesstaaten erreicht. Ich verwende dafür die Bezeichnung `best_station`:

```
best_station = None
states_covered = set()
for station, states_for_station in stations.items():
```

`states_covered` ist die Menge der noch nicht abgedeckten Bundesstaaten, die ein Sender erreicht. Die `for`-Schleife durchläuft alle Sender, um den besten zu ermitteln. Betrachte den Inhalt der `for`-Schleife:

```
covered = states_needed & states_for_station ❶
if len(covered) > len(states_covered):
  best_station = station
  states_covered = covered
```

❶ Neue Syntax! Hierbei handelt es sich um die Bildung der Schnittmenge.

Die `for`-Schleife enthält eine merkwürdig aussehende Zeile:

```
covered = states_needed & states_for_station
```

Was ist hier los?

Mengen

Betrachte eine Menge verschiedener Obstsorten.

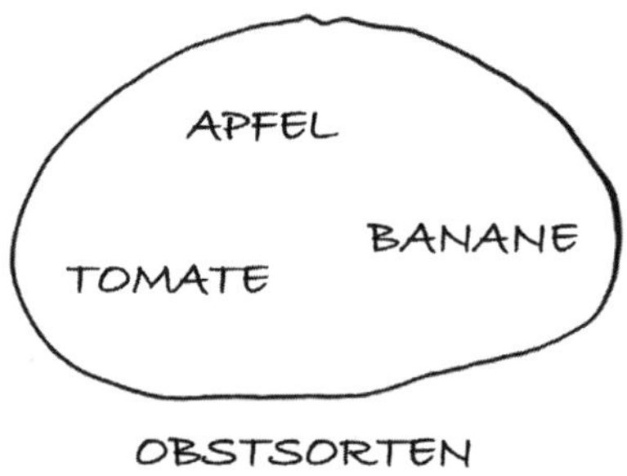

Eine weitere Menge enthält verschiedene Gemüsesorten.

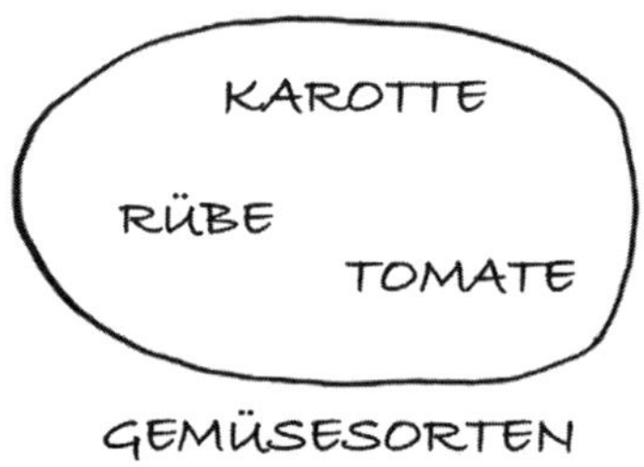

Mit zwei Mengen lassen sich ein paar interessante Dinge anstellen, wie die Abbildung zeigt.

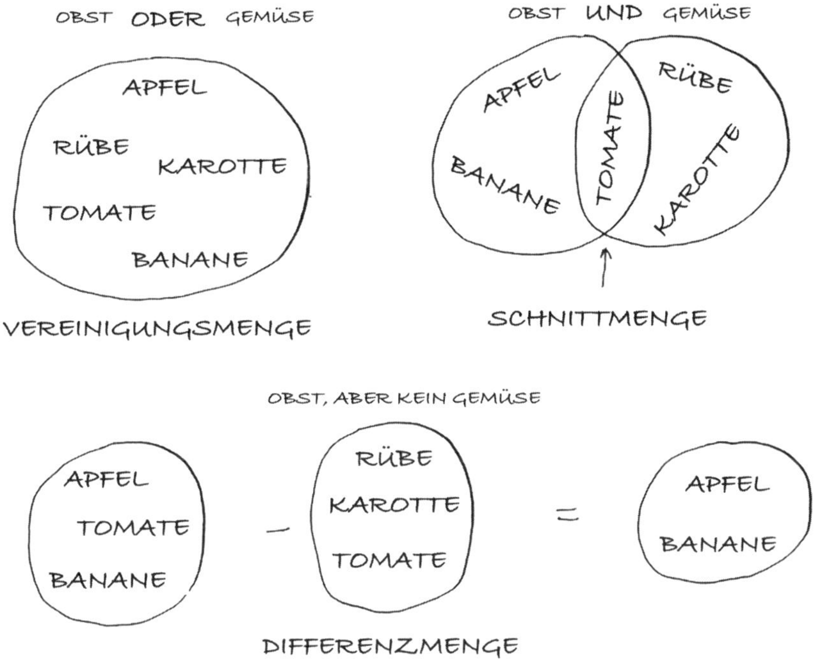

- Die Vereinigungsmenge bedeutet: »Fasse alle Elemente beider Mengen zusammen.«.
- Die Schnittmenge bedeutet: »Finde die Elemente, die in beiden Mengen vorhanden sind.«.
- Die Differenzmenge bedeutet: »Entferne die Elemente der einen Menge aus der anderen Menge.«.

Ein Beispiel:

```
>>> obst = set(["Apfel", "Tomate", "Banane"])
>>> gemüse = set(["Rübe", "Karotte", "Tomate"])
>>> obst | gemüse ❶
set(["Apfel", "Rübe", "Karotte", "Tomate", "Banane"])
>>> obst & gemüse ❷
set(["Tomate"])
>>> obst - gemüse ❸
set(["Apfel", "Banane"])
>>> gemüse - obst ❹
```

❶ Das ist eine Schnittmenge.

❷ Das ist eine Vereinigungsmenge.

❸ Das ist eine Differenzmenge.

❹ Was ergibt sich hierfür?

Zusammengefasst bedeutet dies Folgendes:

- Mengen ähneln Listen, dürfen aber keine Elemente doppelt enthalten.
- Mit Mengen kannst du eine Reihe interessanter Operationen ausführen, wie das Bilden der Vereinigungsmenge, der Schnittmenge oder der Differenzmenge.

Zurück zum Code

Wenden wir uns wieder dem ursprünglichen Beispiel zu.

Das ist eine Schnittmenge:

```
covered = states_needed & states_for_
station
```

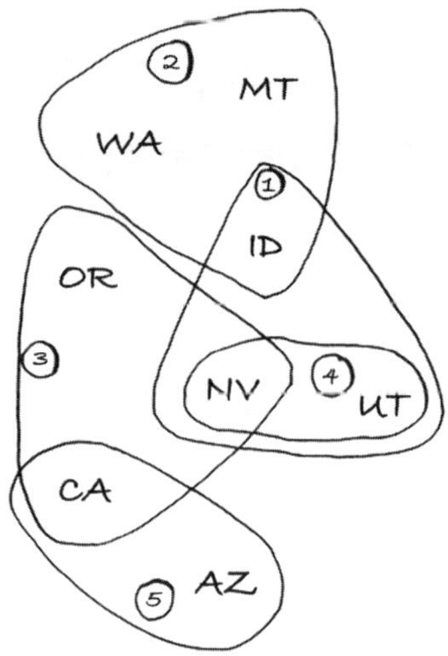

covered ist die Menge der Bundesstaaten, die sowohl in states_needed als auch in states_for_station enthalten sind. covered ist also die Menge der noch nicht abgedeckten Bundesstaaten, die dieser Sender abdeckt! Als Nächstes wird überprüft, ob der Sender mehr Bundesstaaten abdeckt als der aktuelle beste Sender:

```
if len(covered) > len(states_covered):
  best_station = station
  states_covered = covered
```

Wenn das der Fall ist, wird dieser Sender best_station zugewiesen. Nachdem die for-Schleife beendet ist, fügst du best_station der endgültigen Liste der Sender hinzu:

```
final_stations.add(best_station)
```

states_needed muss ebenfalls aktualisiert werden, denn dieser Sender deckt einige weitere Bundesstaaten ab, die jetzt nicht mehr benötigt werden:

```
states_needed -= states_covered
```

Die Schleife wird durchlaufen, bis states_needed leer ist. Hier der vollständige Code der Schleife:

```
while states_needed:
  best_station = None
  states_covered = set()
  for station, states in stations.items():
    covered = states_needed & states
    if len(covered) > len(states_covered):
      best_station = station
      states_covered = covered

  states_needed -= states_covered
  final_stations.add(best_station)
```

Zum Abschluss kannst du dir `final_stations` anzeigen lassen:

```
>>> print final_stations
set(['rzwei', 'rdrei', 'reins', 'rfünf'])
```

Hast du das erwartet? Anstelle der Sender 1, 2, 3 und 5 hättest du auch die Sender 2, 3, 4 und 5 auswählen können. Vergleichen wir doch einmal die Laufzeit des Greedy-Algorithmus mit dem exakten Algorithmus.

	$O(2^n)$	$O(n^2)$
ANZAHL DER SENDER	EXAKTER ALGORITHMUS	GREEDY-ALGORITHMUS
5	3,2 Sek.	2,5 Sek.
10	102,4 Sek.	10 Sek.
32	13,6 JAHRE	102,4 Sek.
100	4×10^{21} JAHRE	16,67 Min.

Übungen

Handelt es sich um einen Greedy-Algorithmus oder nicht?

8.3 Quicksort

8.4 Breitensuche

8.5 Dijkstra-Algorithmus

8.4 NP-vollständige Probleme

Zur Lösung des Mengenüberdeckungsproblems musstest du alle möglichen Teilmengen berechnen.

Vielleicht hat dich das an das Problem des Handlungsreisenden aus Kapitel 1 erinnert. Bei dieser Problemstellung muss ein Handelsreisender fünf verschiedene Städte aufsuchen.

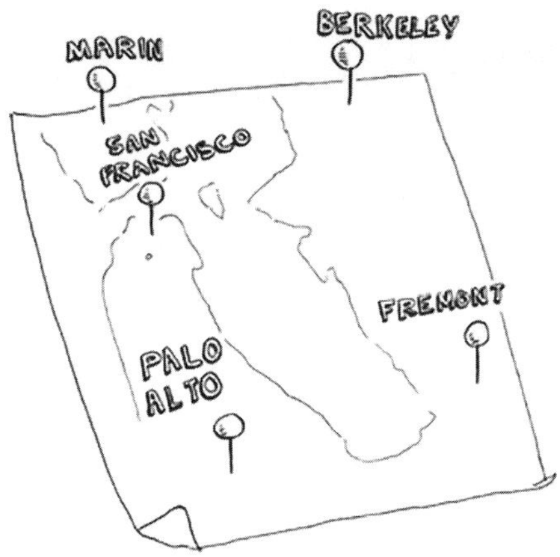

Er versucht die kürzeste Route zu finden, die alle fünf Städte miteinander verbindet. Zu diesem Zweck müssen zunächst alle Routen berechnet werden, die überhaupt möglich sind.

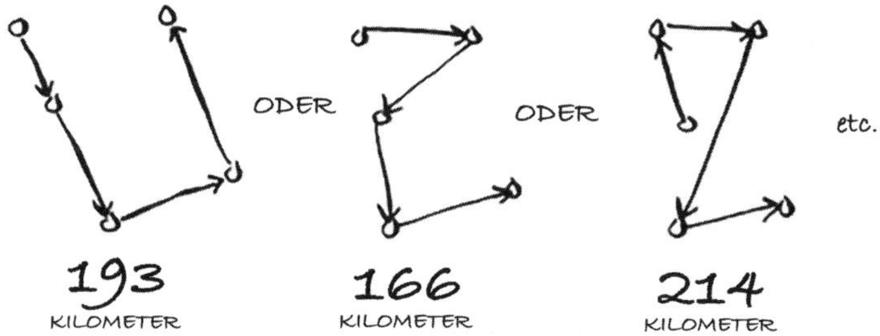

Wie viele Routen musst du für fünf Städte berechnen?

8.5 Das Problem des Handlungsreisenden – Schritt für Schritt

Fangen wir klein an, also mit nur zwei Städten. In diesem Fall stehen zwei Routen zur Auswahl.

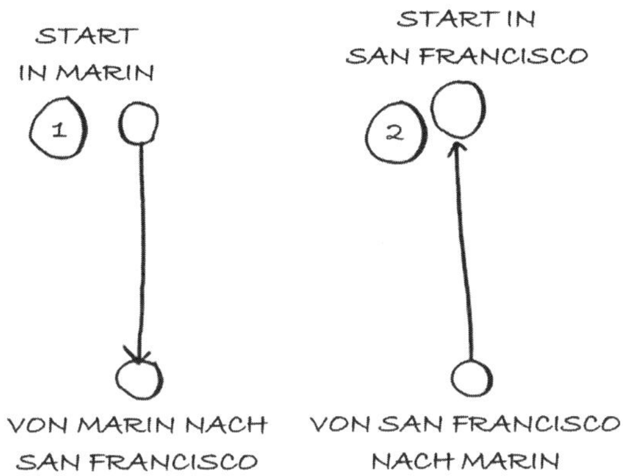

Unterschiedliche Routen

Du denkst vielleicht, dass es sich hier um ein und dieselbe Route handelt. Ist denn San Francisco von Marin nicht genauso weit entfernt wie Marin von San Francisco? Nicht unbedingt. In manchen Städten (wie z. B. San Francisco) gibt es sehr viele Einbahnstraßen, deshalb kannst du auf dem Rückweg nicht dieselbe Route nehmen wie auf der Hinfahrt. Unter Umständen musst du auch noch einen Umweg von einigen Kilometern in Kauf nehmen, um eine Auffahrt zur Schnellstraße zu finden. Die beiden Routen sind also nicht notwendigerweise identisch.

Vielleicht fragst du dich: »Muss man beim Problem des Handlungsreisenden in einer bestimmten Stadt starten?«. Nehmen wir beispielsweise an, dass ich der Handlungsreisende bin. Ich wohne in San Francisco und muss vier weitere Städte aufsuchen. Mein Startort wäre also San Francisco.

Aber in manchen Fällen ist der Startort gar nicht festgelegt. Denke beispielsweise an das Unternehmen FedEx, das versucht, ein Paket im Großraum um die Bucht von San Francisco auszuliefern. Das Paket wird von Chicago aus per Flugzeug zu einer der 50 FedEx-Niederlassungen im Großraum San Francisco transportiert. Das Paket wird dann auf einen LKW umgeladen, der verschiedene Orte anfährt, um Pakete zuzustellen. Zu welchem Ort soll das Paket geflogen werden? Der Startort ist in diesem Fall unbekannt. Du musst dich selbst darum kümmern, den optimalen Pfad und Startort für den Handlungsreisenden zu berechnen.

Beide Versionen benötigen dieselbe Laufzeit. Aber das Beispiel ist einfacher, wenn der Startort nicht festgelegt ist, deshalb bleibe ich bei dieser Version.

Zwei Städte = zwei mögliche Routen.

Drei Städte

Fügen wir eine weitere Stadt hinzu. Wie viele Routen sind jetzt möglich?

Wenn du in Berkeley startest, musst du zwei weitere Städte aufsuchen.

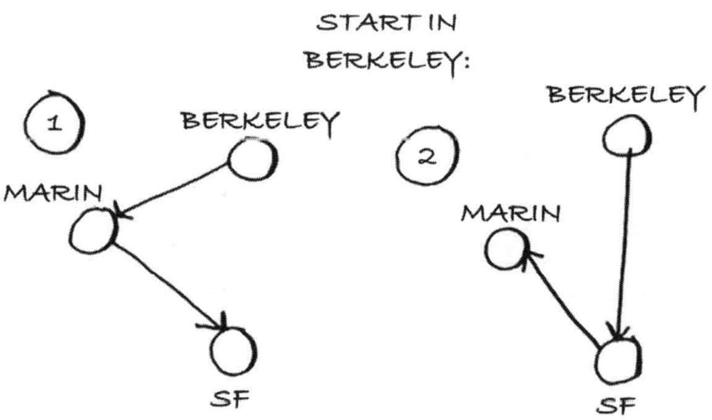

Es gibt insgesamt sechs Routen, nämlich jeweils zwei für jeden Startort.

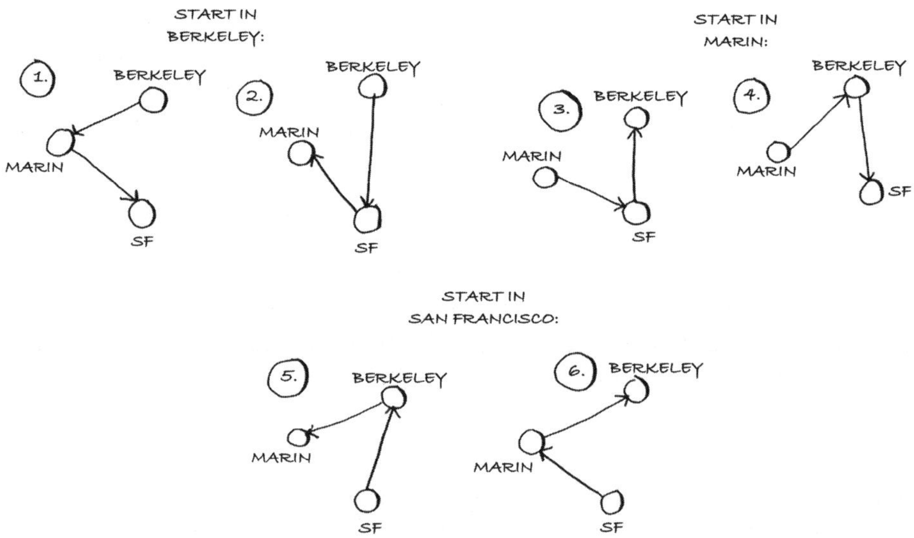

Also drei Städte = sechs mögliche Routen.

Vier Städte

Wir fügen eine weitere Stadt hinzu, nämlich Fremont. Von dort aus starten wir auch.

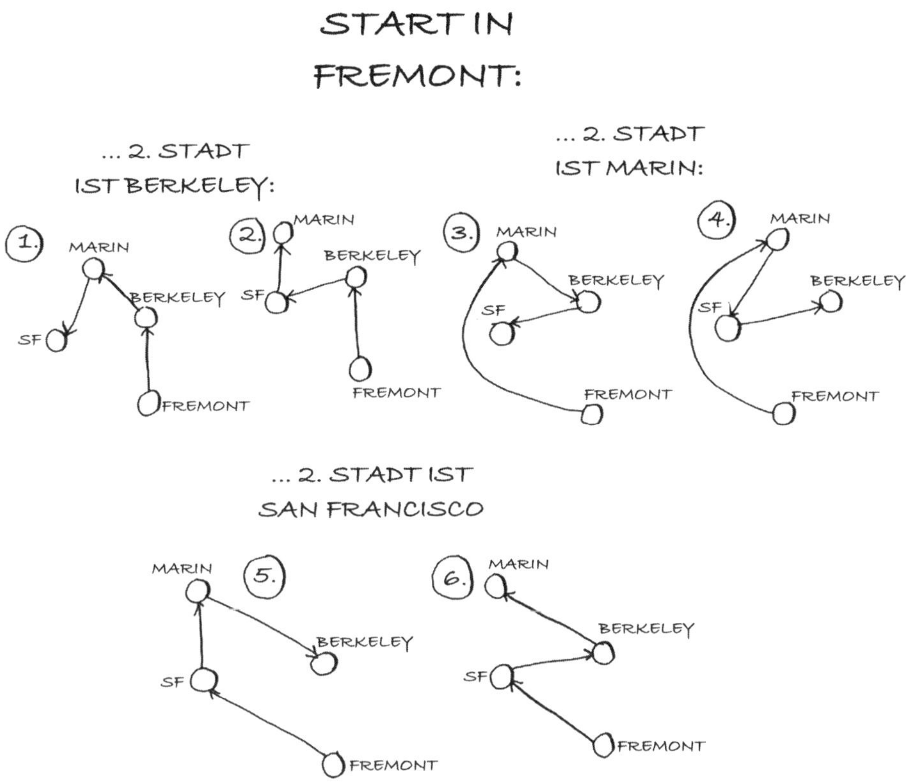

Für den Startort Fremont sind sechs Routen möglich. Und siehe da: Sie haben große Ähnlichkeit mit den sechs Routen, die wir vorher berechnet haben, als es nur drei Städte gab. Jetzt ist aber bei allen Routen eine weitere Stadt hinzugekommen, Fremont! Hier gibt es ein Muster. Betrachte vier Städte und wähle als Startort Fremont. Es verbleiben noch drei Städte. Und du weißt, dass es bei drei Städten sechs verschiedene Routen gibt. Wenn du in Fremont startest, gibt es also sechs mögliche Routen, aber du könntest ja auch in einer der anderen Städte starten.

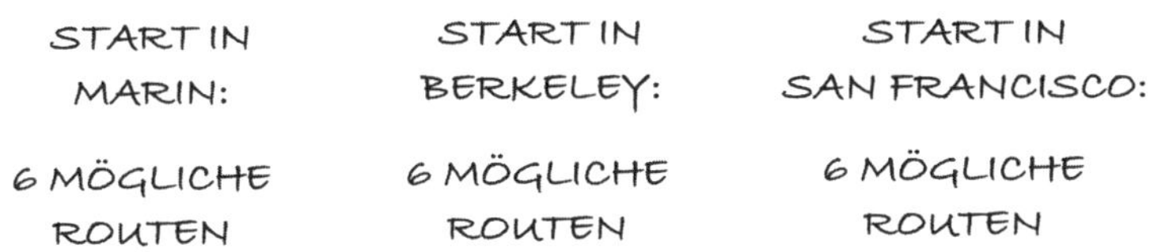

Vier möglich Startorte mit jeweils sechs möglichen Routen, also 4 × 6 = 24 mögliche Routen.

Erkennst du das Muster? Bei jedem Hinzufügen einer weiteren Stadt erhöht sich die Anzahl der Routen, die du berechnen musst.

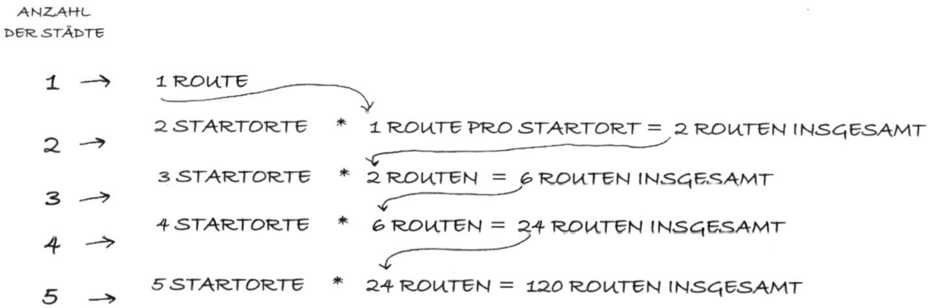

Wie viele Routen gibt es bei sechs Städten? Wenn du auf 720 getippt hast, liegst du richtig. 5.040 für sieben Städte, 40.320 für acht Städte.

Es handelt sich hierbei um die *Fakultätsfunktion*, die dir aus Kapitel 3 bekannt ist. Also ist 5! = 120. Nehmen wir nun an, dass 10 Städte aufgesucht werden müssen. 10! = 3.628.800. Bei 10 Städten musst du also mehr als *3 Millionen* mögliche Routen berechnen. Wie du siehst, wird die Anzahl der möglichen Routen sehr schnell riesengroß! Aus diesem Grund ist es unmöglich, die exakte Lösung für das Problem des Handlungsreisenden zu berechnen, wenn eine große Anzahl an Städten zugrunde gelegt wird.

Das Problem des Handlungsreisenden und das Mengenüberdeckungsproblem haben etwas gemeinsam: Sie berechnen alle möglichen Lösungen und wählen dann die kleinste/kürzeste aus. Die beiden Probleme sind *NP-vollständig*. NP ist eine *Komplexitätsklasse*.

Hier eine kurze Erklärung der NP-Vollständigkeit: Manche dieser Probleme sind dafür bekannt, besonders schwer lösbar zu sein. Das Problem des Handlungsreisenden und das Mengenüberdeckungsproblem sind zwei Beispiele. Viele kluge Köpfe sind der Meinung, dass es nicht möglich ist, einen Algorithmus zu entwickeln, der diese Aufgaben schnell lösen kann.

Approximation

Welcher Approximationsalgorithmus ist für das Problem des Handlungsreisenden gut geeignet? Eine einfache Methode, die einen kurzen Pfad finden kann. Versuche, eine Lösung zu finden, bevor du weiterliest.

Ich würde es folgendermaßen machen: Wähle zufällig einen Startort aus. Jedes Mal, wenn der Handlungsreisende die nächste Stadt auswählen muss, entscheidet er sich für die nahegelegenste Stadt, die er noch nicht aufgesucht hat. Nehmen wir an, er startet in Marin. Dann ergibt sich eine Gesamtstrecke von 114 Kilometern. Das ist vielleicht nicht die kürzeste Route, aber doch ein ziemlich guter Wert.

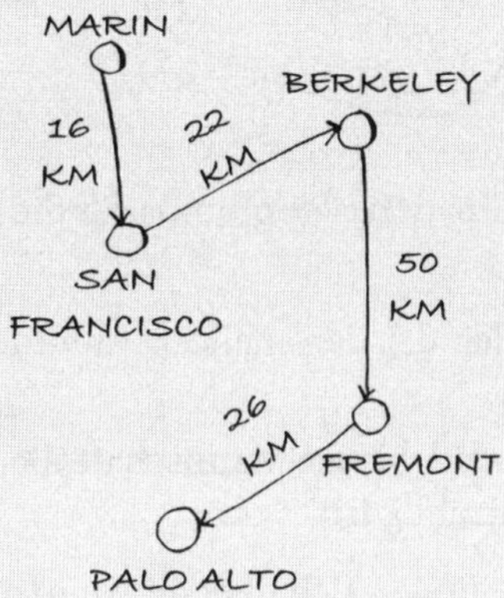

8.5.1 Wie lassen sich NP-vollständige Probleme erkennen?

Jonah wählt die Spieler für seine imaginäre Fußballmannschaft aus. Er hat eine Liste mit Anforderungen zusammengestellt: einen guten Mittelstürmer, einen guten Verteidiger, Spieler, die auch mit Regen zurechtkommen oder unter Druck einen kühlen Kopf behalten und so weiter. Er erstellt eine Liste der Spieler, in der aufgeführt ist, welchen Anforderungen die verschiedenen Spieler genügen.

SPIELER	ANFORDERUNGEN
MAX MUSTER	STURM
TOM MEIER	VERTEIDIGUNG GUT UNTER DRUCK
BEN MÜLLER	TORWART GUT UNTER DRUCK
...	...

Jonah möchte eine Mannschaft aufstellen, die alle Anforderungen erfüllt, doch die Anzahl der Spieler ist beschränkt. Dann fällt ihm auf: »Moment mal, das ist ja ein Mengenüberdeckungsproblem!«.

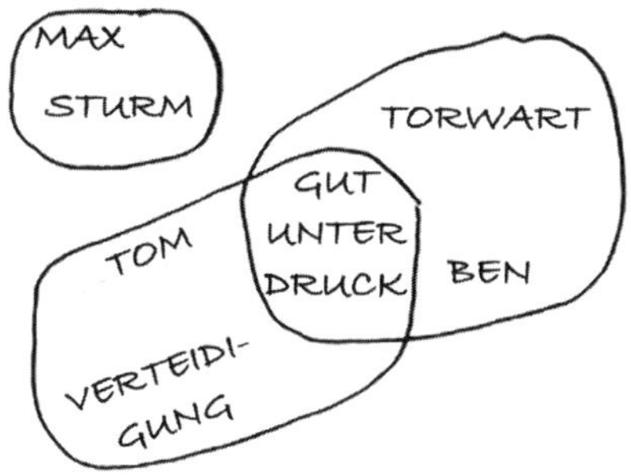

Jonah kann einen Approximationsalgorithmus für die Mannschaftsaufstellung verwenden:

1. Suche nach dem Spieler, der den meisten Anforderungen genügt, die bislang noch nicht erfüllt sind.
2. Wiederhole diese Auswahl, bis die Mannschaft alle Anforderungen erfüllt (oder bis die Mannschaft vollzählig ist).

NP-vollständige Probleme finden sich überall! Wenn du weißt, ob eine vorliegende Aufgabe NP-vollständig ist, kannst du aufhören, nach einer exakten Lösung zu suchen und die Aufgabe stattdessen mit einem Approximationsalgorithmus lösen. Es ist allerdings nicht ganz einfach zu erkennen, ob eine Aufgabenstellung NP-vollständig ist. Für gewöhnlich unterscheiden sich leicht lösbare und NP-vollständige Aufgabenstellungen nur geringfügig. In den vorangegangenen Kapiteln habe ich beispielsweise des Öfteren kürzeste Pfade erwähnt. Du weißt ja schon, wie sich der kürzeste Pfad von Punkt A nach Punkt B berechnen lässt.

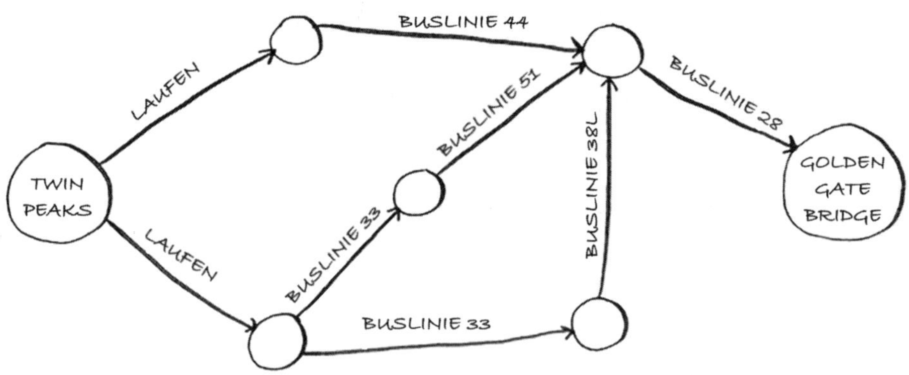

Wenn du jedoch den kürzesten Pfad suchst, der mehrere Punkte miteinander verbindet, dann handelt es sich um das Problem des Handlungsreisenden, das NP-vollständig ist. Die kurze Antwort auf die in der Überschrift gestellte Frage lautet also: Es gibt keine einfache Möglichkeit festzustellen, ob eine gegebene Aufgabenstellung NP-vollständig ist. Es gibt jedoch verschiedene Anzeichen, die darauf hindeuten können:

- Dein Algorithmus ist schnell, wenn es nur eine Handvoll Elemente gibt, wird aber sehr langsam, wenn die Anzahl der Elemente steigt.
- »Alle Kombinationen von X« ist für gewöhnlich ein Hinweis auf ein NP-vollständiges Problem.
- Musst Du »alle möglichen Versionen« von X berechnen, weil du die Aufgabe nicht in einfachere Teilaufgaben zerlegen kannst? Dann handelt es sich womöglich um ein NP-vollständiges Problem.
- Wenn in der Aufgabenstellung eine Sequenz oder Folge auftritt (wie beispielsweise die Städte beim Problem des Handlungsreisenden) und sie schwer lösbar ist, könnte sie NP-vollständig sein.
- Wenn in der Aufgabenstellung eine Menge auftritt (wie die Radiosender im Beispiel) und sie schwer lösbar ist, könnte sie NP-vollständig sein.
- Kannst du die Aufgabenstellung so umformulieren, dass sie dem Mengenüberdeckungsproblem oder dem Problem des Handelsreisenden entspricht? Dann handelt es sich eindeutig um ein NP-vollständiges Problem.

Übungen

8.6 Ein Postbote ist für 20 Häuser zuständig. Er möchte die kürzeste Route herausfinden, die alle 20 Häuser umfasst. Handelt es sich hierbei um ein NP-vollständiges Problem?

8.7 Handelt es sich um ein NP-vollständiges Problem, wenn man nach der größten Clique in einer Menge von Personen sucht? (Eine *Clique* ist eine Gruppe von Personen, die alle miteinander bekannt sind.)

8.8 Du erstellst eine Landkarte der USA, bei der Bundesstaaten mit gemeinsamer Grenze unterschiedlich gefärbt sein sollen. Du musst herausfinden, wie viele verschiedene Farben mindestens erforderlich sind, damit keine zwei aneinandergrenzenden Bundesstaaten dieselbe Farbe besitzen. Handelt es sich hierbei um ein NP-vollständiges Problem?

8.6 Zusammenfassung

- Greedy-Algorithmen optimieren lokal und versuchen auf diese Weise, ein globales Optimum zu erzielen.
- Für NP-vollständige Probleme sind keine schnellen Lösungen bekannt.
- Wenn du ein NP-vollständiges Problem lösen musst, ist ein Approximationsalgorithmus die beste Wahl.
- Greedy-Algorithmen sind einfach zu schreiben und arbeiten schnell, deshalb sind sie gut als Approximationsalgorithmen geeignet.

Dynamische Programmierung | 9

In diesem Kapitel:

- Du lernst die dynamische Programmierung kennen, ein Verfahren, das eine schwierige Aufgabe löst, indem diese in einfachere Teilaufgaben zerlegt wird, die sich leichter lösen lassen.
- Du erfährst anhand von Beispielen, wie du neue Aufgaben durch dynamische Programmierung lösen kannst.

9.1 Das Rucksackproblem

Wir kommen an dieser Stelle zurück auf das Rucksackproblem aus Kapitel 8. Du bist ein habgieriger Dieb mit einem Rucksack, mit dem du 4 Pfund Beute transportieren kannst. Dir stehen drei Gegenstände zur Auswahl, die du im Rucksack mitnehmen kannst.

Welche Gegenstände solltest du stehlen, um eine möglichst wertvolle Beute zu machen?

9.1.1 Die einfache Lösung

Der einfachste Algorithmus ist dieser: Du probierst alle möglichen Zusammenstellungen der Gegenstände aus, um zu ermitteln, welche am wertvollsten ist.

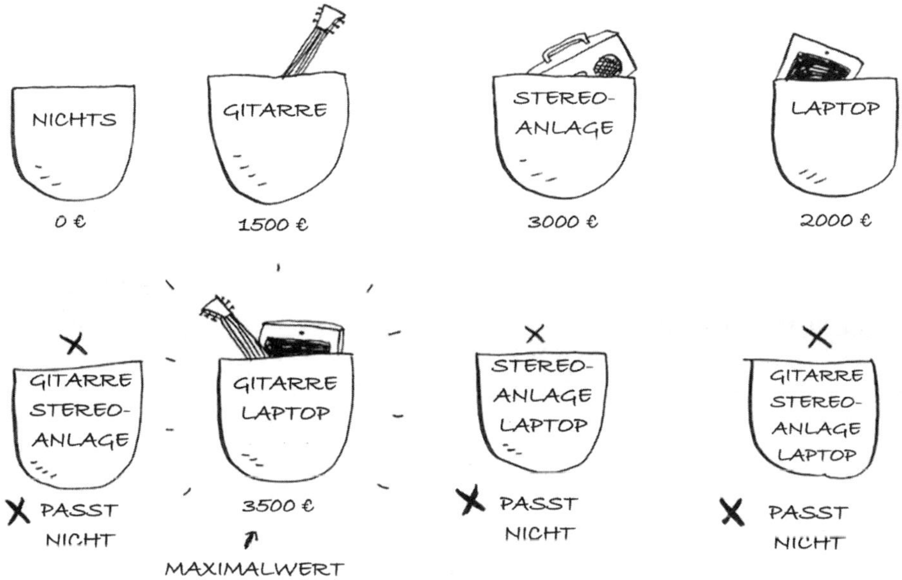

Das funktioniert zwar, ist aber auch sehr langsam. Bei 3 Gegenständen musst du 8 mögliche Mengen berechnen. Bei 4 Gegenständen sind es schon 16 Mengen. Mit jedem weiteren Gegenstand verdoppelt sich die Anzahl der Mengen, die du berechnen musst! Der Algorithmus benötigt die Laufzeit $O(2^n)$ – und das ist wirklich sehr, sehr langsam.

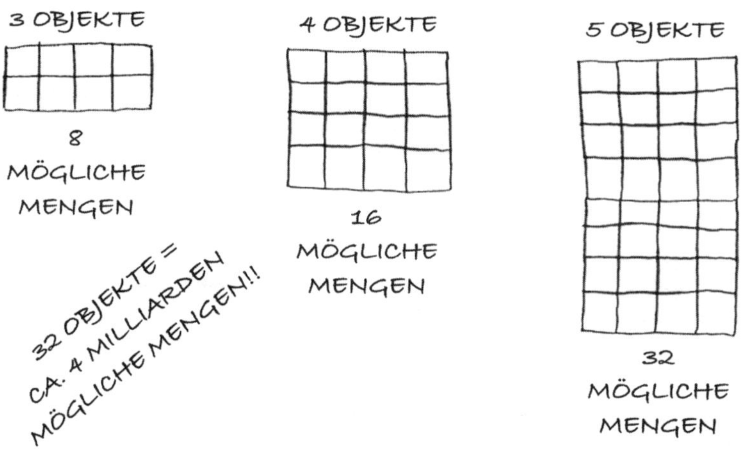

Bei einer größeren Anzahl von Gegenständen ist das praktisch nicht machbar. In Kapitel 8 hast du erfahren, wie man eine *näherungsweise* Lösung berechnet. Eine solche Lösung kommt der optimalen Lösung zwar nahe, ist aber eben doch womöglich nicht optimal.

Wie also lässt sich die optimale Lösung berechnen?

9.1.2 Dynamische Programmierung

Die Antwort lautet: Mit dynamischer Programmierung! Sehen wir uns doch einmal an, wie ein Algorithmus der dynamischen Programmierung funktioniert. Bei der dynamischen Programmierung löst man zunächst einmal Teilaufgaben, die zur Lösung der eigentlichen Hauptaufgabe beitragen.

Beim Rucksackproblem löst du die Aufgabe zunächst für kleinere Rucksäcke (oder »Teil-Rucksäcke«) und fährst damit fort, bis die ursprüngliche Aufgabe gelöst ist.

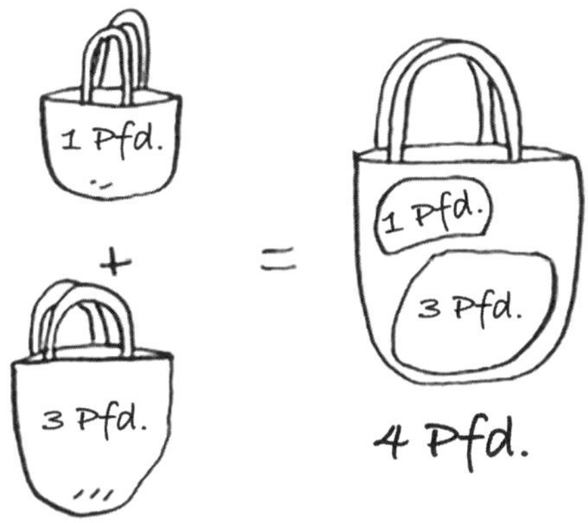

Das der dynamischen Programmierung zugrunde liegende Konzept ist nicht ganz einfach. Zerbrich dir deshalb nicht den Kopf, wenn du es nicht auf Anhieb verstehst. Wir werden uns eine ganze Reihe von Beispielen ansehen.

Zunächst einmal zeige ich dir den Algorithmus in Aktion. Danach wirst du vermutlich viele Fragen haben und ich werde versuchen, sie gut verständlich zu beantworten.

Bei einem Algorithmus, der auf dynamischer Programmierung beruht, zeichnet man als Erstes ein Gitter. Beim Rucksackproblem sieht dieses Gitter so wie in der Abbildung auf Seite 194 oben aus.

Hier bilden die Gegenstände die Zeilen des Gitters und die Spalten geben das Fassungsvermögen eines Rucksacks in Pfund an. Du benötigst diese Spalten, weil damit die Werte für die Teil-Rucksäcke berechnet werden können.

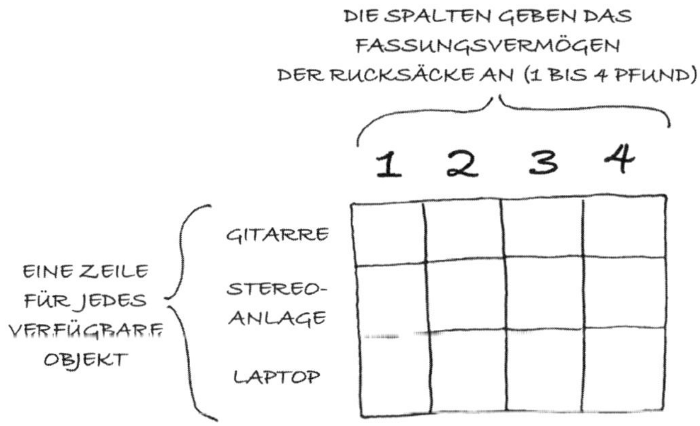

Anfangs ist das Gitter leer. Die Zellen des Gitters werden der Reihe nach ausgefüllt und wenn es vollständig gefüllt ist, hast du die Lösung dieser Aufgabe gefunden! Mach mit: Zeichne ein Gitter und fülle es aus.

Die Zeile für die Gitarre

Die genaue Vorschrift zum Ausfüllen des Gitters stelle ich später vor. Verschaffe dir zunächst einmal einen Überblick.

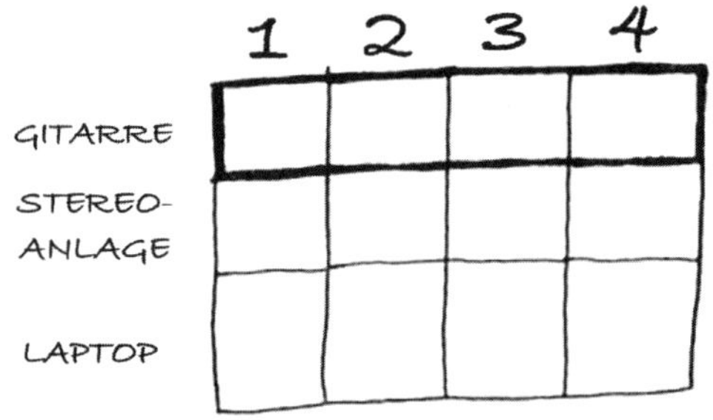

Die erste Zeile ist die *Gitarren-Zeile*. Das bedeutet, dass du versuchst, die Gitarre im Rucksack unterzubringen. Bei jeder Zelle muss eine einfache Entscheidung getroffen werden: Stiehlst du die Gitarre oder nicht? Zur Erinnerung: Du möchtest die Gegenstände so zusammenstellen, dass du den größtmöglichen Wert erbeuten kannst.

Die erste Zelle hat eine Kapazität von 1 Pfund. Die Gitarre wiegt ebenfalls 1 Pfund, sie passt also in den Rucksack. Der Wert dieser Zelle beträgt somit 1500 € und sie enthält die Gitarre.

Nun fangen wir damit an, das Gitter auszufüllen. Letztendlich soll jede Zelle des Gitters eine Liste der Gegenstände enthalten, die in den Rucksack der jeweiligen Größe passen.

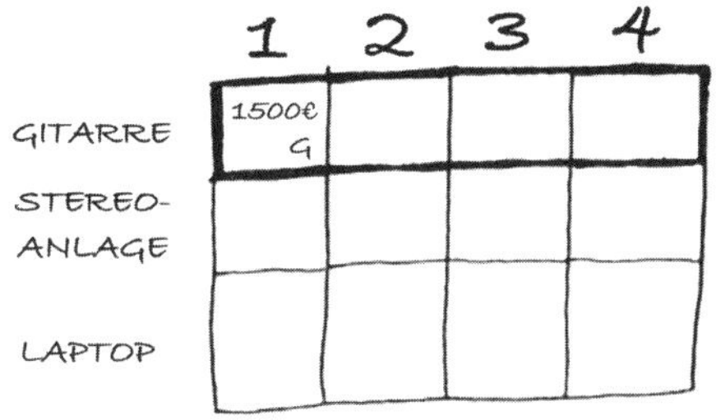

Betrachten wir die nächste Zelle. Der Rucksack kann 2 Pfund aufnehmen. Die Gitarre passt also problemlos hinein!

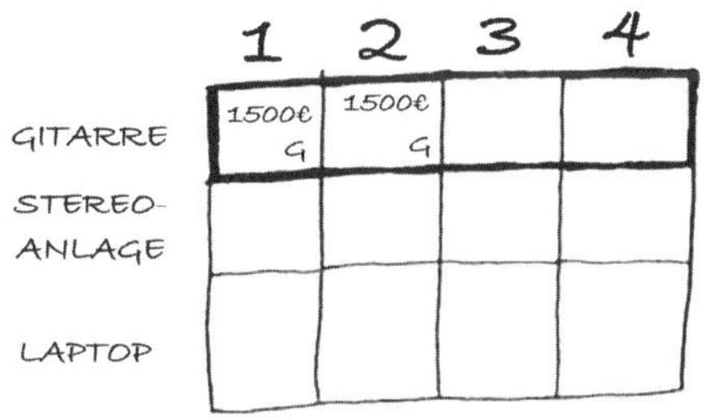

Gleiches gilt für die übrigen Zellen dieser Zeile. Da es sich hier um die erste Zeile handelt, steht *nur* die Gitarre zur Auswahl. Stell dir einfach vor, dass du die beiden anderen Gegenstände im Moment nicht stehlen kannst.

Jetzt bist du vermutlich etwas verwirrt. Warum betrachten wir Rucksäcke mit einem Fassungsvermögen von 1, 2 oder 3 Pfund, wenn in der Aufgabenstellung doch von einem Rucksack die Rede ist, der 4 Pfund aufnehmen kann? Denke daran, dass bei der dynamischen Programmierung zunächst einmal einfache Aufgaben gelöst werden, die zur Lösung der Hauptaufgabe beitragen. Du löst hier Teilaufgaben, die zur Lösung der eigentlichen Aufgabe führen. Lies weiter, das Ganze wird gleich deutlich.

Das Gitter sollte jetzt folgendermaßen aussehen:

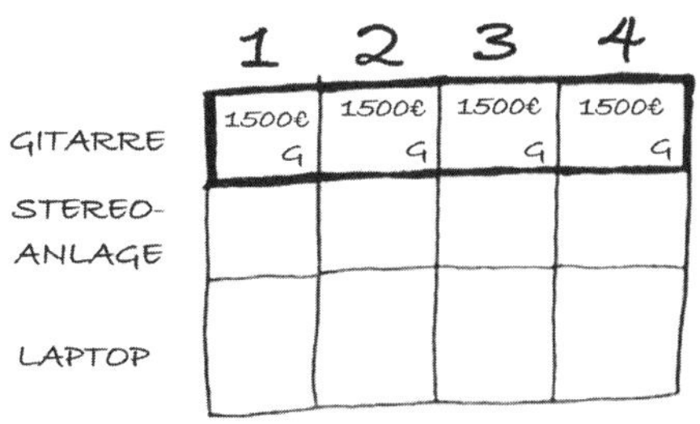

Nochmal zur Erinnerung: Du möchtest den Wert der Beute im Rucksack maximieren. *Diese Zeile stellt den bislang besten Schätzwert dieses Maximalwerts dar.* Laut dieser Zeile kannst du also Gegenstände im Wert von maximal 1500 € in einen Rucksack mit einer Kapazität von 4 Pfund packen.

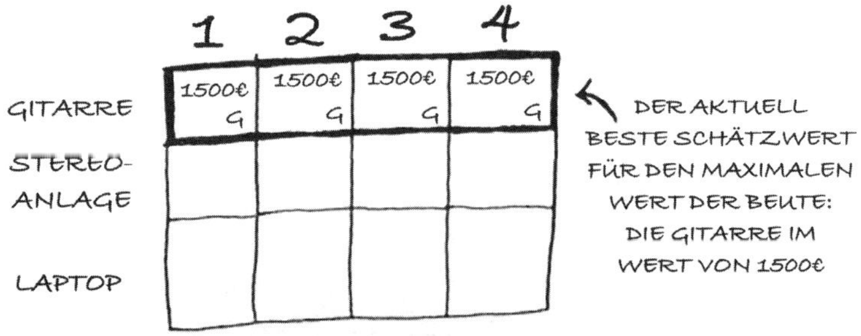

Du weißt natürlich, dass dies nicht die endgültige Lösung ist. Im weiteren Verlauf des Algorithmus wird sich der Schätzwert verbessern.

Die Zeile für die Stereoanlage

Betrachten wir die nächste Zeile, die für die Stereoanlage. Du befindest dich jetzt in der zweiten Zeile und kannst dementsprechend die Stereoanlage oder die Gitarre stehlen. Du kannst jeweils den Gegenstand der Zeile selbst oder die Gegenstände der darüber befindlichen Zeilen stehlen. Den Laptop kannst du jetzt also nicht mitnehmen, aber sehr wohl die Stereoanlage und/oder die Gitarre. Die erste Zelle steht für einen Rucksack mit einem Fassungsvermögen von 1 Pfund. Bislang beträgt der Maximalwert für einen Rucksack dieser Größe 1500 €.

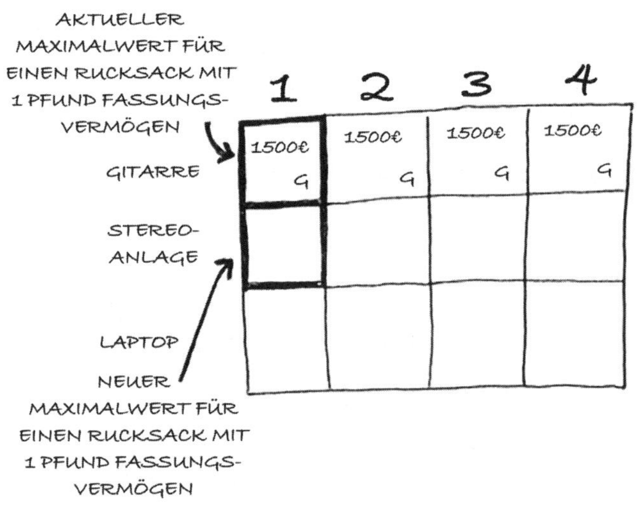

Solltest du die Stereoanlege stehlen?

Der Rucksack besitzt eine Kapazität von 1 Pfund. Passt die Stereoanlage dort hinein? Nein, sie ist zu schwer! Die Stereoanlage passt nicht in den Rucksack, deshalb *bleibt* 1500 € der Maximalwert für einen Rucksack mit einem Fassungsvermögen von 1 Pfund.

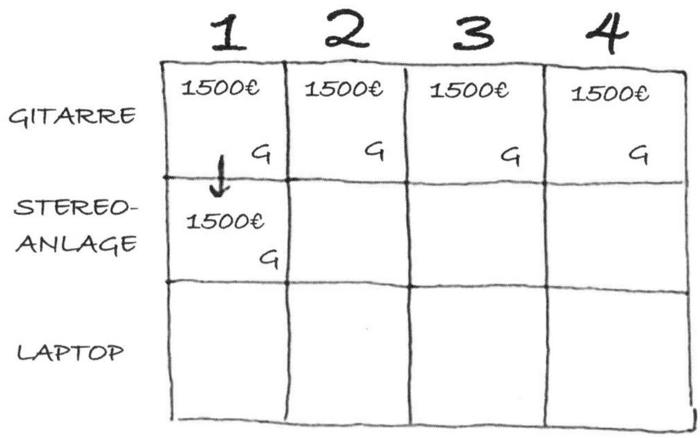

Das Gleiche trifft auch auf die beiden nächsten Zellen zu. Diese Rucksäcke können 2 bzw. 3 Pfund aufnehmen. Der alte Maximalwert für beide Rucksäcke beträgt 1500 €.

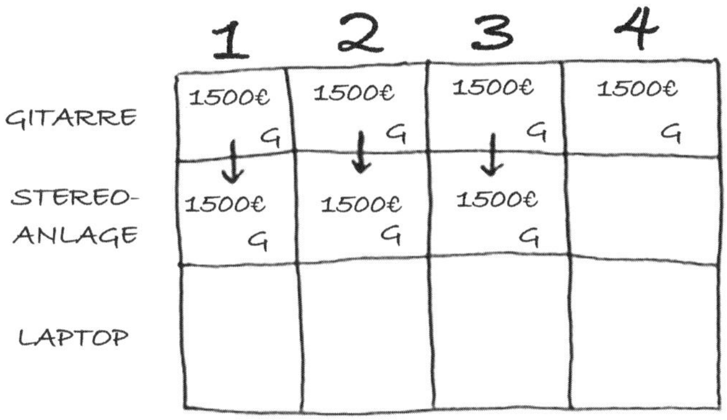

Die Stereoanlage passt immer noch nicht in einen der Rucksäcke, deshalb beträgt der Maximalwert weiterhin 1500 €.

Und wenn ein Rucksack 4 Pfund aufnehmen kann? Aha, die Stereoanlage passt endlich hinein! Der alte Maximalwert betrugt 1500 €, aber wenn du die Stereoanlage stiehlst, steigt er auf 3000 € an! Wählen wir für diesen Rucksack also die Stereoanlage aus.

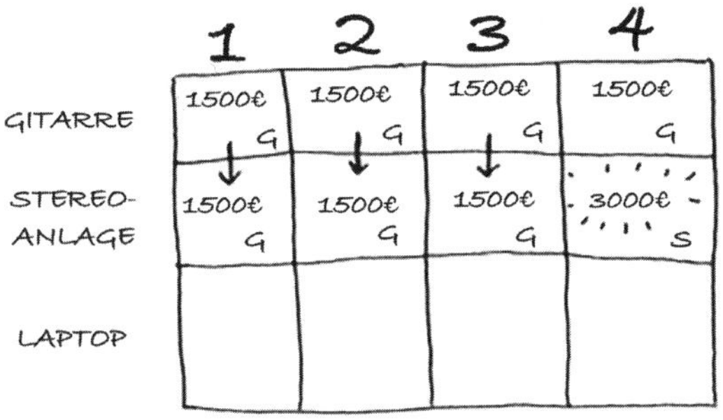

Du hast soeben den Schätzwert verbessert! Wenn der Rucksack ein Fassungsvermögen von 4 Pfund besitzt, kannst du Gegenstände im Wert von mindestens 3000 € transportieren. Im Gitter kannst du erkennen, dass der Schätzwert allmählich steigt.

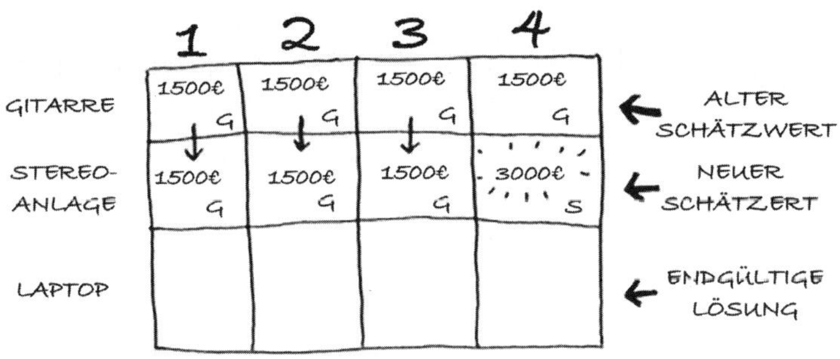

Die Zeile für den Laptop

Jetzt kommen wir zum Laptop! Der Laptop wiegt 3 Pfund und passt deshalb nicht in einen Rucksack, der nur 1 oder 2 Pfund aufnehmen kann. Der Schätzwert für die ersten zwei Zellen bleibt also bei 1500 €.

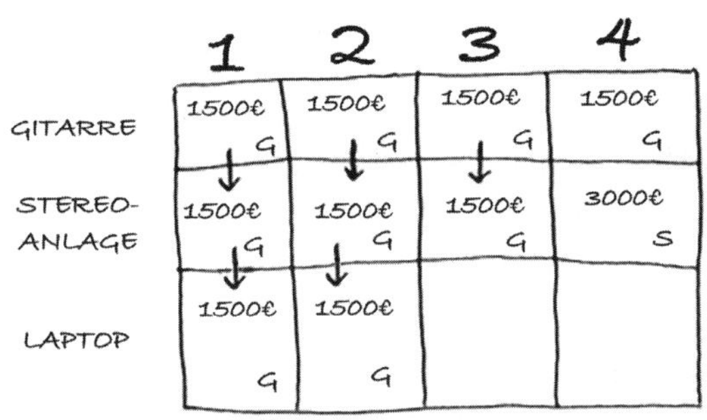

Für den Rucksack mit 3 Pfund Kapazität beträgt der alte Schätzwert 1500 €, aber jetzt kannst du den Laptop auswählen, der 2000 € wert ist. Der neue Maximalwert beträgt also 2000 €!

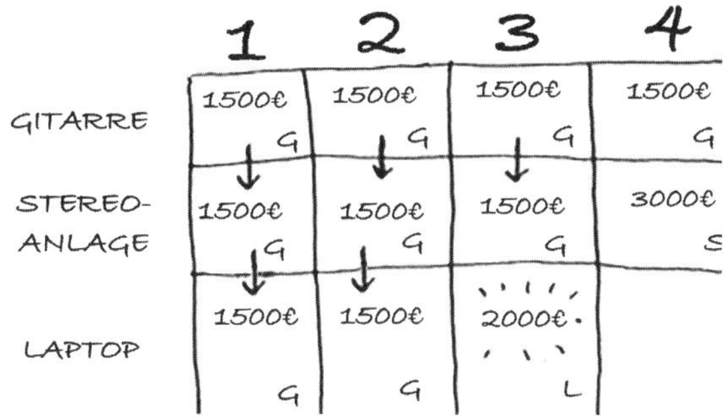

Beim Rucksack mit 4 Pfund Kapazität wird es richtig interessant. Wichtig: Der aktuelle beste Schätzwert beträgt 3000 €. Du kannst den Laptop zwar in den Rucksack packen, aber er ist nur 2000 € wert.

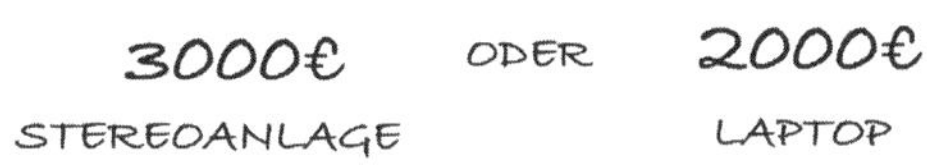

Tja, das ist weniger als der alte Schätzwert. Augenblick! Der Laptop wiegt nur 3 Pfund, du kannst also noch 1 Pfund mehr mitnehmen!

Welchen maximalen Wert kann man mit einem Fassungsvermögen von 1 Pfund transportieren? Das hast du schon berechnet.

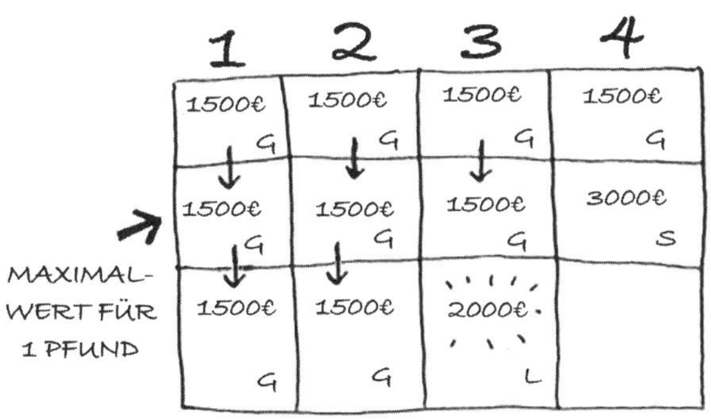

Dem höchsten Schätzwert zufolge passt die Gitarre, die einen Wert von 1500 € besitzt, zusätzlich zu dem Laptop in den Rucksack. Damit ergibt sich Folgendes:

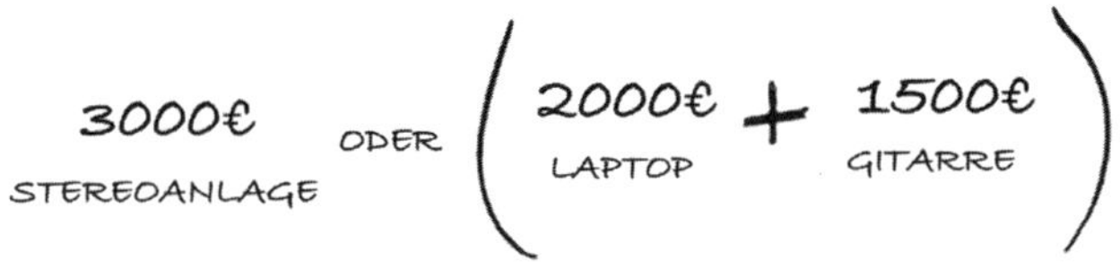

Du hast dich vielleicht gefragt, warum wir die Maximalwerte für kleinere Rucksäcke berechnet haben. Nun ergibt das Ganze hoffentlich Sinn! Wenn noch etwas Kapazität verfügbar ist, kannst du die Lösungen der Teilaufgaben verwenden, um herauszufinden, was du noch mitnehmen kannst. Es ist also besser, den Laptop und die Gitarre für zusammen 3500 € mitzunehmen.

Das fertige Gitter sieht folgendermaßen aus:

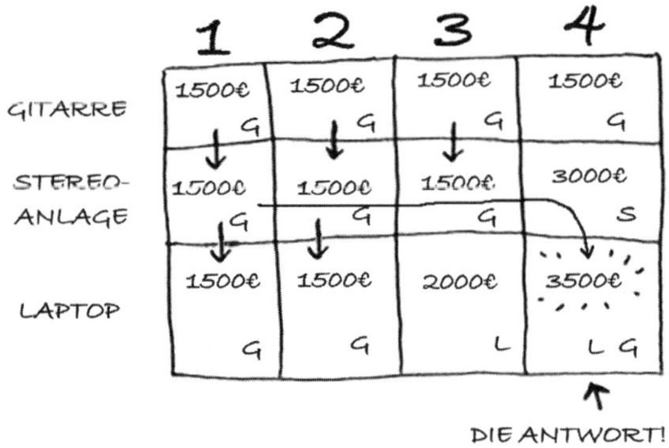

Und die Antwort lautet: Der maximale Wert der Gegenstände, die in den Rucksack passen, beträgt 3500 € (Laptop und Gitarre).

Du denkst vielleicht, dass ich zur Berechnung des Werts der letzten Zelle eine andere Vorschrift verwendet habe. Der Grund dafür ist, dass ich beim Ausfüllen der ersten Zellen einige unnötig komplizierte Dinge wegelassen habe. Die Werte aller Zellen wurden gemäß der folgenden Vorschrift berechnet:

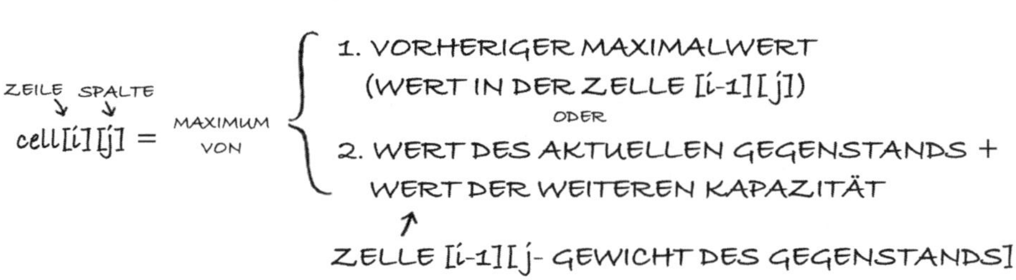

Wenn du diese Vorschrift auf die Zellen des Gitters anwendest, solltest du das gleiche Gitter erhalten wie ich. Denke an das Lösen von Teilaufgaben. Du hast hier die Lösungen der zwei Teilaufgaben verwendet, um die Hauptaufgabe zu lösen.

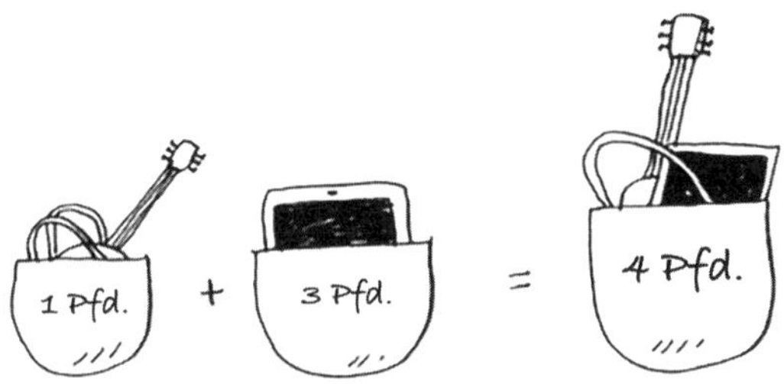

9.2 Häufig gestellte Fragen zum Rucksackproblem

Vielleicht erscheint dir das Verfahren noch immer wie Zauberei. In diesem Abschnitt werden einige gängige Fragen beantwortet.

9.2.1 Was geschieht beim Hinzufügen eines Gegenstands?

Nehmen wir an, du bemerkst plötzlich, dass es einen vierten Gegenstand gibt, den du stehlen kannst: ein iPhone!

Musst du nun alles neu berechnen, um das neue Objekt zu berücksichtigen? Nein, denn die dynamische Programmierung sorgt dafür, dass der Schätzwert kontinuierlich aktualisiert wird. Bislang waren folgende Maximalwerte gültig:

	1	2	3	4
GITARRE	1500€ G	1500€ G	1500€ G	1500€ G
STEREO-ANLAGE	1500€ G	1500€ G	1500€ G	3000€ S
LAPTOP	1500€ G	1500€ G	2000€ L	3500€ L G

Mit einem Rucksack, der 4 Pfund aufnehmen kann, kannst du Gegenstände im Wert von 3500 € stehlen. Bis jetzt dachtest du, das wäre der endgültige maximale Wert. Aber nun fügen wir eine Zeile für das iPhone hinzu.

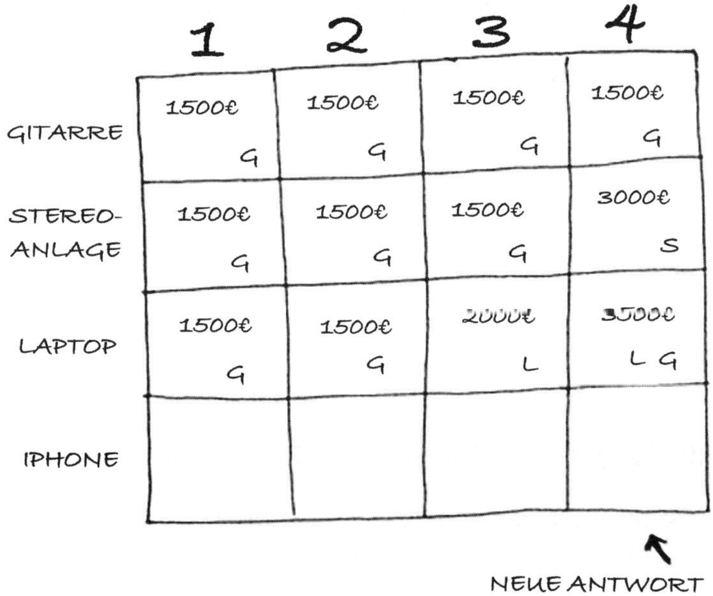

Nun wird sich zeigen, dass es einen noch besseren Wert gibt! Versuche, die neue Zeile auszufüllen, bevor du weiterliest.

Wir fangen mit der ersten Zelle an. Das iPhone passt in einen Rucksack mit einem Fassungsvermögen von 1 Pfund. Der alte Maximalwert betrug 1500 €, aber das iPhone ist 2000 € wert. Wir wählen also das iPhone aus.

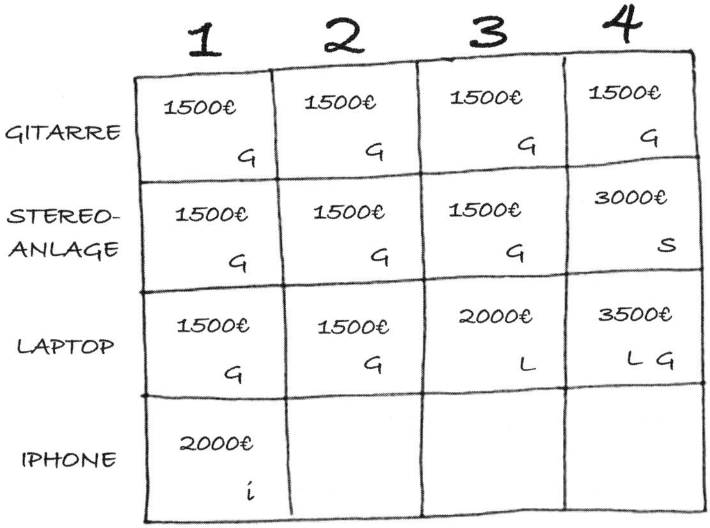

Für die nächste Zelle kannst du das iPhone *und* die Gitarre auswählen.

	1	2	3	4
GITARRE	1500€ G	1500€ G	1500€ G	1500€ G
STEREO-ANLAGE	1500€ G	1500€ G	1500€ G	3000€ S
LAPTOP	1500€ G	1500€ G	2000€ L	3500€ L G
IPHONE	2000€ i	3500€ i G		

Für die dritte Zelle ist keine bessere Möglichkeit verfügbar, wir belassen es also bei dieser Auswahl.

Bei der letzten Zelle wird es wieder interessant. Der aktuelle Maximalwert beträgt 3500 €. Aber jetzt kannst du das iPhone statt der Gitarre stehlen und hast noch Platz für weitere 3 Pfund Beute.

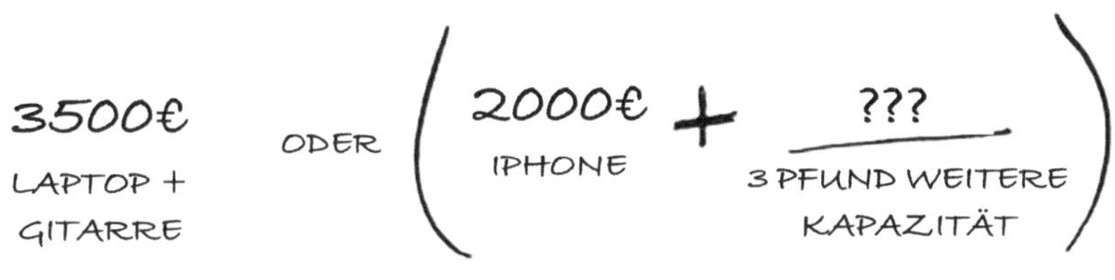

Diese 3 Pfund sind 2000 € wert! 2000 € für das iPhone und weitere 2000 € als Lösung der alten Teilaufgabe ergeben einen neuen Maximalwert: 4000 €!

Das neue Gitter sieht jetzt so aus:

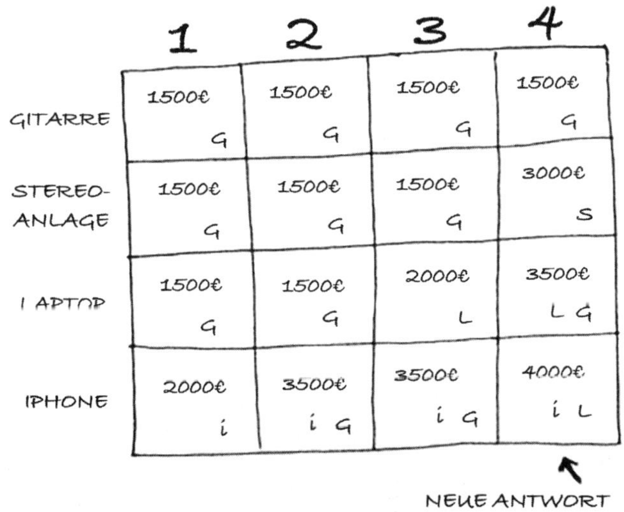

Frage: Kann der Wert einer Spalte eigentlich auch *abnehmen*? Ist das möglich?

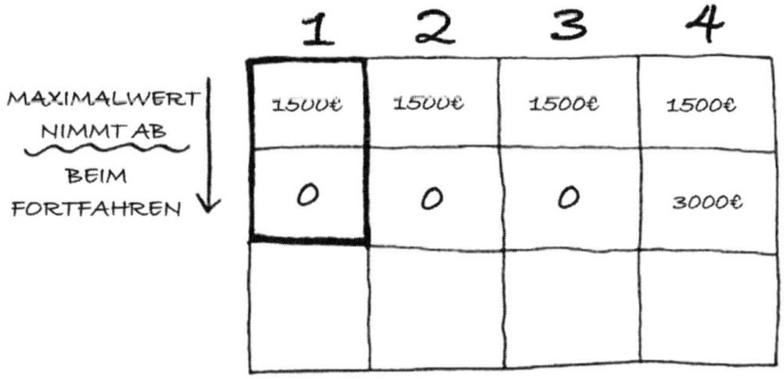

Überlege einen Moment, bevor du weiterliest.

Antwort: Nein. Du notierst jedes Mal den maximalen Schätzwert, deshalb kann der Schätzwert nicht niedriger sein als vorher.

Übung

9.1 Nehmen wir an, du könntest einen weiteren Gegenstand stehlen: einen MP3-Player. Er wiegt 1 Pfund und ist 1000 € wert. Lohnt es sich, ihn mitzunehmen?

9.2.2 Was geschieht, wenn die Reihenfolge der Zeilen geändert wird?

Ändert sich in diesem Fall das Ergebnis? Nehmen wir an, du füllst die Zeilen in folgender Reihenfolge aus: Stereoanlage, Laptop, Gitarre. Wie sieht das Gitter jetzt aus? Fülle es selbst aus, bevor du weiterliest.

Jetzt sieht das Gitter so aus:

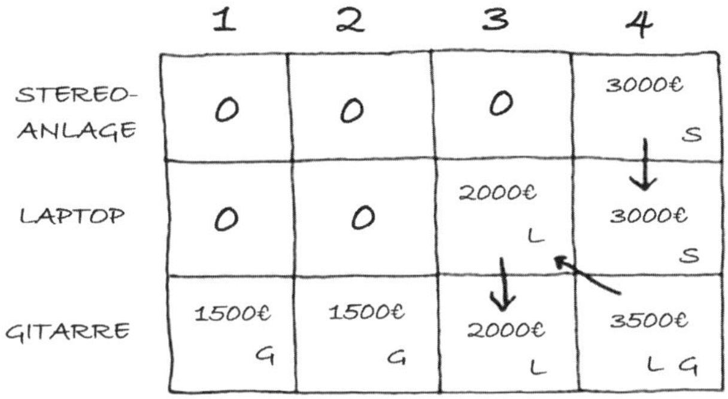

Das Ergebnis ändert sich nicht. Die Reihenfolge der Zeilen spielt keine Rolle.

9.2.3 Kann man das Gitter auch spaltenweise (statt zeilenweise) befüllen?

Probiere es selbst aus! Bei dieser Aufgabenstellung spielt das keine Rolle, bei anderen Aufgaben könnte sich jedoch ein Unterschied ergeben.

9.2.4 Was geschieht, wenn man ein leichteres Objekt hinzufügt?

Nehmen wir an, du könntest eine Halskette stehlen, die 0,5 Pfund wiegt und 1000 € wert ist. Bislang sind wir davon ausgegangen, dass alle Gewichte im Gitter ganzzahlig sind. Aber jetzt stiehlst du die Halskette und hast noch Platz für weitere 3,5 Pfund Beute. Welcher Maximalwert ist mit einem Fassungsvermögen von 3,5 Pfund möglich? Das weißt du nicht! Wir haben die Maximalwerte nur für Rucksäcke mit 1, 2, 3 und 4 Pfund Kapazität berechnet. Du benötigst den Wert für einen Rucksack mit 3,5 Pfund Fassungsvermögen.

Wegen der Halskette benötigen wir ein neues Gitter, das feiner unterteilt ist.

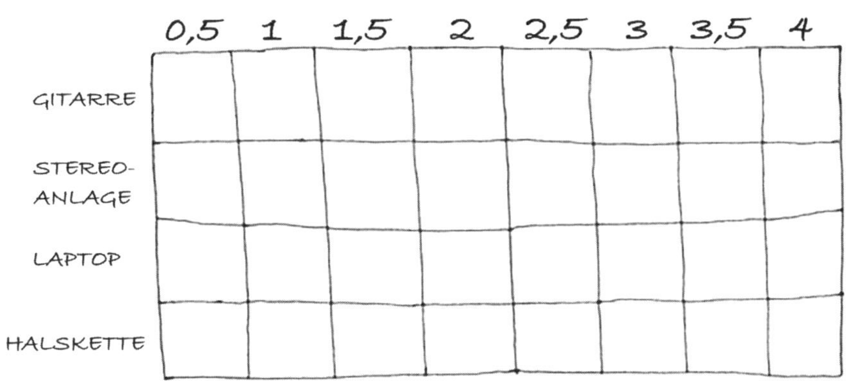

9.2.5 Kann man Teile eines Gegenstands stehlen?

Stell dir vor, du bist ein Dieb in einem Lebensmittelgeschäft. Du kannst hier Linsen- und Reispackungen stehlen. Wenn eine ganze Packung nicht in den Rucksack passt, kannst du sie öffnen und nimmst so viel mit, wie du transportieren kannst. Jetzt geht es nicht mehr um alles oder nichts – du kannst Teile eines Gegenstands mitnehmen. Wie lässt sich die dynamische Programmierung darauf anwenden?

Antwort: Das funktioniert nicht. Bei einer auf der dynamischen Programmierung beruhenden Lösung nimmst du einen Gegenstand entweder mit oder nicht. Die Mitnahme eines halben Gegenstands kann damit nicht erfasst werden.

Die Aufgabe kann jedoch leicht mit einem Greedy-Algorithmus gelöst werden! Packe zunächst so viel wie möglich vom wertvollsten Lebensmittel ein, dann so viel wie möglich vom zweitwertvollsten und so weiter.

Nehmen wir an, dass die folgenden Lebensmittel zur Auswahl stehen:

Wenn kein Quinoa mehr vorhanden, im Rucksack aber noch Platz ist, nimmst du das zweitwertvollste Lebensmittel mit und so weiter.

Der Pfundpreis von Quinoa ist höher als der aller anderen Lebensmittel. Packe also so viel Quinoa wie möglich ein! Wenn du den ganzen Rucksack damit befüllen kannst, erzielst du das optimale Ergebnis.

9.2.6 Optimierung des Reiseplans

Nehmen wir an, du fährst nach London, um dort Urlaub zu machen. Du hast zwei Tage Zeit und eine Menge vor, kannst jedoch nicht alles erledigen, deshalb erstellst du eine Liste.

Du notierst für jede Sehenswürdigkeit die erforderliche Zeit und bewertest, wie sehr du dir wünschst, sie aufzusuchen. Kannst du anhand dieser Liste herausfinden, welche Sehenswürdigkeiten du besuchen solltest?

SEHENSWÜRDIGKEIT	ZEIT	BEWERTUNG
WESTMINSTER ABBEY	1/2 TAG	7
GLOBE THEATER	1/2 TAG	6
NATIONALGALERIE	1 TAG	9
BRITISCHES MUSEUM	2 TAGE	9
ST.-PAULS-KATHEDRALE	1/2 TAG	8

Hierbei handelt es sich wieder um ein Rucksackproblem! Statt eines Rucksacks mit beschränkter Kapazität steht dir nur eine begrenzte Zeit zur Verfügung. Und du musst dich nicht für Stereoanlage oder Laptop, sondern für die verschiedenen Sehenswürdigkeiten entscheiden, die du besuchen möchtest. Zeichne das Gitter der dynamischen Programmierung für diese Liste, bevor du fortfährst.

Das Gitter sieht folgendermaßen aus:

	1/2	1	1 1/2	2
WESTMINSTER				
GLOBE THEATRE				
NATIONALGALERIE				
BRITISCHES MUSEUM				
ST.-PAUL				

Bist du zum gleichen Ergebnis gekommen? Welche Sehenswürdigkeiten solltest du aufsuchen? Hier ist die Antwort.

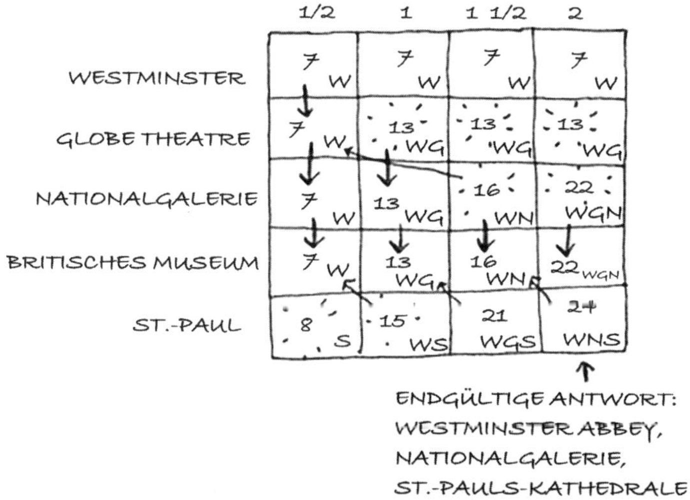

9.2.7 Handhabung voneinander abhängiger Objekte

Nehmen wir an, du reist auch nach Paris und fügst der Liste einige weitere Einträge hinzu.

EIFFELTURM	1½ TAGE	8
LOUVRE	1½ TAGE	9
NOTRE-DAME	1½ TAGE	7

Diese Sehenswürdigkeiten benötigen sehr viel Zeit, weil du erst von London nach Paris reisen musst. Diese Reise dauert einen halben Tag. Wenn du alle drei Sehenswürdigkeiten besuchen möchtest, benötigst du dafür viereinhalb Tage.

Moment, das stimmt so nicht. Du musst ja nicht jedes Mal erneut nach Paris reisen, wenn du eine weitere Sehenswürdigkeit besuchen möchtest. Wenn du schon in Paris bist, benötigst du für den Besuch einer Sehenswürdigkeit einen Tag. Insgesamt ergibt sich also ein Tag pro Sehenswürdigkeit + ein halber Tag Reisezeit = 3,5 Tage, nicht 4,5.

Wenn du den Eiffelturm in deinen Rucksack packst, wird es »günstiger« für dich, den Louvre zu besuchen – du benötigst statt anderthalb Tage nur einen Tag. Wie kann man das bei der dynamischen Programmierung berücksichtigen?

Das funktioniert nicht. Die Leistungsfähigkeit der dynamischen Programmierung beruht auf den Lösungen von Teilaufgaben, mit denen die Hauptaufgabe gelöst werden kann. *Die dynamische Programmierung ist nur anwendbar, wenn alle Teilauf-*

gaben getrennt voneinander lösbar sind, also nicht von anderen Teilaufgaben abhängen. Das bedeutet, dass es keine Möglichkeit gibt, mit dem Algorithmus, der auf der dynamischen Programmierung beruht, Paris zu berücksichtigen.

9.2.8 Ist es möglich, dass die Lösung mehr als zwei Teil-Rucksäcke erfordert?

Es ist durchaus möglich, dass für die beste Lösung das Stehlen von mehr als zwei Gegenständen erforderlich ist. Der Algorithmus ist so aufgebaut, dass höchstens zwei Rucksäcke miteinander kombiniert werden – mehr als zwei Teil-Rucksäcke kommen nicht vor. Es ist jedoch möglich, dass diese Teil-Rucksäcke selbst eigene Teil-Rucksäcke enthalten.

9.2.9 Ist es möglich, dass die beste Lösung den Rucksack nicht vollständig füllt?

Ja. Nehmen wir beispielsweise an, dass du auch einen Diamanten stehlen könntest.

Der Diamant ist riesig: Er wiegt 3,5 Pfund und ist eine Million € wert, mehr als alle anderen Gegenstände. Du solltest ihn unbedingt stehlen! Es bleibt allerdings noch Platz für ein halbes Pfund Beute, der nicht gefüllt werden kann.

Übung

9.2 Nehmen wir an, du gehst zelten. Dein Rucksack kann 6 Pfund aufnehmen und du kannst die folgenden Gegenstände auswählen. Je höher der angegebene Zahlenwert ist, desto wichtiger ist ein Gegenstand.

- Wasser, 3 Pfund, 10
- Buch, 1 Pfund, 3
- Essen, 2 Pfund, 9
- Jacke, 2 Pfund, 5
- Kamera, 1 Pfund, 6

Welche der Gegenstände solltest du idealerweise mitnehmen?

9.3 Der längste gemeinsame Teilstring

Du hast bislang eine Aufgabenstellung kennengelernt, die mit dynamischer Programmierung gelöst wurde. Was solltest du dir merken?

- Die dynamische Programmierung erweist sich als nützlich, wenn du etwas optimieren möchtest, für das eine Einschränkung gilt. Beim Rucksackproblem möchtest du den Wert der gestohlenen Gegenstände maximieren, dabei ist jedoch die Größe des Rucksacks beschränkt.
- Die dynamische Programmierung ist anwendbar, wenn die Hauptaufgabe in einfachere getrennte Teilaufgaben zerlegt werden kann, die nicht voneinander abhängig sind.

Es kann schwierig sein, eine Lösung zu finden, die auf dynamischer Programmierung beruht. Darum geht es in diesem Abschnitt. Zunächst einmal einige allgemeine Tipps:

- Bei einer Lösung, die auf dynamischer Programmierung beruht, kommt stets ein Gitter zum Einsatz.
- Für gewöhnlich versucht man, die Werte in den Zellen zu optimieren. Beim Rucksackproblem enthalten die Zellen den Wert der Gegenstände.
- Jede Zelle stellt eine Teilaufgabe dar. Überlege dir, wie sich die Hauptaufgabe in Teilaufgaben zerlegen lässt. Auf diese Weise kannst du leichter herausfinden, was du als Achsen (Zeilen und Spalten des Gitters) verwendest.

Betrachten wir ein weiteres Beispiel. Nehmen wir an, du betreibst eine Webseite zum Nachschlagen von Wörtern. Jemand gibt ein Wort ein und du zeigst die Definition an.

Wenn sich ein Besucher der Webseite vertippt, möchtest du erraten können, welches Wort gemeint ist. Alex sucht nach *fish*, hat aber versehentlich *hish* eingegeben. Dieses Wort steht nicht in deinem Wörterbuch, du verfügst jedoch über eine Liste ähnlicher Wörter.

ÄHNLICHKEIT MIT "HISH":

- FISH
- VISTA

(Hierbei handelt es sich um ein stark vereinfachtes Beispiel, daher ist die Liste auf zwei Wörter beschränkt. Tatsächlich würde die Liste vermutlich mehrere Tausend Wörter enthalten.)

Alex hat *hish* eingegeben. Welches Wort wollte er eigentlich eingeben: *fish* oder *vista*?

9.3.1 Erstellen des Gitters

Wie sieht das Gitter für diese Aufgabenstellung aus? Du musst die folgenden Fragen beantworten:

- Welche Werte sollen die Zellen enthalten?
- Wie kannst du die Hauptaufgabe in Teilaufgaben zerlegen?
- Was sind die Achsen (die Zeilen bzw. Spalten) des Gitters?

Bei der dynamischen Programmierung versuchst du, etwas zu *maximieren*. In diesem Fall suchst du nach dem längsten Teilstring, der in beiden Wörtern vorkommt. Welchen Teilstring haben *hish* und *fish* gemeinsam? Und wie sieht es mit *hish* und *vista* aus? Das musst du hier berechnen.

Wie du weißt, versucht man für gewöhnlich, die Werte der Zellen zu optimieren. In diesem Fall sind die Werte Zahlen: die Anzahl der Buchstaben des längsten gemeinsamen Teilstrings der beiden Wörter.

Wie kannst du diese Aufgabe in Teilaufgaben zerlegen? Du könntest Teilstrings miteinander vergleichen. Statt *hish* und *fish* vergleichst du zuerst *his* und *fis* miteinander. Jede Zelle soll die Anzahl der Buchstaben des längsten Teilstrings enthalten, den zwei Teilstrings gemeinsam haben. Zudem ist das ein Hinweis darauf, dass die Achsen vermutlich die beiden Wörter sind. Das Gitter sieht dann etwa so aus:

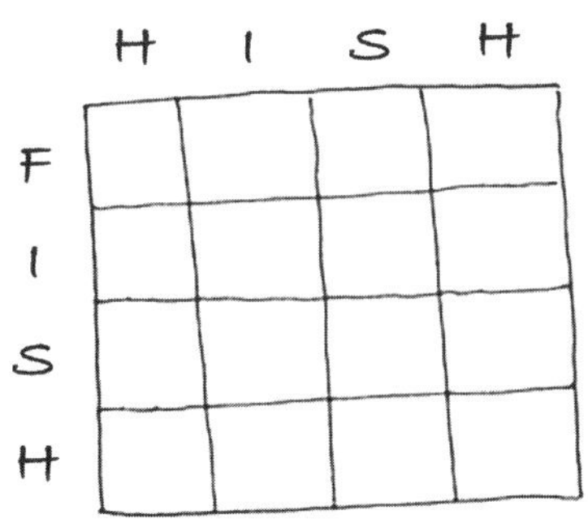

Mach dir keine Sorgen, wenn dir das Ganze wie schwarze Magie vorkommt. Hierbei handelt es sich um ein schwieriges Thema – deshalb wird es auch erst so spät im Buch erläutert. Am Ende des Kapitel folgt noch eine Übung, mit der du die dynamische Programmierung selbst ausprobieren kannst.

9.3.2 Befüllen des Gitters

Nun hast du schon eine ziemlich genaue Vorstellung davon, wie das Gitter aussehen sollte. Welche Vorschrift wird zum Ausfüllen der Zellen des Gitters verwendet? Du kannst hier ein wenig schummeln, weil dir die Lösung ja schon bekannt ist – *hish* und *fish* haben ein Teilstring der Länge 3 gemeinsam: *ish*.

Damit steht uns aber noch keine Vorschrift zum Ausfüllen zur Verfügung. Informatiker machen sich manchmal über die Verwendung des *Feynman-Algorithmus* lustig. Er ist nach dem berühmten Physiker Richard Feynman benannt und funktioniert folgendermaßen:

1. Notiere die Aufgabenstellung.
2. Denke wirklich scharf nach.
3. Schreibe die Lösung auf.

Informatiker sind schon ein lustiges Völkchen!

Tatsächlich gibt es hier keine einfache Möglichkeit, die Vorschrift herauszufinden. Du musst experimentieren und versuchen, eine Methode zu finden, die funktioniert. Manche Algorithmen bieten keine exakte Lösung. Sie bilden vielmehr ein Fundament, mit dem du deine Idee umsetzen kannst.

Versuche, selbst eine Lösung für diese Aufgabe zu finden. Hier ist ein Hinweis – ein Teil des Gitters sieht so aus:

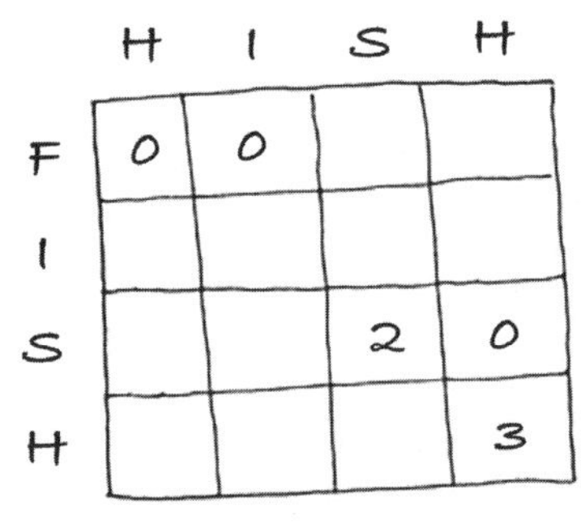

Wie lauten die übrigen Werte? Denke daran, dass jede Zelle den Wert für eine *Teilaufgabe* enthält. Wieso enthält die Zelle (3, 3) den Wert 2? Und warum enthält die Zelle (3, 4) den Wert 0?

Lies weiter, nachdem du versucht hast, selbst eine Vorschrift zu finden. Auch wenn du die Lösung nicht herausbekommst, wird meine Erklärung sehr viel mehr Sinn ergeben.

9.3.3 Die Lösung

Hier ist das fertige Gitter:

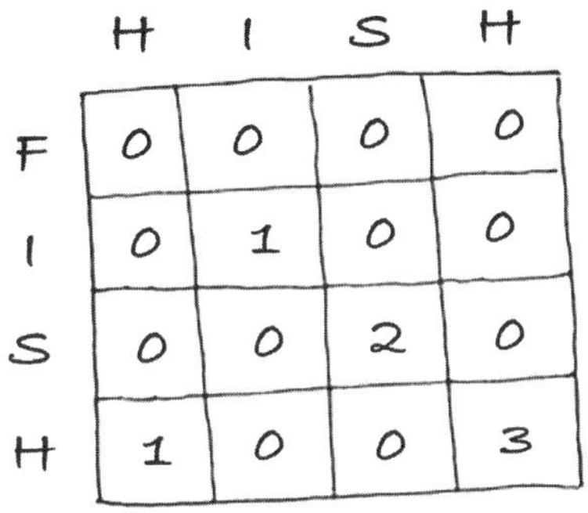

Und hier ist die Vorschrift zum Ausfüllen der Zellen:

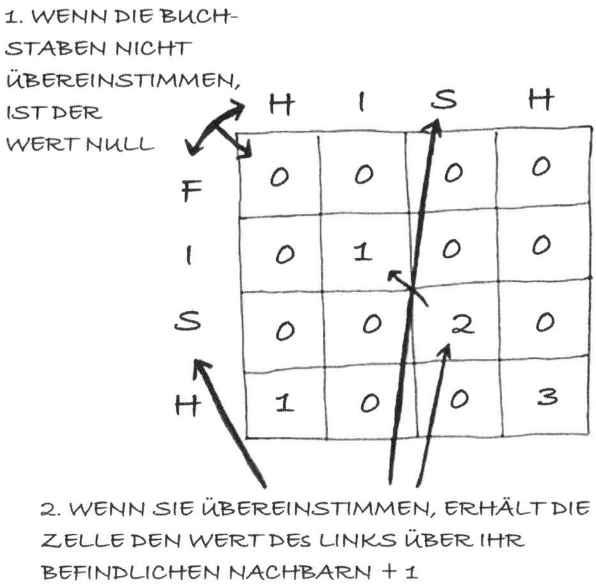

So sieht die Vorschrift zum Ausfüllen der Zellen als Pseudocode aus:

```
if word_a[i] == word_b[j]: ❶
  cell[i][j] = cell[i-1][j-1] + 1
else: ❷
  cell[i][j] = 0
```

❶ Die Buchstaben stimmen überein.

❷ Die Buchstaben stimmen nicht überein.

Das Gitter für *hish* und *vista* sieht so aus:

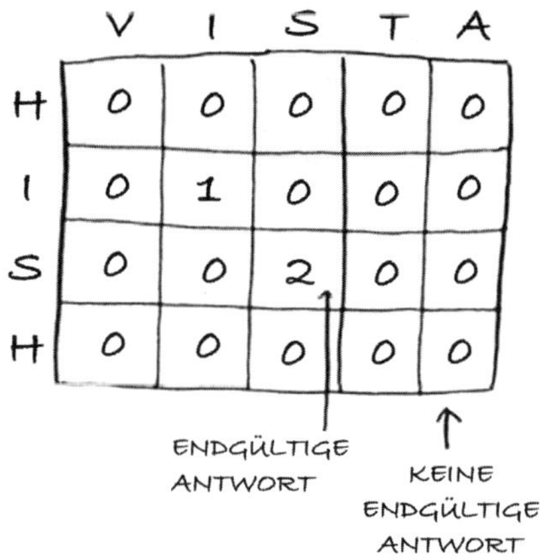

Hier ist zu beachten, dass die endgültige Lösung möglicherweise nicht in der letzten Zelle steht! Beim Rucksackproblem stand die Lösung stets in der letzten Zelle. Aber bei der Suche nach dem längsten Teilstring ist die Lösung die größte im Gitter enthaltene Zahl – und die muss nicht in der letzten Zelle stehen.

Zurück zur ursprünglichen Frage: Welcher String hat mehr mit *hish* gemeinsam? *hish* und *fish* haben einen Teilstring mit drei Buchstaben gemeinsam, *hish* und *vista* haben einen Teilstring mit zwei Buchstaben gemeinsam.

Alex wollte also wahrscheinlich *fish* eingeben.

9.3.4 Die längste gemeinsame Teilfolge

Nehmen wir an, Alex hätte versehentlich nach *fosh* gesucht. Welches Wort meinte er wohl: *fish* oder *fort*?

Vergleichen wir die beiden Wörter doch einmal mit der Vorschrift zum Berechnen des längsten gemeinsamen Teilstrings.

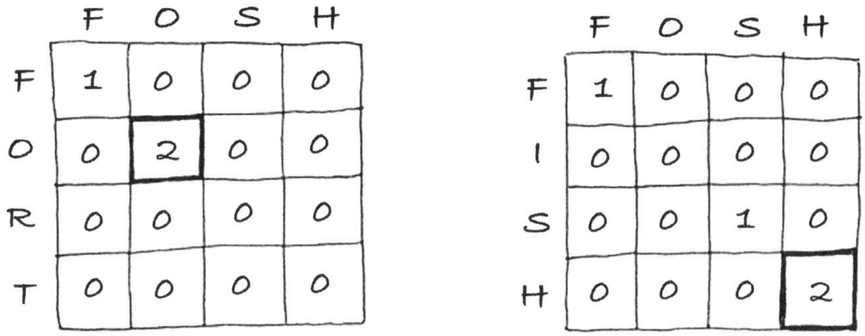

Das gleiche Ergebnis: zwei Buchstaben! Aber *fosh* ist doch *fish* eigentlich ähnlicher:

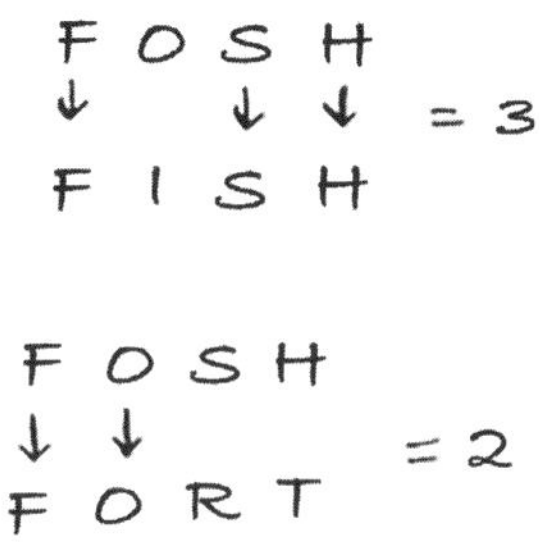

Du vergleichst hier den längsten *Teilstring*, müsstest aber tatsächlich die längste *Teilfolge* vergleichen: die Anzahl der Buchstaben, die in beiden Wörtern in der gleichen *Reihenfolge* enthalten sind. Wie kann man die längste gemeinsame Teilfolge berechnen?

Hier ist ein teilweise ausgefülltes Gitter für *fish* und *fosh*:

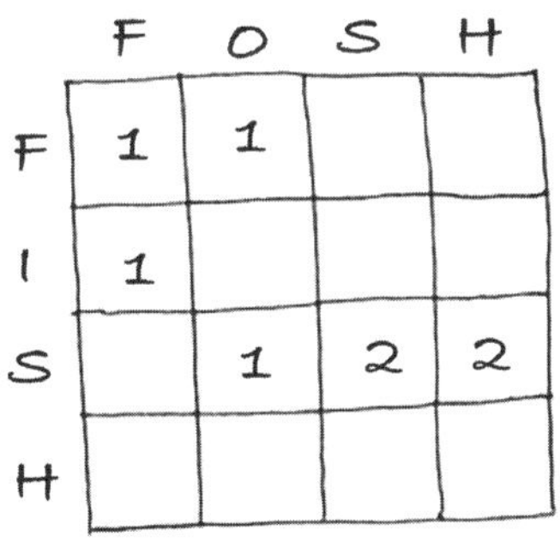

Kannst du eine Vorschrift für das Ausfüllen dieses Gitters finden? Die längste Teilfolge ist dem längsten gemeinsamen Teilstring sehr ähnlich und das gilt auch für die Vorschrift. Versuche, selbst eine Lösung zu finden. Die Antwort folgt sogleich.

9.3.5 Die längste gemeinsame Teilfolge – Lösung

Hier sind die ausgefüllten Gitter:

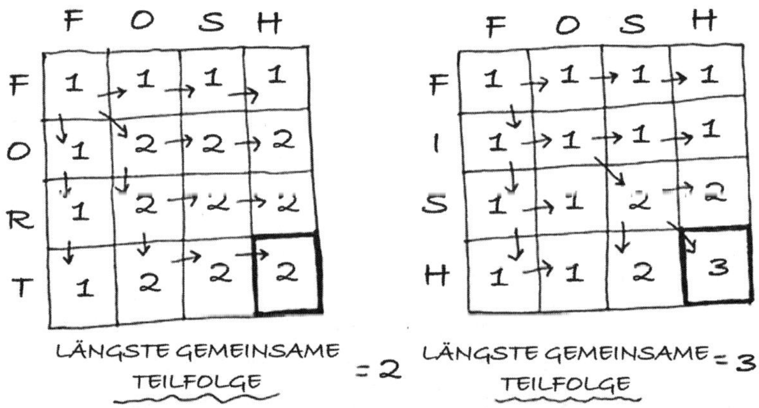

Und hier ist die Vorschrift zum Ausfüllen des Gitters:

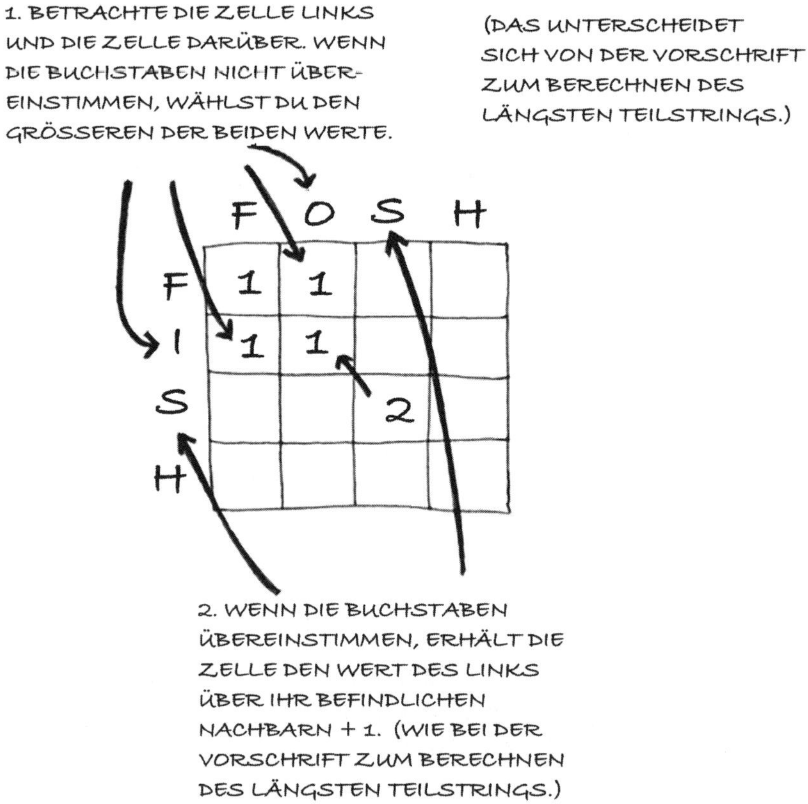

So sieht die Vorschrift als Pseudocode aus:

```
if word_a[i] == word_b[j]: ❶
  cell[i][j] = cell[i-1][j-1] + 1
else: ❷
  cell[i][j] = max(cell[i-1][j], cell[i][j-1])
```

❶ Die Buchstaben stimmen überein.

❷ Die Buchstaben stimmen nicht überein.

Puh – du hast es geschafft! Dieses Kapitel gehört eindeutig zu den schwierigsten in diesem Buch. Aber wird die dynamische Programmierung denn eigentlich auch praktisch eingesetzt? Aber ja:

- Biologen verwenden die längste gemeinsame Teilfolge, um Ähnlichkeiten in DNS-Strängen zu finden. Sie können damit herausfinden, wie ähnlich sich zwei Tiere oder zwei Krankheiten sind. Die längste gemeinsame Teilfolge wird auch dazu eingesetzt, ein Heilmittel für multiple Sklerose zu finden.
- Hast du schon einmal *diff* benutzt (wie etwa `git diff`)? diff ermittelt die Unterschiede zwischen zwei Dateien und verwendet dafür die dynamische Programmierung.
- Wir haben uns ja schon mit der Ähnlichkeit von Strings befasst. Die sogenannte *Levenshtein-Distanz* ist ein Maß dafür, wie ähnlich sich zwei Strings sind und nutzt dafür die dynamische Programmierung. Die Levenshtein-Distanz wird für alles Mögliche eingesetzt, von der Rechtschreibprüfung bis hin zur Überprüfung, ob ein Benutzer urheberrechtlich geschützte Daten ins Internet hochlädt.
- Hast du schon einmal ein Programm benutzt, das Text umbricht, wie beispielsweise Microsoft Word? Wie findet das Programm heraus, wo der Text aufgeteilt werden muss, damit die Zeilenlänge einheitlich bleibt? Dynamische Programmierung!

Übung

9.3 Zeichne ein Gitter zur Berechnung des längsten gemeinsamen Teilstrings von *blue* und *clues* und fülle es aus.

9.4 Zusammenfassung

- Die dynamische Programmierung erweist sich als nützlich, wenn du etwas optimieren möchtest, für das eine Einschränkung gilt.

- Die dynamische Programmierung ist anwendbar, wenn die Hauptaufgabe in getrennte Teilaufgaben zerlegt werden kann.
- Bei einer Lösung, die auf dynamischer Programmierung beruht, kommt stets ein Gitter zum Einsatz.
- Für gewöhnlich versucht man, die Werte in den Zellen zu optimieren.
- Jede Zelle stellt eine Teilaufgabe dar. Überlege dir, wie die Hauptaufgabe in Teilaufgaben zerlegt werden kann.
- Es gibt keine bestimmte Vorschrift, um eine Lösung zu finden, die auf der dynamischen Programmierung beruht.

k-nächste Nachbarn | 10

In diesem Kapitel:

- Du wirst ein Klassifikationssystem entwickeln, das den k-Nächste-Nachbarn-Algorithmus (k-Nearest-Neighbors-Algorithmus) verwendet.
- Du lernst die Merkmalsextraktion kennen.
- Du erfährst, was die Regression ist: das Vorhersagen einer Zahl, wie etwa den morgigen Börsenkurs einer Aktie oder wie gut ein Film einem Zuschauer gefallen wird.
- Du lernst Anwendungsfälle und die Beschränkungen des k-Nächste-Nachbarn-Algorithmus kennen.

10.1 Klassifikation von Orangen und Grapefruits

Betrachte diese Frucht. Handelt es sich um eine Orange oder um eine Grapefruit? Ich weiß, dass Grapefruits im Allgemeinen etwas größer und etwas rötlicher als Orangen sind.

Mein Denkvorgang läuft in etwa folgendermaßen ab: Ich stelle mir einen Graphen vor.

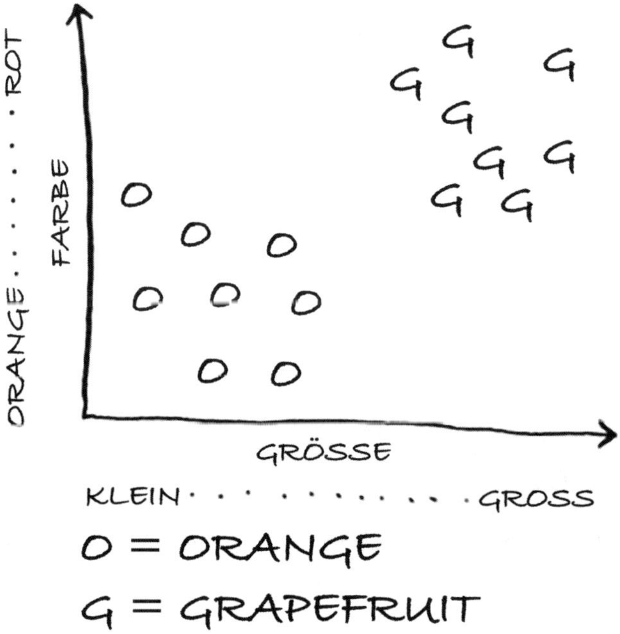

Allgemein betrachtet sind die größeren, rötlicheren Früchte also Grapefruits. Wenn eine bestimmte Frucht groß und rötlich ist, wird es wahrscheinlich eine Grapefruit sein. Aber wie beurteilst du eine Frucht wie diese?

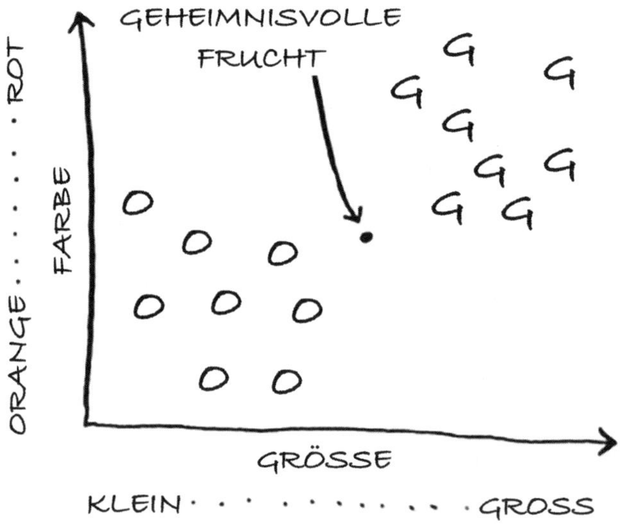

Wie würdest du diese Frucht klassifizieren? Eine Möglichkeit besteht darin, ihre Nachbarn zu betrachten. Sieh dir die drei nächsten Nachbarn dieser Frucht an.

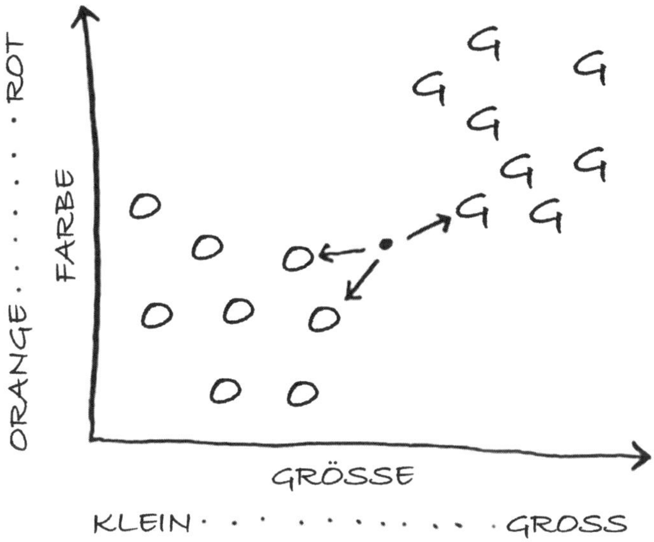

Die Frucht hat mehr Orangen als Grapefruits als Nachbarn, deshalb handelt es sich wahrscheinlich um eine Orange. Herzlichen Glückwunsch: Du hast soeben den *k-Nächste-Nachbarn-Algorithmus*, zur *Klassifikation* verwendet! Dieser Algorithmus ist ziemlich einfach.

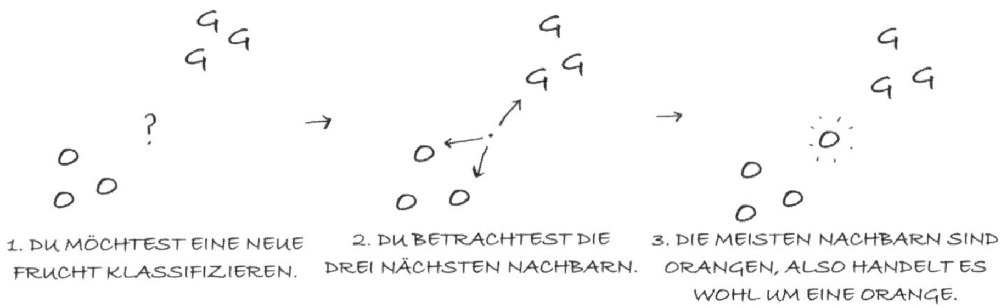

Der KNN-Algorithmus ist zwar simpel, aber äußerst nützlich! Wenn du etwas klassifizieren möchtest, ist es keine schlechte Idee, als Erstes KNN auszuprobieren. Sehen wir uns doch einmal ein etwas realistischeres Beispiel an.

10.2 Entwicklung eines Empfehlungssystems

Stell dir vor, du arbeitest bei Netflix und möchtest ein Filmempfehlungssystem für deine User entwickeln. Ganz allgemein betrachtet ähnelt diese Aufgabe der Klassifikation von Grapefruits!

Du kannst alle User in einem Graphen abbilden.

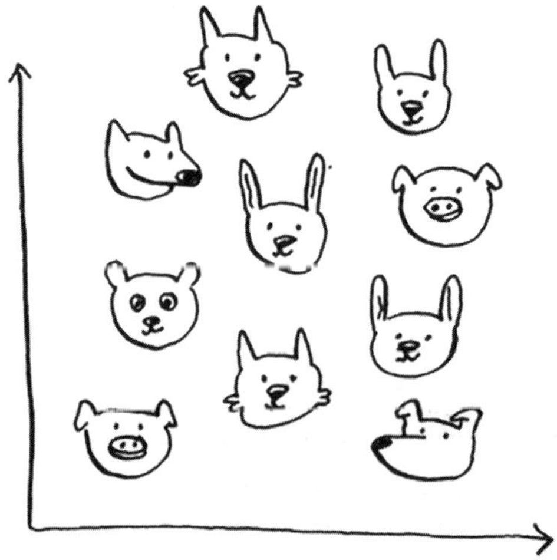

Die User sind so dargestellt, dass sich Personen mit ähnlichem Geschmack näher beieinander befinden. Nehmen wir an, du möchtest Priyanka Filme empfehlen. Finde heraus, welche fünf User ihr am nächsten sind.

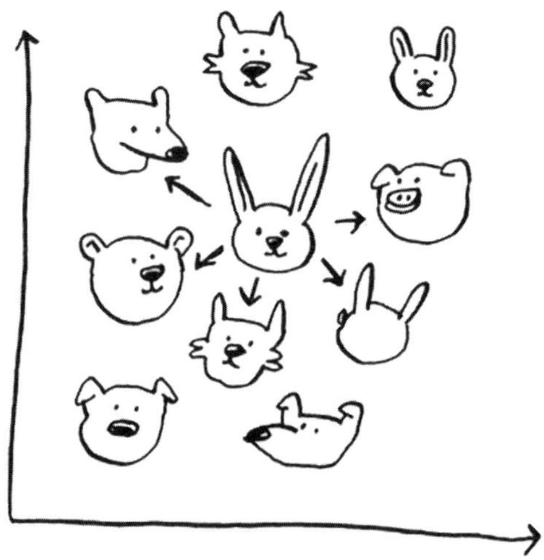

Wenn es um Filme geht, haben Justin, JC, Joey, Lance und Chris einen ähnlichen Geschmack. Die Filme, die *ihnen* gefallen werden Priyanka wahrscheinlich ebenfalls zusagen!

Wenn du über einen solchen Graph verfügst, ist die Entwicklung eines Empfehlungssystems ganz einfach. Wenn ein Film Justin gefällt, empfiehlst du ihn Priyanka.

Allerdings fehlt hier noch etwas Wesentliches. Die User werden entsprechend ihrer Ähnlichkeit dargestellt. Aber wie kannst du herausfinden, *wie ähnlich* sich zwei User sind?

10.2.1 Merkmalsextraktion

Beim Grapefruit-Beispiel hast du die Früchte anhand ihrer Größe und ihrer Färbung beurteilt. Größe und Farbe sind die *Merkmale*, die du miteinander vergleichst. Wenn du nun drei Früchte miteinander vergleichen möchtest, kannst du deren Merkmale erfassen.

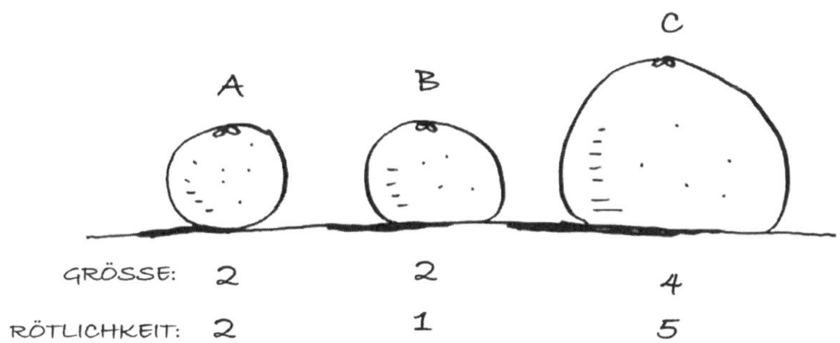

Anschließend kannst du die drei Früchte im Graphen darstellen.

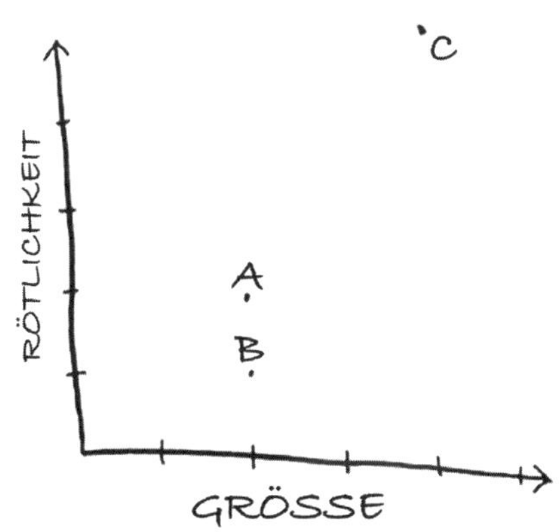

Anhand des Graphen kannst du auf den ersten Blick erkennen, dass sich die Früchte A und B ähnlich sind. Nun wollen wir es genau wissen und messen aus, wie weit die beiden Punkte voneinander entfernt sind. Dazu verwenden wir die Abstandsformel von Pythagoras.

$$\sqrt{(x_1 - x_2)^2 + (y_1 - y_2)^2}$$

Der Abstand zwischen A und B wird beispielsweise folgendermaßen berechnet:

$$\sqrt{(2-2)^2 + (2-1)^2}$$
$$= \sqrt{0 + 1}$$
$$= \sqrt{1}$$
$$= 1$$

Die anderen Abstände können ebenfalls berechnet werden.

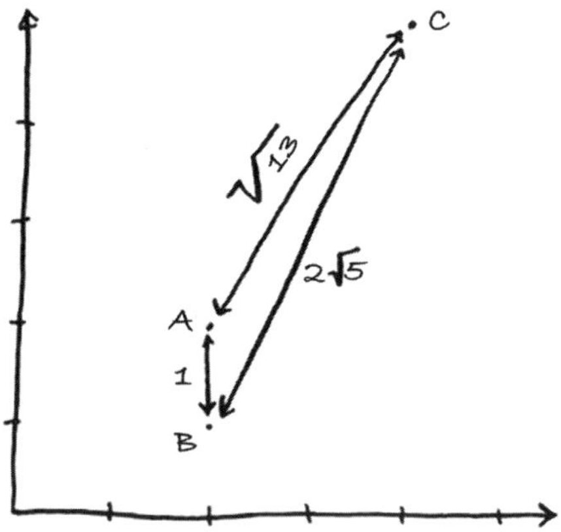

Die Formel zur Berechnung des Abstands bestätigt, was du schon mit bloßem Auge erkennen konntest: Die Früchte A und B sind sich ähnlich.

Nehmen wir nun an, du vergleichst stattdessen Netflix-User. Du musst eine Methode zur Darstellung der User finden, deshalb musst du den Usern Koordinaten zuweisen, so wie wir es bei den Früchten getan haben.

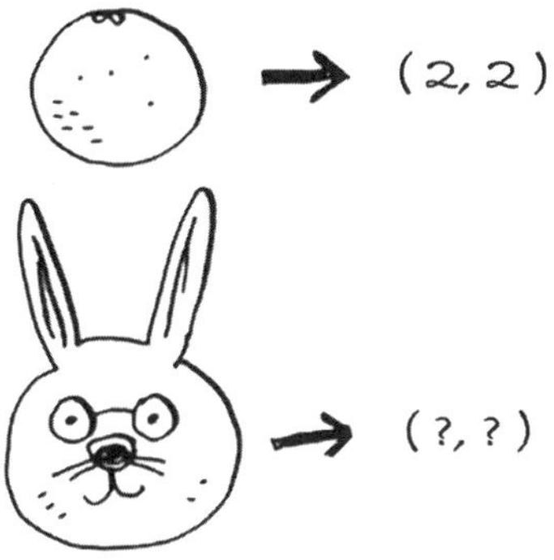

Wenn du die User im Graphen darstellen kannst, ist es auch möglich, die Abstände zwischen ihnen zu messen.

Du kannst die User folgendermaßen in eine Zahlenmenge umwandeln: Fordere die User bei der Anmeldung auf, verschiedene Filmkategorien gemäß der eigenen Vorlieben zu bewerten. Du verfügst dann über eine Menge von Bewertungen von jedem einzelnen User!

	PRIYANKA	JUSTIN	MORPHEUS
KOMÖDIE	3	4	2
ACTION	4	3	5
DRAMA	4	5	1
HORROR	1	1	3
ROMANZE	4	5	1

Priyanka und Justin mögen Romanzen und verabscheuen Horrorfilme. Morpheus mag Action, aber hasst Romanzen (es ärgert ihn besonders, wenn ein guter Actionfilm durch eine kitschige romantische Szene verhunzt wird). Die Orangen und Grapefruits besaßen jeweils zwei Koordinaten. Hier wird jeder User durch fünf Koordinaten repräsentiert.

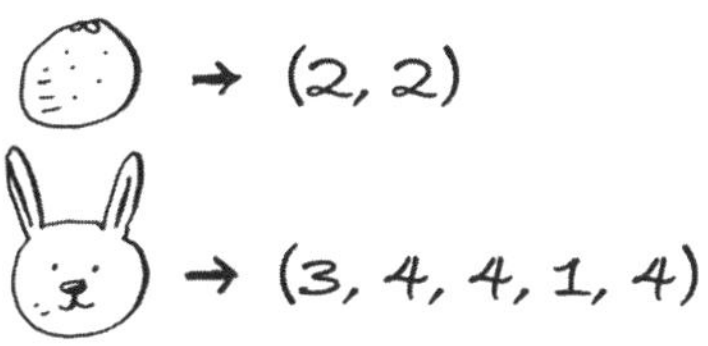

Ein Mathematiker würde sagen, dass der Abstand nicht mehr in zwei, sondern in *fünf* Dimensionen berechnet wird. Die Formel für den Abstand bleibt aber (fast) die gleiche.

$$\sqrt{(a_1-a_2)^2+(b_1-b_2)^2+(c_1-c_2)^2+(d_1-d_2)^2+(e_1-e_2)^2}$$

Die Formel enthält nun fünf statt zwei Koordinatenpaare.

Die Formel für den Abstand ist sehr anpassungsfähig: Du könntest auch eine *Million* Koordinaten verwenden und trotzdem diese Formel zur Berechnung des Abstands benutzen. Nun fragst du dich vielleicht: »Was bedeutet denn der *Abstand*, wenn es fünf Koordinaten gibt?«. Am Abstand kannst du erkennen, wie ähnlich sich zwei Zahlengruppen sind.

$$\sqrt{(3-4)^2+(4-3)^2+(4-5)^2+(1-1)^2+(4-5)^2}$$

$$=\sqrt{1+1+1+0+1}$$

$$=\sqrt{4}$$

$$=2$$

Das ist der Abstand zwischen Priyanka und Justin.

Priyanka und Justin sind sich ziemlich ähnlich. Und wie sieht es mit dem Abstand zwischen Priyanka und Morpheus aus? Berechne den Abstand, bevor du weiterliest.

Hast du es herausbekommen? Der Abstand zwischen Priyanka und Morpheus beträgt 24. An diesem Abstand kannst du erkennen, dass Priyankas Geschmack eher dem von Justin als dem von Morpheus entspricht.

Klasse! Jetzt ist es ein Kinderspiel, Priyanka Filme zu empfehlen: Wenn ein Film Justin gefällt, empfiehlst du ihn Priyanka und umgekehrt. Du hast soeben ein Filmempfehlungssystem entwickelt!

Wenn du Netflix-User bist, wirst du immer wieder aufgefordert: »Bitte bewerte mehr Filme. Je mehr Filme du bewertest, desto besser werden deine Empfehlungen.«. Nun weißt du, warum das so ist. Je mehr Filme du bewertest, desto genauer kann Netflix feststellen, welchen anderen Usern du ähnlich bist.

Übungen

10.1 Beim Netflix-Beispiel hast du den Abstand zwischen zwei Usern mit der Abstandsformel berechnet. Allerdings bewerten nicht alle User Filme auf die gleiche Art und Weise. Nehmen wir an, die beiden User Yogi und Pinky haben den gleichen Filmgeschmack. Allerdings bewertet Yogi alle Filme, die ihm gefallen, mit fünf Sternen, während Pinky etwas wählerischer ist und fünf Sterne nur an die besten Filme vergibt. Ihr Filmgeschmack stimmt zwar überein, aber der Abstandsformel zufolge sind sie keine Nachbarn. Wie würdest du das unterschiedliche Verhalten bei der Filmbewertung berücksichtigen?

10.2 Nehmen wir an, Netflix benennt eine Gruppe von »Influencern«. Quentin Tarantino und Wes Anderson gelten bei Netflix als Influencer, deshalb werden ihre Bewertungen stärker berücksichtigt als die Bewertungen normaler User. Wie würdest du das Empfehlungssystem ändern, um die Bewertungen von Influencern stärker zu berücksichtigen?

10.2.2 Regression

Nehmen wir an, du möchtest einen Film nicht nur empfehlen, sondern sogar vorhersagen, wie Priyanka diesen Film bewertet. Betrachte zu diesem Zweck die fünf Personen, die ihr am nächsten sind.

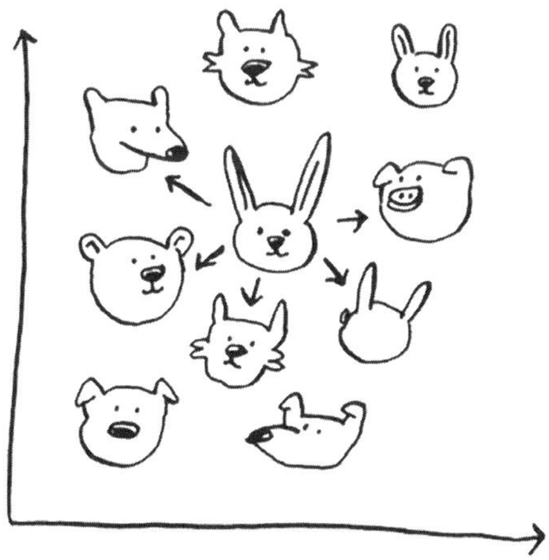

Ich werde übrigens immer wieder auf diese fünf nächsten Personen zu sprechen kommen. Die Zahl 5 ist hier nichts Besonderes – du könntest auch auf die nächsten 2, 10 oder 10.000 Personen zurückgreifen. Deshalb heißt der Algorithmus ja auch k-Nächste-Nachbarn-Algorithmus und nicht fünf-nächste-Nachbarn-Algorithmus!

Nehmen wir an, du möchtest die Bewertung des Films *Pitch Perfect* vorhersagen. Wie haben Justin, JC, Joey, Lance und Chris den Film bewertet?

JUSTIN: 5
JC: 4
JOEY: 4
LANCE: 5
CHRIS: 3

Du könntest den Mittelwert dieser Bewertungen bilden, das wären dann 4,2 Sterne. Dieses Verfahren heißt *Regression*. Du wirst den KNN-Algorithmus hauptsächlich für zwei grundlegende Verfahren verwenden, nämlich Klassifikation und Regression:

- Klassifikation = Kategorisierung, also Zuordnung zu einer Gruppe
- Regression = Vorhersage einer Antwort (wie z. B. eine Zahl)

Die Regression erweist sich als äußerst nützlich. Nehmen wir an, du betreibst in Berkeley eine kleine Bäckerei und backst jeden Tag frisches Brot. Du möchtest gerne vorhersagen, wie viele Brotlaibe du heute backen solltest. Dafür stehen dir folgenden Merkmale zur Verfügung:

- Das Wetter auf einer Skala von 1 bis 5 (1 = schlechtes Wetter, 5 = tolles Wetter)
- Wochenende oder Feiertag? (Die 1 steht für ein Wochenende oder einen Feiertag, ansonsten ist der Wert 0.)
- Steht ein Football-Spiel bevor? (1 bedeutet Ja, 0 bedeutet Nein.)

Dir ist bekannt, wie viele Brote du früher bei verschiedenen Kombinationen dieser Merkmale verkauft hast.

A. (5, 1, 0) = 300 LAIBE
B. (3, 1, 1) = 225 LAIBE
C. (1, 1, 0) = 75 LAIBE
D. (4, 0, 1) = 200 LAIBE
E. (4, 0, 0) = 150 LAIBE
F. (2, 0, 0) = 50 LAIBE

Heute ist Wochenende und das Wetter ist schön. Ein Spiel findet nicht statt. Wie viele Brote wirst du heute verkaufen, wenn du die obigen Daten berücksichtigst? Wir verwenden für die Vorhersage den KNN-Algorithmus mit K = 4. Als Erstes musst du die vier nächsten Nachbarn für diesen Punkt herausfinden:

(4, 1, 0) = ?

Damit ergeben sich die folgenden Abstände. Die Punkte A, B, D und E sind am nächsten gelegen.

A. 1 ←
B. 2 ←
C. 9
D. 2 ←
E. 1 ←
F. 5

Wenn du den Mittelwert der Anzahl der Brote bildest, die an diesen Tagen verkauft wurden, erhältst du den Wert 218,75. So viele Brote solltest du also heute backen!

Kosinus-Ähnlichkeit

Bislang hast du die Abstandsformel von Pythagoras verwendet, um die Entfernung zwischen zwei Usern zu berechnen. Ist sie für diesen Fall am besten geeignet? In der Praxis kommt häufig die sogenannte *Kosinus-Ähnlichkeit* zum Einsatz. Nehmen wir an, dass zwei User einander sehr ähnlich sind, allerdings ist einer bei den Bewertungen deutlich zurückhaltender. Beiden hat der Film *Amar Akbar Anthony* von Manmohan Desai sehr gut gefallen, aber Paul bewertete ihn mit 5 Sternen, während Rowan nur 4 Sterne vergab. Wenn du weiterhin die Abstandsformel verwendest, sind diese beiden User womöglich keine Nachbarn, obwohl sie den gleichen Geschmack haben.

Die Kosinus-Ähnlichkeit misst nicht den Abstand zwischen zwei Vektoren, sondern vergleicht ihre Winkel. Das ist für den vorliegenden Fall besser geeignet. Die Kosinus-Ähnlichkeit geht über den Rahmen dieses Buchs hinaus, aber wenn du den KNN-Algorithmus verwendest, solltest du dich darüber informieren.

10.2.3 Auswahl geeigneter Merkmale

Du hast die User aufgefordert, Filmkategorien zu bewerten, um Empfehlungen aussprechen zu können. Und wenn du die User aufgefordert hättest, Fotos von Katzen zu benoten? Dann würdest du feststellen, dass manche User diese Fotos auf ähnliche Weise bewerten. Allerdings wären diese Bewertungen kaum für Filmempfehlungen geeignet, weil die »Merkmale« von Katzenfotos praktisch nichts mit dem Filmgeschmack zu tun haben.

Ähnlich sieht es aus, wenn du die User aufforderst, Filme zu bewerten, um Empfehlungen aussprechen zu können, aber nur um die Bewertung von *Toy Story*, *Toy Story 2* und *Toy Story 3* bittest – dann wirst du auch nicht sehr viel über den Filmgeschmack eines Users erfahren!

Bei der Verwendung des KNN-Algorithmus ist es wirklich wichtig, für den Vergleich die richtigen Merkmale auszuwählen. Für geeignete Merkmale gelten in unserem Beispiel folgende Kriterien:

- Die Merkmale stehen in unmittelbarem Zusammenhang mit den Filmen, die du empfehlen möchtest.
- Die Merkmale dürfen nicht von einer bestimmten Vorliebe geprägt sein. Wenn du die User beispielsweise nur um die Bewertung von Komödien bittest, wirst du nicht erfahren, ob sie Actionfilme mögen.

Hältst du Bewertungen für eine gute Methode, Filme zu empfehlen? Ich habe wohl *The Wire* besser bewertet als *House Hunters* (US-amerikanische Fernsehserien), aber tatsächlich mehr Zeit damit verbracht, mir *House Hunters* anzusehen. Wie würdest du das Empfehlungssystem von Netflix verbessern?

Zurück zur Bäckerei: Fallen dir zwei gute und zwei schlechte Merkmale für die Vorhersage der Anzahl der verkauften Brote ein? Vielleicht musst du mehr Brote backen, wenn du in der Zeitung Werbung machst. Oder möglicherweise werden montags mehr Brote gekauft.

Es gibt kein Patentrezept für die Auswahl gut geeigneter Merkmale. Du musst sorgfältig darüber nachdenken, welche Merkmale berücksichtigt werden sollten.

Übung

10.3 Netflix hat mehrere Millionen User. In einem der Beispiele wurden die fünf nächsten Nachbarn berücksichtigt. Ist diese Zahl zu niedrig? Oder zu hoch?

10.3 Einführung in Machine Learning

Der KNN-Algorithmus ist wirklich nützlich und soll dir als Einführung in die geheimnisvolle Welt des Machine Learnings dienen. Beim Machine Learning geht es darum, deinen Computer intelligenter zu machen. Ein Beispiel für Machine Learning hast du schon kennengelernt: die Entwicklung des Empfehlungssystems. Sehen wir uns einige weitere Beispiele an.

10.3.1 OCR

OCR ist die Abkürzung von *Optical Character Recognition* (optische Zeichenerkennung). Du kannst also ein Foto oder eine Seite Text mit deinem Computer automatisch einlesen. Google verwendet OCR zur Digitalisierung von Büchern. Wie funktioniert die Texterkennung? Betrachte beispielsweise diese Ziffer:

Wie könntest du automatisch herausfinden, welche Ziffer das ist? Du kannst dafür den KNN-Algorithmus verwenden:

1. Lies eine Menge Bilder von Ziffern ein und extrahiere die Merkmale dieser Ziffern.
2. Wenn du ein neues Bild erhältst, extrahierst du die Merkmale dieses Bilds und suchst nach den nächsten Nachbarn!

Hier handelt es sich um die gleiche Aufgabe wie bei der Klassifikation von Orangen und Grapefruits. Ganz allgemein betrachtet vermessen OCR-Algorithmen Linien, Punkte und Kurven.

Wenn du ein neues Zeichen klassifizieren möchtest, extrahierst du die gleichen Merkmale.

Die Merkmalsextraktion ist bei OCR-Verfahren sehr viel komplizierter als im Beispiel mit den Früchten. Es ist jedoch wichtig zu wissen, dass auch komplexe Technologien auf ganz einfachen Ideen beruhen – so wie KNN. Du könntest anhand der zugrunde liegenden Ideen auch eine Sprach- oder Gesichtserkennung entwickeln. Wenn du bei Facebook ein Foto hochlädst, gelingt es oft, dass die Personen auf dem Foto automatisch erkannt und gekennzeichnet werden. Das ist Machine Learning in Aktion!

Die erste Phase des OCR-Verfahrens, in der eine Vielzahl von Bildern eingelesen und Merkmale extrahiert werden, heißt *Training*. Bei den meisten Machine-Learning-Algorithmen gibt es eine solche Trainingsphase: Der Computer muss erst trainiert werden, um die Aufgabe erledigen zu können. Im nächsten Beispiel geht es um einen Spamfilter, der eine solche Trainingsphase durchläuft.

10.3.2 Entwicklung eines Spamfilters

Spamfilter verwenden einen weiteren einfachen Algorithmus, den *Naiven Bayes-Klassifikator*. Als Erstes trainierst du den Bayes-Klassifikator mit einigen Daten.

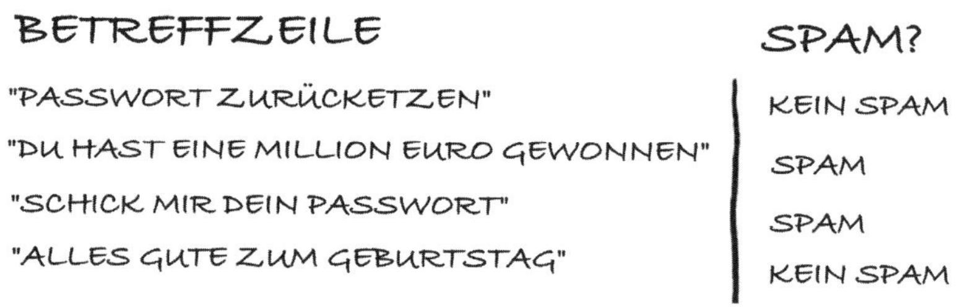

Nehmen wir an, du erhältst eine E-Mail mit der Betreffzeile »Du hast eine Million Euro gewonnen!«. Handelt es sich um Spam? Du kannst den Satz in Wörter aufteilen und bei jedem Wort die Wahrscheinlichkeit dafür überprüfen, ob es in einer Spam-E-Mail enthalten ist. In diesem sehr einfachen Modell ist das Wort *Million* nur in Spam-E-Mails enthalten. Der Naive Bayes-Klassifikator berechnet die Wahrscheinlichkeit, dass es sich um Spam handelt. Die Anwendungen sind denen des KNN-Algorithmus ganz ähnlich.

Du kannst den Naiven Bayes-Klassifikator beispielsweise zur Kategorisierung von Früchten verwenden: Wie groß ist die Wahrscheinlichkeit, dass eine große rötliche Frucht eine Grapefruit ist? Es handelt sich um einen weiteren einfachen Algorithmus, der ziemlich effektiv ist. Klasse, diese Algorithmen!

10.3.3 Vorhersage der Entwicklung des Aktienmarkts

Vorherzusagen, ob sich der Aktienmarkt positiv oder negativ entwickelt, ist eine Aufgabe, die sich mit Machine Learning nur schwer lösen lässt. Wie wählst du gut geeignete Merkmale für einen Aktienmarkt aus? Nehmen wir an, du sagst vorher, dass der Aktienmarkt sich heute positiv entwickelt, wenn er sich gestern negativ entwickelt hat. Ist das ein geeignetes Merkmal? Oder du behauptest, dass die Aktienkurse im Mai immer sinken. Kann das funktionieren? Es gibt schlicht und einfach keine garantiert richtige Methode, die zukünftige Entwicklung anhand der Zahlen aus der Vergangenheit zu prognostizieren. Eine Vorhersage der Zukunft ist ohnehin schwierig und fast unmöglich, wenn sie von so vielen Variablen beeinflusst wird.

10.4 Zusammenfassung

Ich hoffe, du hast einen Eindruck von all den Möglichkeiten gewonnen, die dir der KNN-Algorithmus und Machine Learning bieten. Machine Learning ist ein hochinteressantes Fachgebiet, und du kannst dieses Thema weiter vertiefen, wenn du das möchtest.

- Der KNN-Algorithmus wird für Klassifikationen und Regressionen verwendet und beruht auf der Betrachtung der k-nächsten Nachbarn.
- Klassifikation = Kategorisierung (Zuordnung zu einer Gruppe)
- Regression = Vorhersage einer Antwort (z. B. eine Zahl)
- Bei der Merkmalsextraktion wird ein Objekt (wie eine Frucht oder ein User) auf eine Liste von Zahlen abgebildet, die sich dann miteinander vergleichen lassen.
- Die Auswahl gut geeigneter Merkmale ist wesentlicher Bestandteil eines funktionierenden KNN-Algorithmus.

Die nächsten Schritte 11

In diesem Kapitel:

- Du erhältst einen kurzen Überblick über 10 Algorithmen, auf die im Buch nicht näher eingegangen wurde und erfährst, wozu sie nützlich sind.
- In manchen Abschnitten findest du Hinweise auf weiterführende Literatur.

11.1 Bäume

Wir kommen noch einmal auf das Beispiel für die binäre Suche zurück. Wenn sich ein User bei Facebook anmeldet, muss ein großes Array durchsucht werden, um festzustellen, ob der Nutzername vorhanden ist. Wir hatten festgestellt, dass die binäre Suche die schnellste Möglichkeit bietet, den Namen im Array zu finden. Dabei gibt es jedoch ein Problem: Jedes Mal, wenn ein User ein neues Konto einrichtet, musst du den Namen ins Array einfügen.

Anschließend muss das Array neu sortiert werden, weil die binäre Suche nur mit sortierten Arrays funktioniert. Wäre es nicht praktisch, wenn du den Namen direkt an der richtigen Stelle im Array einfügen könnten, damit du es anschließend nicht sortieren musst? Diese Idee liegt der Datenstruktur namens *binärer Suchbaum* zugrunde.

Ein binärer Suchbaum sieht so aus:

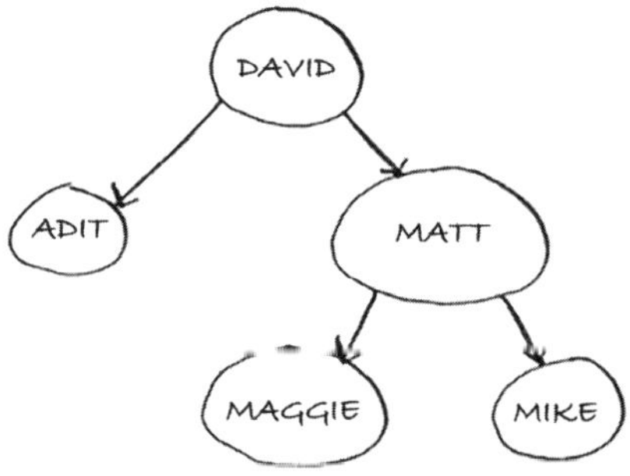

Für jeden Knoten gilt: Die links von ihm befindlichen Knoten besitzen einen *kleineren* Wert und die rechts befindlichen Knoten besitzen einen *größeren* Wert.

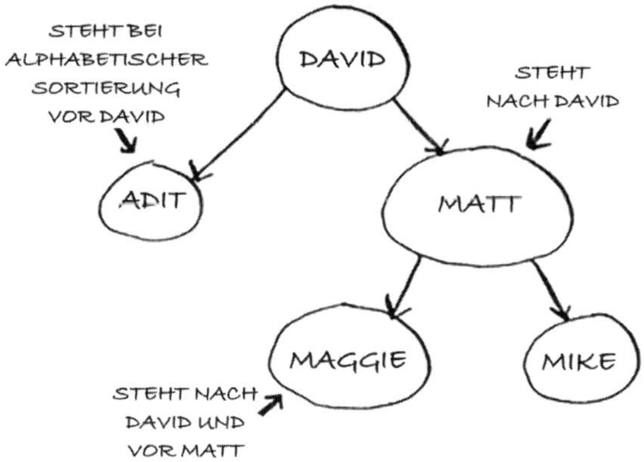

Nehmen wir an, du suchst nach Maggie. Du startest die Suche beim Wurzelknoten.

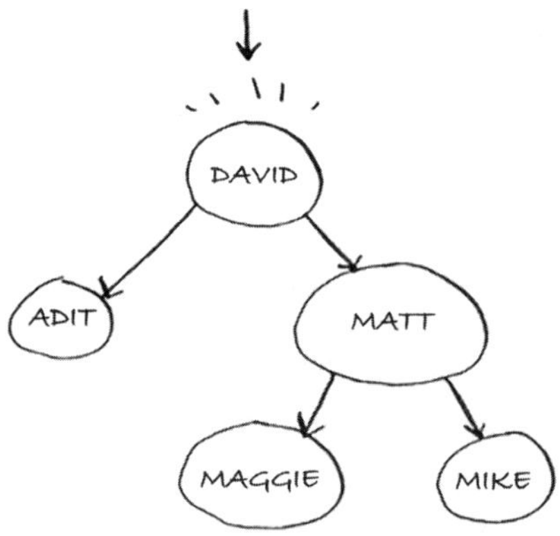

Bei alphabetischer Sortierung steht *Maggie* hinter *David*, also führt die Suche nach rechts.

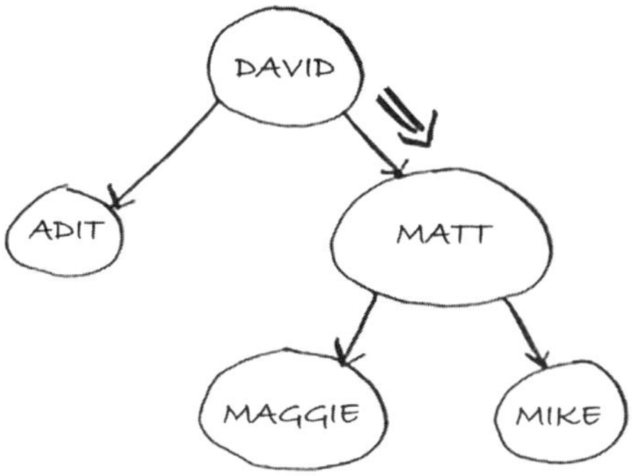

Maggie steht aber vor *Matt*, also geht es links weiter.

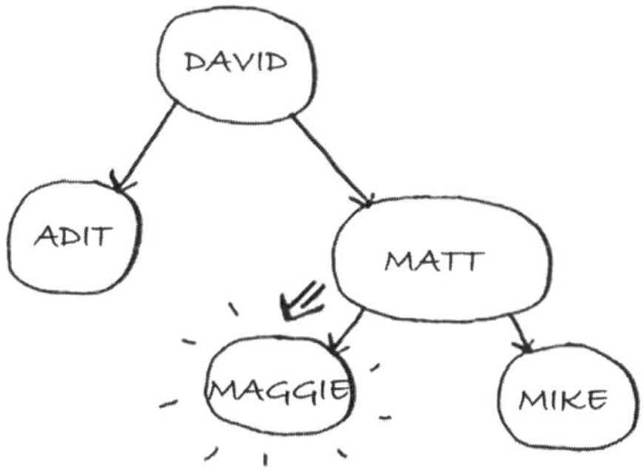

Und schon hast du Maggie gefunden! Fast wie bei einer binären Suche! Die Suche nach einem Element in einem binären Suchbaum benötigt *durchschnittlich* die Laufzeit O(log *n*) und *im Worst Case* O(*n*). Die Suche in einem sortierten Array benötigt im Worst Case O(log *n*), deshalb könnte man meinen, dass ein sortiertes Array besser ist. Aber ein binärer Suchbaum ist beim Einfügen und Löschen im Durchschnitt sehr viel schneller.

	ARRAY	BINÄRER SUCHBAUM
SUCHEN	O(log n)	O(log n)
EINFÜGEN	O(n)	O(log n)
LÖSCHEN	O(n)	O(log n)

Binäre Suchbäume haben allerdings auch Nachteile. So bieten sie etwa keinen wahlfreien Zugriff. Du kannst also nicht einfach sagen: »Gib mir das fünfte Element dieses Baums«. Außerdem gelten die angegebenen Laufzeiten für den *durchschnittlichen Fall* und erfordern einen sogenannten balancierten Baum. Nehmen wir an, der Baum ist nicht balanciert, so wie dieser hier.

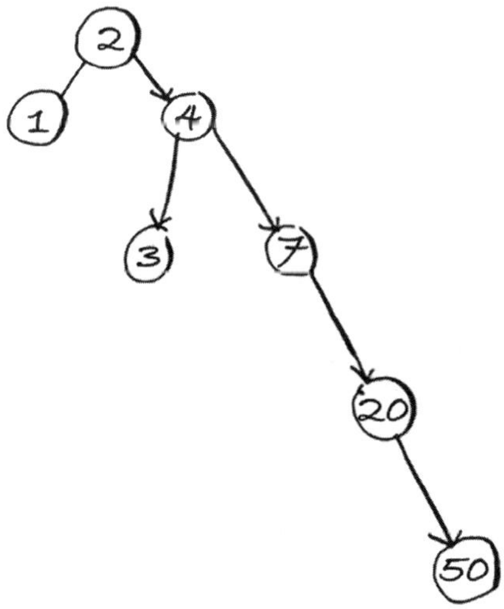

Der Baum ist unausgewogen, denn die meisten Elemente befinden sich auf der rechten Seite. Dieser Baum liefert keine besonders gute Performance, weil die Knoten so unausgewogen verteilt sind. Es gibt spezielle binäre Suchbäume, die sich selbst ausbalancieren, wie beispielsweise der Rot-Schwarz-Baum.

Wofür also werden binäre Suchbäume verwendet? Sogenannte *B-Bäume*, eine spezielle Art Binärbaum, werden dazu verwendet, Daten in Datenbanken zu speichern.

Wenn du an Datenbanken oder anspruchsvolleren Datenstrukturen interessiert bist, solltest du dich über die folgenden Objekte informieren:

- B-Bäume
- Rot-Schwarz-Bäume
- Heaps
- Splay-Bäume

11.2 Invertierte Indizes

In diesem Abschnitt geht es um eine stark vereinfachte Version einer Suchmaschine. Nehmen wir an, dass drei Webseiten den folgenden einfachen Inhalt bereitstellen:

Nun erstellen wir eine Hashtabelle mit diesen Inhalten.

Die Schlüssel der Hashtabelle sind die Wörter und die Werte geben an, auf welcher Webseite sich ein Wort befindet. Nehmen wir an, ein User sucht nach *Hallo*. Welche Seiten enthalten das Wort?

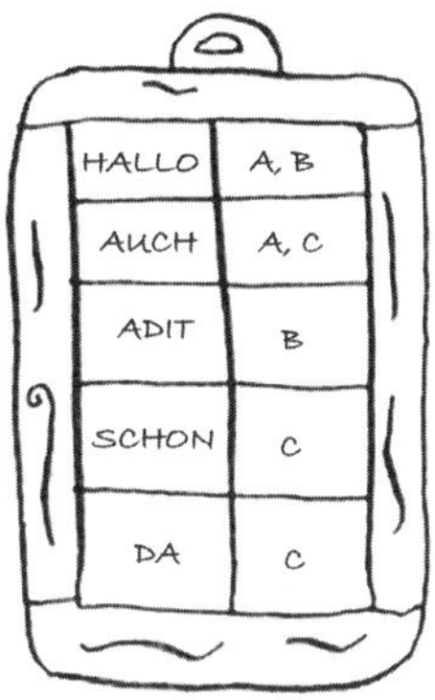

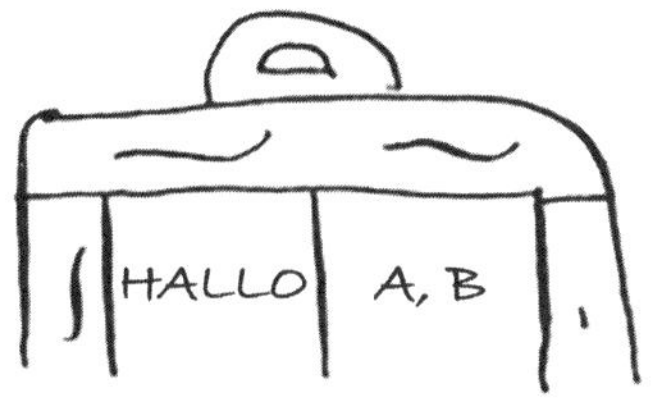

Aha: Es steht auf den Seiten A und B. Dem User werden als Ergebnis diese Webseiten angezeigt. Vielleicht sucht der User stattdessen nach dem Wort *auch*. Du weißt ja schon, dass es auf den Seiten A und C steht. Ziemlich einfach, oder? Hierbei handelt es sich um eine nützliche Datenstruktur: eine Hashtabelle, die Wörtern die Stellen zuordnet, an denen sie vorkommen. Diese Datenstruktur heißt *invertierter Index* und wird üblicherweise von Suchmaschinen verwendet. Wenn du dich eingehender über Suchmaschinen informieren möchtest, ist der invertierte Index ein guter Ausgangspunkt.

11.3 Die Fourier-Transformation

Die Fourier-Transformation gehört zu den seltenen Algorithmen, die nicht nur brillant und elegant sind, sondern auch Millionen Anwendungsfälle aufweisen. Die beste Analogie für die Fourier-Transformation stammt von *Better Explained* (eine tolle Website, die Mathematik einfach erklärt, siehe Kalid: *An Interactive Guide to the Fourier Transform*, Better Explained, `http://mng.bx/874X`): Wenn du ihr einen Smoothie nennst, liefert sie dir eine Liste der enthaltenen Zutaten. Gibst du ihr einen Song, kann die Transformation die verschiedenen Frequenzen voneinander trennen.

Tatsächlich gibt es für diese so einfache Idee sehr viele Anwendungsfälle. Wenn du beispielsweise die verschiedenen Frequenzen eines Songs voneinander trennen kannst, ist es möglich, diejenigen Frequenzen zu verstärken, die dir wichtig sind. So könntest du etwa die Bässe verstärken und die Höhen ausblenden. Die Fourier-Transformation ist bestens für die Signalverarbeitung geeignet. Du kannst sie auch verwenden, um Musik zu komprimieren. Zunächst zerlegst du die Audiodatei in die einzelnen Noten, aus denen sie besteht. Mit der Fourier-Transformation kannst du dann genau ermitteln, wie viel jede der Noten zum gesamten Song beiträgt. Anschließend kannst du die unwichtigen Noten entfernen. Auf diese Weise funktioniert die MP3-Komprimierung!

Aber es gibt ja viel mehr Signale als nur Musik. Das JPG-Format ist ebenfalls komprimiert und funktioniert auf die gleiche Weise. Die Fourier-Transformation wird darüber hinaus bei der Vorhersage von Erdbeben und der DNS-Analyse eingesetzt. Du kannst sie dazu verwenden, eine App wie Shazam zu programmieren, die zu erkennen versucht, welcher Song gerade läuft. Die Fourier-Transformation wird in sehr vielen Bereichen eingesetzt. Daher stehen die Chancen gut, dass du ihr irgendwann begegnen wirst.

11.4 Nebenläufige Algorithmen

In den nächsten Abschnitten geht es um die Skalierbarkeit und die Verarbeitung sehr großer Datenmengen. Während der letzten Jahre wurden Computer immer schneller. Wenn du einen Algorithmus beschleunigen wolltest, musstest du nur ein paar Monate warten, bis die Computer selbst schneller wurden. Diese Phase nähert sich aber wohl ihrem Ende. Stattdessen werden Laptops und Computer mit mehreren Prozessorkernen ausgeliefert. Wenn du deine Algorithmen beschleunigen möchtest, müssen sie so geändert werden, dass sie alle Kerne gleichzeitig verwenden können. Man bezeichnet das als *Nebenläufigkeit*.

Ein einfaches Beispiel: Die schnellsten Sortieralgorithmen benötigen eine Laufzeit von etwa $O(n \log n)$. Dass man ein Array nicht mit der Laufzeit $O(n)$ sortieren kann, ist wohlbekannt – *es sei denn, du verwendest einen nebenläufigen Algorithmus!* Es gibt eine nebenläufige Version von Quicksort, die ein Array mit der Laufzeit $O(n)$ sortieren kann.

Die Entwicklung nebenläufiger Algorithmen ist schwierig. Und es ist ebenso schwierig sicherzustellen, dass sie richtig funktionieren und herauszufinden, welcher Geschwindigkeitszuwachs zu erwarten ist. Eines ist jedenfalls sicher – der Zeitgewinn ist nicht linear. Wenn du also einen Laptop verwendest, dessen Prozessor nicht nur einen Kern besitzt, sondern zwei, bedeutet das noch lange nicht, dass dein Algorithmus wie von Zauberhand plötzlich doppelt so schnell arbeitet. Dafür gibt es mehrere Gründe:

- *Aufwand für die Verwaltung der Nebenläufigkeit* – Nehmen wir an, du möchtest ein Array mit 1000 Elementen sortieren. Wie verteilst du diese Aufgabe auf die beiden Prozessorkerne? Lässt du jeden Kern 500 Elemente sortieren und kombinierst die beiden sortierten Arrays zu einem großen sortierten Array? Das kostet Zeit.
- *Lastverteilung* – Nehmen wir an, du möchtest 10 Aufgaben erledigen. Also weist du jedem Kern 5 Aufgaben zu. Aber Kern A bekommt nur einfache Aufgaben und ist in 10 Sekunden fertig, während Kern B die aufwendigeren Aufgaben erledigen muss und 1 Minute benötigt. Das bedeutet, dass Kern A 50 Sekunden lang untätig war, während Kern B die ganze Arbeit erledigt hat. Wie verteilst du die Arbeit gleichmäßig auf die beiden Kerne, sodass sie im selben Maße ausgelastet werden?

Wenn du an den theoretischen Aspekten von Performance und Skalierbarkeit interessiert bist, könnten nebenläufige Algorithmen genau das Richtige für dich sein!

11.5 MapReduce

Es gibt einen speziellen nebenläufigen Algorithmus-Typ, der sich zunehmender Beliebtheit erfreut: der *verteilte Algorithmus*. Du kannst nebenläufige Algorithmen problemlos auf deinem Laptop ausführen, wenn du zwei oder vier Kerne verwendest. Und wenn du nicht nur zwei oder vier, sondern Hunderte Kerne benötigst? Dann kannst du einen Algorithmus schreiben, der auf mehreren Computern gleichzeitig läuft. MapReduce ist ein solcher verteilter Algorithmus. Du kannst ihn mithilfe des verbreiteten Open-Source-Tools Apache Hadoop verwenden.

11.5.1 Warum sind verteilte Algorithmen nützlich?

Nehmen wir an, du hast eine Tabelle mit Milliarden oder sogar Billionen Zeilen und möchtest eine komplizierte SQL-Abfrage darauf anwenden. MySQL kannst du dafür nicht benutzen, weil es nach ein paar Milliarden Zeilen ins Straucheln gerät. Verwende MapReduce via Hadoop!

Oder stell dir vor, dass du eine lange Liste von Jobs verarbeiten musst. Jeder Job benötigt 10 Sekunden und du musst eine Million dieser Jobs ausführen. Wenn du dafür nur einen Computer verwendest, wird es Monate dauern! Wenn du die Jobs stattdessen auf 100 Computern ausführst, bist du in ein paar Tagen fertig.

Verteilte Algorithmen sind bestens geeignet, wenn du eine Menge Arbeit erledigen musst und die dafür erforderliche Zeit verringern möchtest. MapReduce beruht auf zwei einfachen Ideen, nämlich auf der `map`-Funktion und der `reduce`-Funktion.

11.5.2 Die map-Funktion

Die map-Funktion ist ganz einfach: Sie nimmt ein Array entgegen und wendet dieselbe Funktion auf alle Elemente des Arrays an. Hier verdoppeln wir beispielsweise alle Elemente des Arrays:

```
>>> arr1 = [1, 2, 3, 4, 5]
>>> arr2 = map(lambda x: 2 * x, arr1)
[2, 4, 6, 8, 10]
```

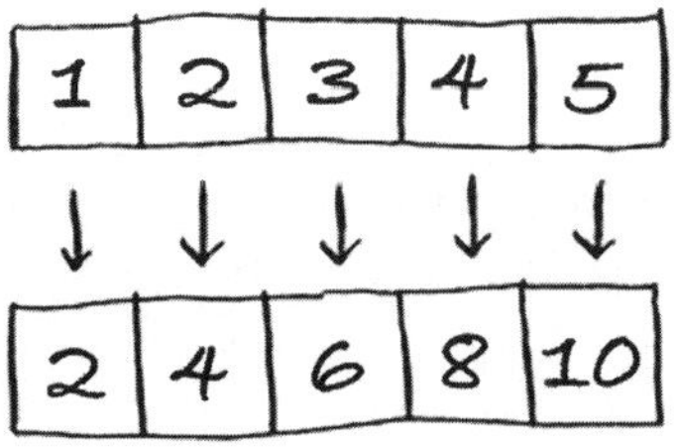

arr2 enthält nun [2, 4, 6, 8, 10] – alle Elemente aus arr1 wurden verdoppelt! Das Verdoppeln eines Elements geht ziemlich schnell. Aber nehmen wir einmal an, dass du eine Funktion anwendest, deren Ausführung mehr Zeit in Anspruch nimmt. Betrachte den folgenden Pseudocode:

```
>>> arr1 = # Eine URL-Liste
>>> arr2 = map(download_page, arr1)
```

Du möchtest hier alle Webseiten einer URL-Liste herunterladen und die Inhalte in arr2 speichern. Das dürfte pro Webseite vielleicht ein paar Sekunden dauern. Aber wenn die Liste 1000 URLs enthält, kommen schnell einige Stunden zusammen!

Wäre es nicht toll, wenn dir 100 Computer zur Verfügung stünden und map die Aufgaben automatisch auf diese Rechner verteilen könnte? Du würdest dann 100 Webseiten gleichzeitig herunterladen und die Arbeit wäre viel schneller erledigt! Diese Idee liegt dem »Map« in MapReduce zugrunde.

11.5.3 Die reduce-Funktion

Die reduce-Funktion verwirrt die Leute manchmal. Es geht dabei darum, eine vollständige Liste von Elementen auf ein einzelnes Element zu »reduzieren«. map bildet ein Array auf ein anderes ab.

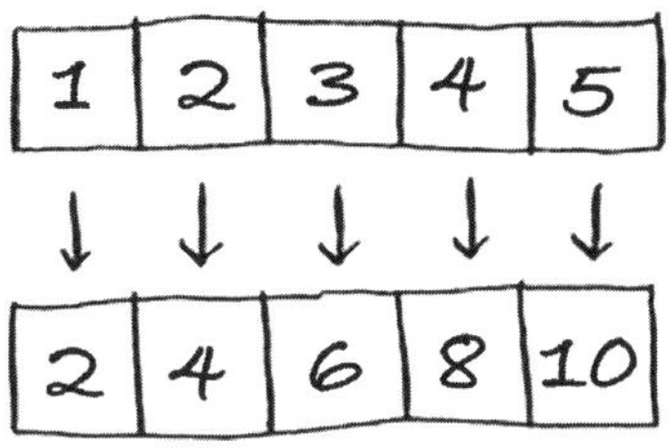

Mit `reduce` wandelst du ein Array in ein einzelnes Element um.

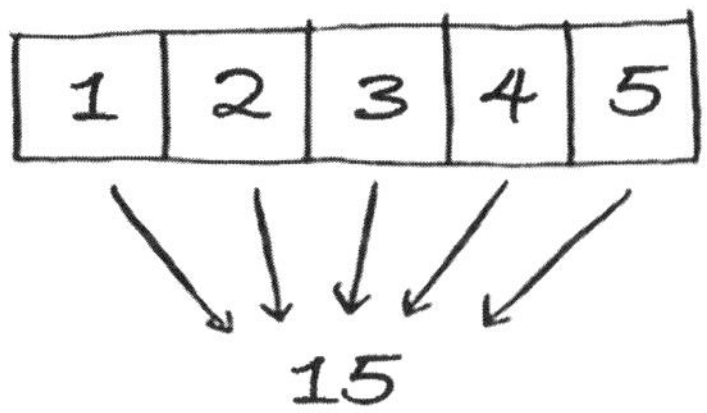

Ein Beispiel:

```
>>> arr1 = [1, 2, 3, 4, 5]
>>> reduce(lambda x,y: x+y, arr1)
15
```

In diesem Fall werden sämtliche Elemente im Array summiert:

```
1 + 2 + 3 + 4 + 5 = 15
```

Ich werde an dieser Stelle nicht näher auf die `reduce`-Funktion eingehen, denn im Internet sind viele Anleitungen verfügbar.

MapReduce verwendet diese beiden einfachen Konzepte, um Datenabfragen auf mehreren Rechnern auszuführen. Wenn du sehr große Datenmengen verwendest (Tabellen mit Milliarden Zeilen), kann MapReduce in wenigen Minuten Resultate liefern, während herkömmliche Datenbanken dafür oft mehrere Stunden benötigen.

11.6 Bloom-Filter und HyperLogLog

Stell dir vor, dass du Reddit betreibst. Wenn jemand einen Link postet, möchtest du überprüfen, ob er bereits vorhanden ist, weil neue Berichte oder Geschichten als interessanter gelten. Du musst also herausfinden, ob dieser Link schon veröffentlicht wurde.

Oder stell dir vor, dass du für Google tätig bist und Webseiten durchforstest. Du möchtest nur Webseiten untersuchen, für die noch keine Indexierung vorliegt. Du musst also herausfinden, ob eine bestimmte Webseite bereits untersucht wurde.

Oder nimm an, dass du der Betreiber des Kurz-URL-Diensts bit.ly bist. Du möchtest natürlich keine Webseiten mit bösartigen Inhalten verlinken. Deshalb pflegst du eine Liste von URLs mit bösartigem Inhalt. Nun musst du überprüfen, ob eine URL in dieser Liste enthalten ist.

Bei diesen Beispielen geht es immer um die gleiche Aufgabe: Du möchtest herausfinden, ob ein neues Objekt in einer sehr großen Datenmenge bereits enthalten ist.

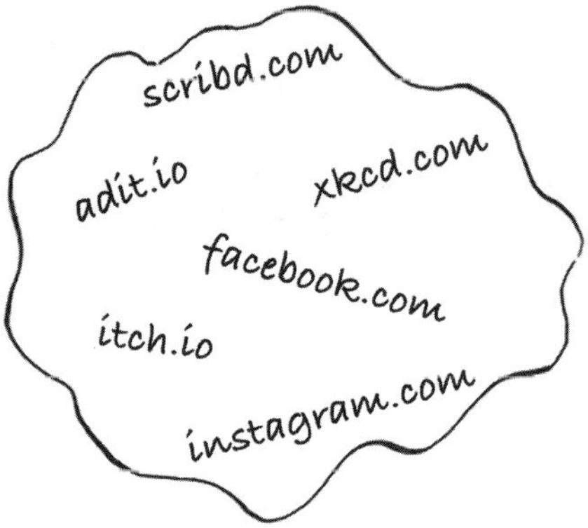

Diese Aufgabe kannst du mit einer Hashtabelle schnell erledigen. Google könnte beispielsweise eine große Hashtabelle verwenden, deren Schlüssel die schon untersuchten Webseiten sind.

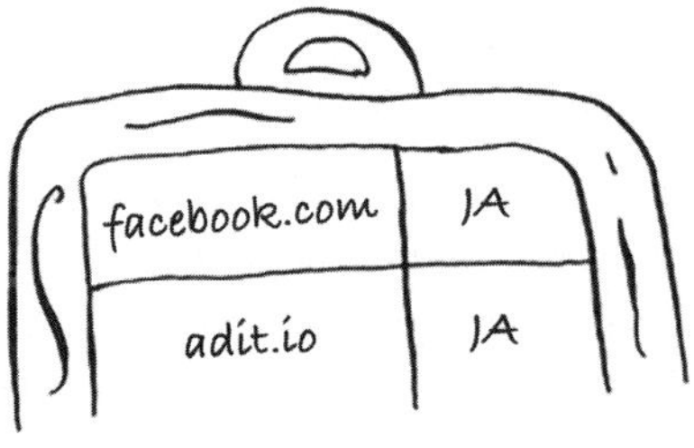

Wenn du wissen möchtest, ob adit.io bereits untersucht wurde, schlägst du in der Hashtabelle nach.

adit.io → JA

Der Schlüssel `adit.io` ist in der Hashtabelle vorhanden, also wurde die Webseite bereits untersucht. Das Durchsuchen einer Hashtabelle benötigt durchschnittlich die Laufzeit O(1). Du hast also mit konstanter Laufzeit herausgefunden, dass die Webseite schon untersucht wurde. Ziemlich gut!

Die Hashtabelle muss allerdings wirklich *riesengroß* sein. Google indiziert Billionen Webseiten. Wenn die Hashtabelle alle von Google indizierten Webseiten enthält, benötigt sie sehr viel Speicherplatz. Das gleiche Problem haben auch Reddit und bit.ly. Wenn man es mit so vielen Daten zu tun hat, muss man sich etwas einfallen lassen!

11.6.1 Bloom-Filter

Mit Bloom-Filtern lässt sich diese Aufgabe lösen. Bloom-Filter sind *probabilistische Datenstrukturen*. Es ist zwar möglich, dass sie falsche Ergebnisse liefern, höchstwahrscheinlich ist das Resultat aber korrekt. Statt einer Hashtabelle kannst du einen Bloom-Filter verwenden, um zu überprüfen, ob eine URL schon untersucht wurde. Eine Hashtabelle liefert ein korrektes Ergebnis, ein Bloom-Filter hingegen liefert ein Ergebnis, das wahrscheinlich richtig ist:

- Falsche Positive sind möglich. Google könnte beispielsweise feststellen: »Diese Webseite wurde schon untersucht«, obwohl das gar nicht stimmt.
- Falsche Negative sind nicht möglich. Wenn der Bloom-Filter das Ergebnis liefert: »Diese Webseite wurde noch nicht untersucht«, dann wurde die Webseite *definitiv* noch nicht untersucht.

Bloom-Filter sind so ungemein praktisch, weil sie nur sehr wenig Speicher benötigen. Eine Hashtabelle müsste ausnahmslos alle URLs speichern, die Google untersucht hat, ein Bloom-Filter jedoch nicht. Bloom-Filter kommen vor allem dann zum Einsatz, wenn kein exaktes Ergebnis benötigt wird, wie in den genannten Beispielen. Es ist schon in Ordnung, wenn bit.ly sagt: »Wir glauben, dass diese Webseite bösartig ist, sei also besonders vorsichtig«.

11.6.2 HyperLogLog

Auf ähnliche Weise funktioniert ein weiterer Algorithmus namens HyperLogLog. Nehmen wir an, Google möchte die Anzahl der *einzigartigen* Suchen ermitteln, welche die User ausführen. Oder Amazon möchte feststellen, wie viele unterschiedliche Artikel sich die User heute angesehen haben. Dafür wird sehr viel Speicher benötigt! Google müsste ein Protokoll sämtlicher einzigarten Suchvorgänge erstellen. Bei einer neuen Suche müsste überprüft werden, ob diese im Protokoll schon vorhanden ist. Wenn nicht, muss die neue Suche dem Protokoll hinzugefügt werden. Das Protokoll nur eines einzigen Tages wäre schon von enormer Größe!

HyperLogLog liefert eine Näherungslösung für die Anzahl einzigartiger Elemente in einer Menge. Du erhältst zwar wie bei Bloom-Filtern keine exakte Lösung, sie kommt ihr aber sehr nahe und der Algorithmus benötigt nur einen Bruchteil des Speichers, der sonst erforderlich wäre.

Wenn du große Datenmengen verarbeitest und mit Näherungslösungen zufrieden bist, solltest du einen Blick auf probabilistische Algorithmen werfen!

11.7 Die SHA-Algorithmen

In Kapitel 5 haben wir uns mit Hashing befasst. Zur Erinnerung: Der Wert, der einem Schlüssel zugeordnet ist, soll in einem Array gespeichert werden.

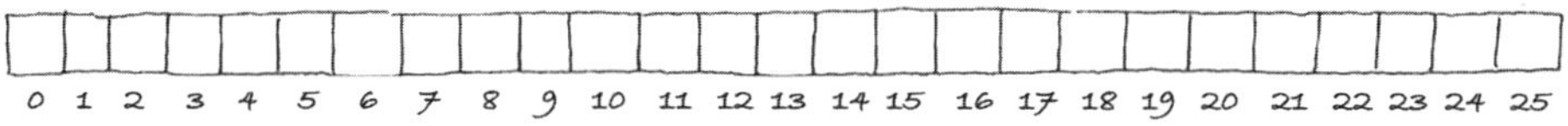

Mit der Hashfunktion ermittelst du, an welcher Stelle im Array du den Wert speicherst.

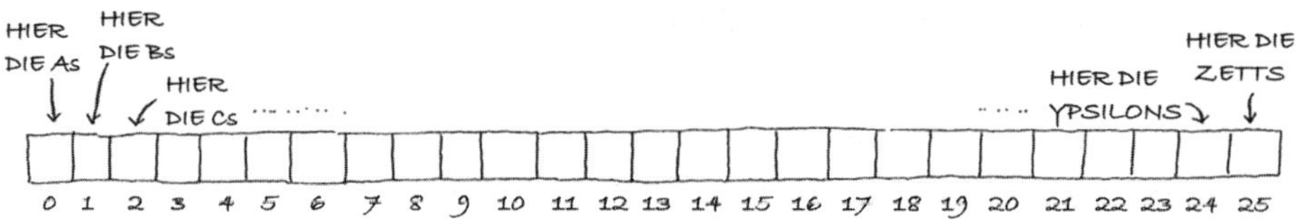

Dann speicherst du ihn dort.

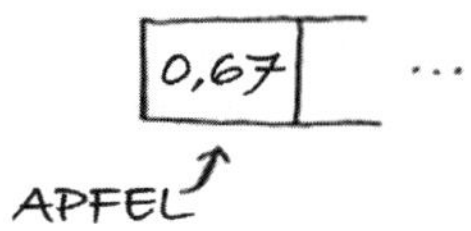

Auf diese Wiese kannst du das Array mit konstanter Laufzeit durchsuchen. Wenn du den Wert abrufen möchtest, der einem Schlüssel zugeordnet ist, verwendest du die Hashfunktion, die dir mit der Laufzeit O(1) das Element liefert, das den gesuchten Wert enthält.

In diesem Fall ist erwünscht, dass die Hashfunktion die Werte gut verteilt. Eine Hashfunktion nimmt also einen String entgegen und gibt die Nummer des Elements zurück, das den Wert für diesen String enthält.

11.7.1 Dateien vergleichen

Die Abkürzung SHA (engl. *Secure Hash Algorithm*, sicherer Hashalgorithmus) bezeichnet eine Gruppe weiterer Hashfunktionen. SHA nimmt einen String entgegen und gibt einen Hash für diesen String zurück.

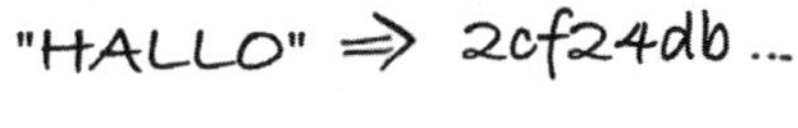

Die Terminologie ist hier ein wenig verwirrend. SHA ist eine *Hashfunktion*. Sie erzeugt einen *Hashwert*, der einfach nur ein String ist. Die Hashfunktion für Hashtabellen ordnet einem String einen Index in einem Array zu, SHA hingegen ordnet einem String einen String zu.

SHA erzeugt für unterschiedliche Strings verschiedene Hashwerte.

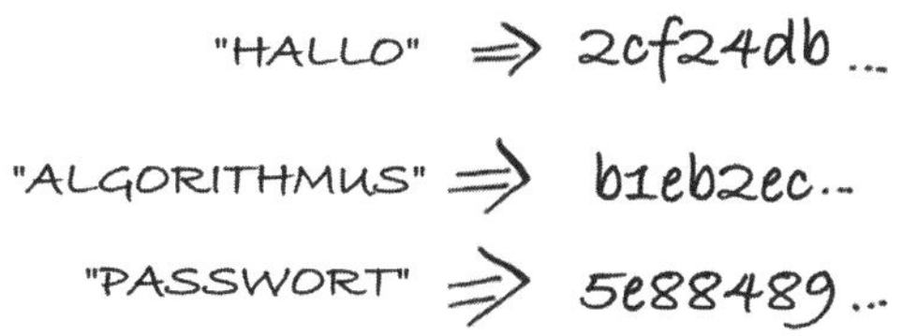

Hinweis

SHA-Hashwerte sind ziemlich lang, deshalb sind sie hier abgeschnitten.

Du kannst mit SHA überprüfen, ob zwei Dateien identisch sind. Das erweist sich bei sehr großen Dateien als nützlich. Nehmen wir an, du möchtest überprüfen, ob ein Bekannter die gleiche 4 GB große Datei besitzt wie du. Du brauchst die Datei nicht per E-Mail zu versenden. Berechne einfach die beiden SHA-Hashwerte und vergleiche sie.

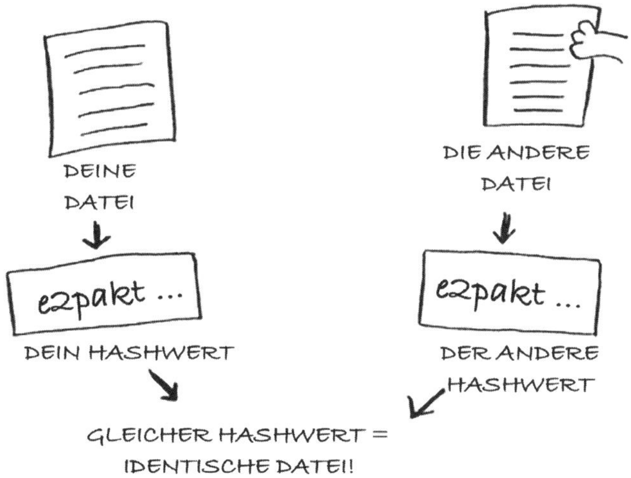

11.7.2 Passwörter überprüfen

Mit SHA kannst du auch Strings vergleichen, ohne den eigentlichen String zu enthüllen. Nehmen wir beispielsweise an, Gmail wird gehackt und der Angreifer klaut sämtliche Passwörter! Ist dein Passwort nun bekannt? Nein, denn Google speichert dein Passwort nicht im Klartext, sondern nur den SHA-Hashwert des Passworts. Wenn du dein Passwort eingibst, berechnet Google den Hashwert und vergleicht ihn mit dem Hashwert, der in einer Datenbank gespeichert ist.

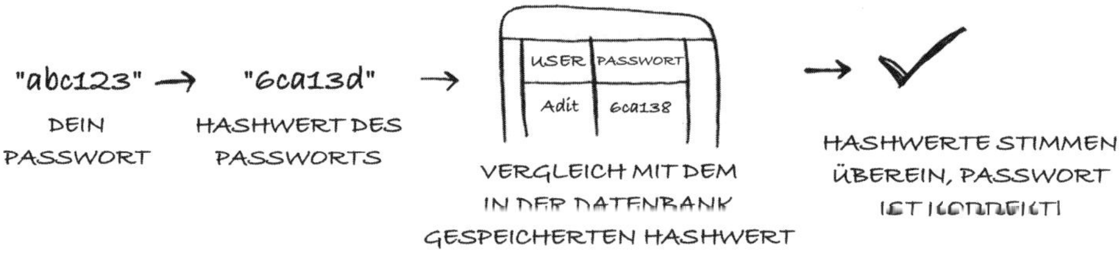

Hier werden also nur Hashwerte verglichen – dein Passwort muss gar nicht gespeichert werden! SHA wird sehr oft auf diese Weise zum Überprüfen von Passwörtern eingesetzt. Das Erzeugen eines SHA-Hashwerts ist eine Einbahnstraße. Du kannst zwar den Hashwert eines Strings berechnen.

Aber den ursprünglichen String kannst du anhand des Hashwerts nicht ermitteln.

Wenn die SHA-Hashwerte von Gmail einem Angreifer in die Hände fallen, kann er diese Hashwerte also nicht in die ursprünglichen Passwörter zurückverwandeln! Du kannst zwar ein Passwort in einen Hashwert umwandeln, aber nicht umgekehrt.

SHA ist eigentlich eine Gruppe von Algorithmen. Es gibt SHA-0, SHA-1, SHA-2 und SHA-3. SHA-0 und SHA-1 weisen allerdings einige Schwachstellen auf. Wenn du SHA zum Berechnen des Hashwerts von Passwörtern verwendest, solltest du SHA-2 oder SHA-3 benutzen. Der Goldstandard für Passwort-Hashingfunktionen ist derzeit bcrypt (aber was ist schon narrensicher).

11.8 Locality-Sensitive Hashing

SHA besitzt eine weitere wichtige Eigenschaft: Eine geringfügige Änderung am ursprünglichen String führt zu einem völlig anderen Hashwert. Nehmen wir an, du erzeugst für einen String einen Hashwert.

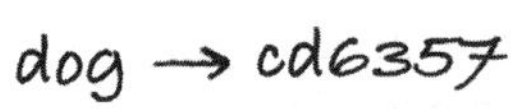

Wenn du nun nur ein einziges Zeichen änderst und wieder den Hashwert berechnest, ergibt sich ein völlig anderer String!

dot → e392da

Das ist von Vorteil, weil ein Angreifer die Hashwerte nicht vergleichen kann, um zu überprüfen, ob er dem richtigen Passwort schon näher gekommen ist.

Manchmal ist aber das genaue Gegenteil erwünscht: Der Hashwert soll sich nur wenig ändern, wenn der ursprüngliche String sich kaum verändert. Man nennt das *Locality-Sensitive Hashing* (LSH). Hier kommt *Simhash* ins Spiel. Wenn du eine kleine Änderung am String vornimmst, erzeugt Simhash einen Hashwert, der sich nur leicht vom vorherigen unterscheidet. Auf diese Weise kannst du Hashwerte miteinander vergleichen und feststellen, wie ähnlich sich zwei Strings sind, und das ist ziemlich nützlich!

- Google verwendet bei der Indexierung des Internets Simhash, um Duplikate zu erkennen.
- Ein Lehrer könnte Simhash verwenden, um zu überprüfen, ob sich ein Schüler sein Referat aus dem Internet heruntergeladen hat.
- Scribd ermöglicht es seinen Usern, Dokumente oder Bücher hochzuladen, um sie mit anderen Usern zu teilen. Scribd muss aber verhindern, dass User urheberrechtlich geschütztes Material hochladen! Die Website könnte Simhash verwenden, um zu überprüfen, ob der hochgeladene Inhalt z. B. einem Harry-Potter-Buch ähnelt und ihn automatisch zurückweisen.

Ganz allgemein erweist sich Simhash als nützlich, wenn du ähnliche Objekte überprüfen möchtest.

11.9 Diffie-Hellman-Schlüsselaustausch

Der Diffie-Hellman-Algorithmus verdient an dieser Stelle erwähnt zu werden, weil er ein uraltes Problem auf elegante Weise löst. Wie kannst du eine Nachricht so verschlüsseln, dass sie nur von der Person gelesen werden kann, an die du sie gesendet hast?

Am einfachsten ist die Verwendung eines Codes, wie beispielsweise a = 1, b = 2, und so weiter. Wenn ich dir nun die Nachricht »4,15,7« sende, kannst du sie als »d,o,g« entschlüsseln. Damit das funktioniert, müssen wir uns aber vorher auf einen Code geeinigt haben. Per E-Mail geht das nicht, weil sich jemand in dein E-Mail-Konto hacken könnte, den Code herausfindet und unsere Nachrichten entschlüsselt. Sogar wenn wir uns persönlich treffen, könnte jemand den Code erraten – so kompliziert ist er ja nicht. Wir sollten ihn deshalb täglich ändern. Aber dann müssten wir uns auch täglich treffen, um einen neuen Code zu vereinbaren!

Und selbst wenn wir es schaffen, den Code täglich zu wechseln, so lässt er sich doch leicht durch einen Brute-Force-Angriff knacken. Nehmen wir an, ich erhalte die Nachricht »9,6,13,13,16 24,16,19,13,5«. Ich probiere den folgenden Code aus: a = 1, b = 2, und so weiter.

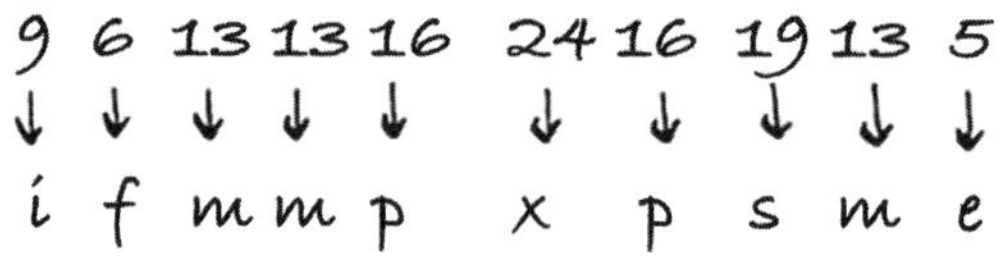

Das ist Kauderwelsch. Jetzt probiere ich a = 2, b = 3, und so weiter.

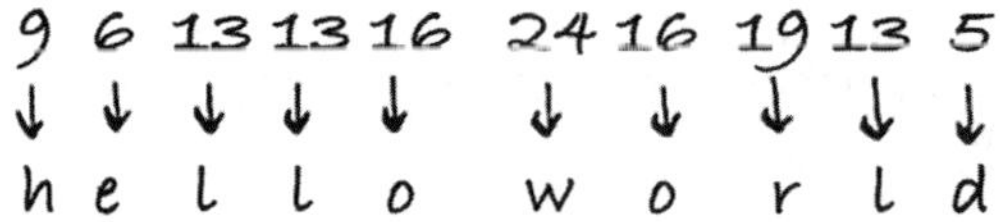

Das hat funktioniert! Ein so einfacher Code wie dieser lässt sich aber leicht knacken. Die im zweiten Weltkrieg von den Deutschen verwendeten Codes waren sehr viel komplizierter und wurden dennoch geknackt. Der Diffie-Hellman-Algorithmus löst diese Probleme:

- Die beiden Beteiligten müssen den Code gar nicht kennen. Wir müssen uns also auch nicht treffen, um einen Code zu vereinbaren.
- Die verschlüsselten Nachrichten zu entschlüsseln, ist *extrem* schwierig.

Der Diffie-Hellman-Algorithmus verwendet zwei Schlüssel: einen öffentlichen und einen privaten Schlüssel. Der öffentliche Schlüssel ist genau das: öffentlich. Du kannst ihn auf einer Website veröffentlichen, ihn per E-Mail an Freunde versenden, oder damit machen, was du willst. Du brauchst ihn also nicht zu verstecken. Wenn dir jemand eine Nachricht senden möchte, wird für die Verschlüsselung der öffentliche Schlüssel verwendet. Die so verschlüsselte Nachricht kann nur mit dem privaten Schlüssel wieder entschlüsselt werden. Sofern du die einzige Person bist, die den privaten Schlüssel kennt, kannst auch nur du die Nachricht entschlüsseln!

Der Diffie-Hellman-Algorithmus wird auch heutzutage noch zusammen mit seinem Nachfolger, dem RSA-Kryptosystem, in der Praxis eingesetzt. Wenn du dich für Kryptographie interessierst, ist der Diffie-Hellman-Algorithmus ein guter Ausgangspunkt: Er ist elegant und nicht allzu schwierig zu verstehen.

11.10 Lineare Programmierung

Das Beste habe ich bis zum Schluss aufgehoben. Lineare Programmierung gehört zu den coolsten Dingen, die ich kenne.

Die lineare Programmierung wird dazu verwendet, etwas zu maximieren, für das bestimmte Einschränkungen gelten. Nehmen wir beispielsweise an, deine Firma stellt zwei Produkte her, nämlich Hemden und Einkaufstaschen. Für ein Hemd werden 1 Meter Stoff und 5 Knöpfe benötigt, und für eine Einkaufstasche sind 2 Meter Stoff und 2 Knöpfe erforderlich. Du hast 11 Meter Stoff und 20 Knöpfe. An einem Hemd verdienst du 2 € und an einer Einkaufstasche 3 €. Wie viele Hemden und Einkaufstaschen solltest du herstellen, um einen möglichst großen Gewinn zu machen?

Hier geht es um eine Gewinnmaximierung und die Einschränkung ist die Menge des verfügbaren Materials.

Ein weiteres Beispiel: Du bist Politiker und möchtest die Anzahl der Stimmen maximieren, die du erhältst. Deine Nachforschungen haben ergeben, dass durchschnittlich eine Stunde Arbeit nötig ist (Marketing, Recherchen usw.), um eine Stimme in San Francisco zu gewinnen. Für eine Stimme in Chicago beträgt der Arbeitsaufwand anderthalb Stunden. Du benötigst in San Francisco mindestens 500 Stimmen und in Chicago mindestens 300. Du hast 50 Tage Zeit. Für eine Stimme in San Francisco fallen Kosten in Höhe von 2 Dollar an, für eine Stimme in Chicago aber nur 1 Dollar. Dein Budget beträgt 1500 Dollar. Wie viele Stimmen kannst du insgesamt (in San Francisco und in Chicago) maximal gewinnen?

Hier versuchst du, die Anzahl der Stimmen zu maximieren, und die Einschränkungen sind die verfügbare Zeit und das vorhandene Geld.

Nun denkst du vielleicht: »Im Buch ging es immer wieder um Optimierungen. Wie hängen die denn mit der linearen Programmierung zusammen?«. Alle Graphenalgorithmen können auch mit linearer Programmierung umgesetzt werden. Die lineare Programmierung ist ein sehr viel allgemeineres Framework, von dem Graphen nur eine Teilmenge sind. Ich hoffe, du bist beeindruckt!

In der linearen Programmierung kommt auch der Simplex-Algorithmus zur Anwendung. Weil es sich um einen ziemlich komplexen Algorithmus handelt, kommt er in diesem Buch nicht vor. Wenn du dich für Optimierung interessierst, solltest du dich mit linearer Programmierung befassen!

11.11 Epilog

Ich hoffe, dieser Schnelldurchgang durch die 10 Algorithmen hat dir einen Eindruck davon verschafft, wie viel mehr es noch zu entdecken gibt. Ich bin davon überzeugt, dass die beste Lernmethode darin besteht, ein interessantes Thema zu finden und dann loszulegen. Mit dem Lesen dieses Buchs hast du eine solide Grundlage geschaffen, um genau das zu tun.

Lösungen zu den Übungen | Anhang

Kapitel 1

1.1 Eine sortierte Liste enthält 128 Namen. Du durchsuchst sie mit einer binären Suche. Wie viele Schritte sind dafür maximal erforderlich?

Antwort: 7.

1.2 Nehmen wir an, du verdoppelst die Größe der Liste. Wie viele Schritte sind nun maximal erforderlich?

Antwort: 8.

1.3 Du möchtest die Telefonnummer einer Person anhand ihres Namens in einem Telefonbuch finden.

Antwort: $O(\log n)$.

1.4 Du möchtest den Namen einer Person anhand ihrer Telefonnummer in einem Telefonbuch finden. (Hinweis: Du musst das gesamte Telefonbuch durchsuchen!)

Antwort: $O(n)$.

1.5 Du möchtest die Telefonnummern sämtlicher Personen im Telefonbuch einlesen.

Antwort: $O(n)$.

1.6 Du möchtest nur die Telefonnummern der Personen lesen, deren Name mit *A* beginnt.

Antwort: O(n). Du denkst vielleicht: »Ich führe diese Aufgabe nur für einen von 26 Buchstaben aus, deshalb sollte eine Laufzeit von O(n/26) benötigt werden«. Beachte hier die einfache Regel, dass bei der Landau-Notation Zahlen, die addiert, subtrahiert, multipliziert oder dividiert werden, keine Beachtung finden. Die folgenden Laufzeiten gehorchen nicht den Regeln der Landau-Notation: O(n + 26), O(n – 26), O(n * 26), O(n / 26). Sie sind allesamt gleichbedeutend mit O(n)! Warum ist das so? Wenn dich das interessiert, solltest du den Abschnitt 4.3.1 in Kapitel 4 aufschlagen und nachlesen, wie Konstanten in der Landau-Notation gehandhabt werden. (Eine Konstante ist einfach nur eine Zahl – in diesem Fall die 26.)

Kapitel 2

2.1 Nehmen wir an, du entwickelst eine App, mit der du über deine Ausgaben Buch führen möchtest.

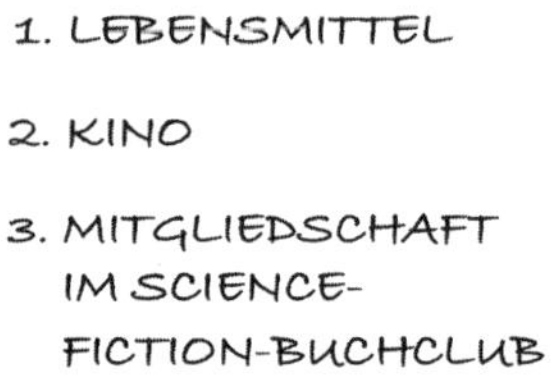

Jeden Tag notierst du dir alles, wofür du Geld ausgegeben hast. Am Monatsende überprüfst du deine Ausgaben und berechnest, wie viel du ausgegeben hast. Du musst also häufig Daten einfügen und einige wenige Male Daten lesen. Solltest du für diese Aufgabe ein Array oder besser eine Liste verwenden?

Antwort: In diesem Fall fügst du täglich Ausgaben zur Liste hinzu und liest alle Ausgaben am Monatsende ein Mal ein. Arrays sind beim Lesen schnell, beim Einfügen aber langsam. Da du viel öfter Daten einfügst als liest, wäre es sinnvoll, eine verkettete Liste zu verwenden. Außerdem ist das Lesen bei einer verketteten Liste nur dann langsam, wenn du auf beliebige Elemente der Liste zugreifen möchtest. Da du aber *alle* Elemente der Liste einliest, funktioniert das *Lesen* bei der verketteten Liste auch gut. Für diese Aufgabe ist eine verkettete Liste also gut geeignet.

2.2 Nehmen wir an, du entwickelst eine App, mit der in Restaurants Bestellungen aufgenommen werden. Deine App muss also eine Liste von Bestellungen speichern. Die Bedienungen fügen fortlaufend Bestellungen hinzu und die Köche entnehmen sie der Liste und bereiten sie zu. Hierbei handelt es sich um eine

Warteschlange für Bestellungen: Die Bedienungen fügen Bestellungen am Ende der Warteschlange hinzu und die Köche entnehmen die Bestellungen am Anfang der Warteschlange und kümmern sich um die Zubereitung.

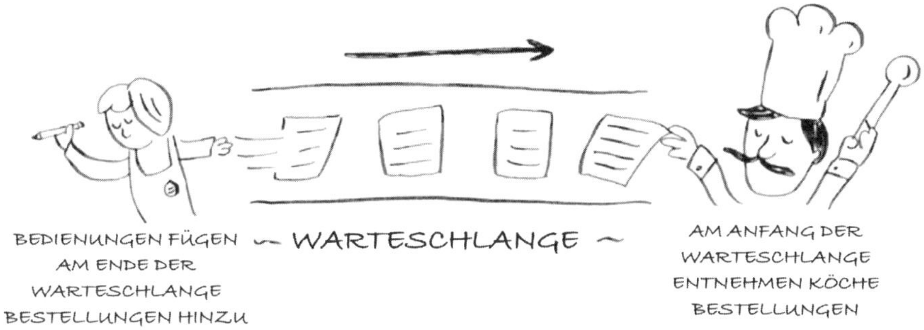

Würdest du für die Implementierung dieser Warteschlange eine verkettete Liste oder ein Array verwenden? (Hinweis: Verkettete Listen sind gut für das Einfügen/Löschen geeignet, Arrays hingegen bieten einen wahlfreien Zugriff. Welche dieser Funktionalitäten wird hier benötigt?)

Antwort: Eine verkettete Liste. Daten werden häufig eingefügt (Bedienungen fügen Bestellungen hinzu) und dafür ist eine verkettete Liste sehr gut geeignet. Du musst nicht nach Daten suchen oder auf beliebige Elemente zugreifen, denn die Köche entnehmen der Warteschlange immer die am Anfang befindliche Bestellung.

2.3 Lass uns ein Gedankenexperiment durchführen. Nehmen wir an, Facebook führt eine Liste von Usernamen. Wenn jemand versucht, sich bei Facebook anzumelden, findet eine Suche nach dem Usernamen statt. Wenn der Name in der Liste der Usernamen enthalten ist, kann der User sich anmelden. Bei Facebook finden ziemlich viele Anmeldungen statt, daher wird die Liste der Usernamen entsprechend häufig durchsucht. Nehmen wir weiter an, dass Facebook eine binäre Suche verwendet. Die binäre Suche benötigt wahlfreien Zugriff – du musst in der Lage sein, direkt auf die Mitte der Liste der Usernamen zuzugreifen. Würdest du die Liste der Usernamen unter den genannten Voraussetzungen als Array oder als verkettete Liste implementieren?

Antwort: Du solltest ein sortiertes Array verwenden. Arrays bieten wahlfreien Zugriff – du kannst direkt auf Elemente in der Mitte der Liste zugreifen. Das funktioniert bei einer verketteten Liste nicht. Wenn du bei einer verketteten Liste auf ein Element in der Mitte der Liste zugreifen möchtest, musst du beim ersten Element anfangen und allen Verweisen auf die nachfolgenden Elemente bis zum gesuchten Element folgen.

2.4 Bei Facebook richten auch ziemlich viele User neue Konten ein. Nehmen wir an, du hast sich dazu entschlossen, ein Array zum Speichern der Liste der User zu verwenden. Welche Nachteile haben Arrays beim Einfügen? Nimm darüber hinaus an, dass du eine binäre Suche für die Anmeldedaten verwendest. Was geschieht, wenn du neue User zu einem Array hinzufügst?

Antwort: Das Einfügen ist bei Arrays langsam. Und wenn du eine binäre Suche verwendest, muss das Array außerdem sortiert sein. Nehmen wir an, eine Person namens Adit B richtet ein Facebook-Konto ein. Der Name wird am Ende des Arrays hinzugefügt. Du musst das Array also jedes Mal neu sortieren, wenn ein Name hinzugefügt wird!

2.5 Tatsächlich verwendet Facebook weder ein Array noch eine verkettete Liste zum Speichern der Userdaten. Betrachte doch einmal eine gemischte Datenstruktur: ein Array verketteter Listen. Das Array besteht aus 26 Elementen, die jeweils auf eine verkettete Liste verweisen. Beispielsweise verweist das erste Element auf eine verkettete Liste, die sämtliche Usernamen enthält, die mit dem Buchstaben A anfangen. Das zweite Element verweist auf eine verkettete Liste, die alle Usernamen enthält, die mit dem Buchstaben B anfangen und so weiter.

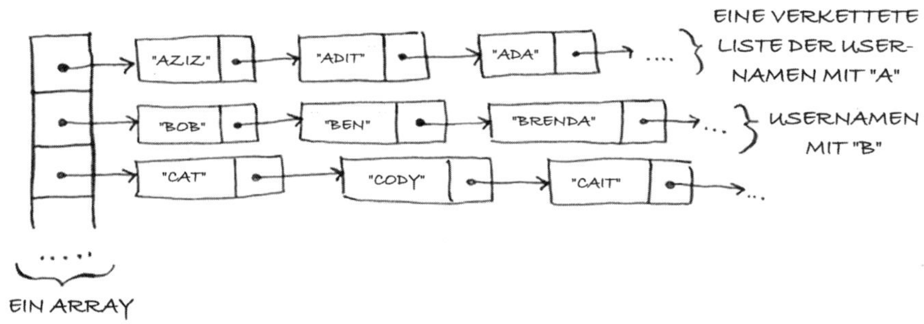

Nehmen wir nun an, dass der User Adit B ein Facebook-Konto einrichtet und du ihn zur Liste hinzufügen möchtest. Du greifst über das erste Element des Arrays auf die verkettete Liste zu und fügst ihr am Ende Adit B hinzu. Nun möchtest du vielleicht nach Zakhir H suchen. Du greifst auf das 26. Element des Arrays zu, das auf die verkette Liste verweist, die alle Namen enthält, die mit dem Buchstaben Z anfangen. Anschließend suchst du in dieser Liste nach Zakhir H.

Vergleiche diese gemischte Datenstruktur mit Arrays und verketteten Listen. Ist sie beim Suchen und Einfügen schneller oder langsamer? Du brauchst keine Laufzeiten anzugeben, sondern nur, ob die neue Datenstruktur schneller oder langsamer wäre.

Antwort: Beim Suchen wäre diese Datenstruktur langsamer als ein Array, aber schneller als eine verkettete Liste. Beim Einfügen wäre sie schneller als ein Array und genauso schnell wie eine verkettete Liste. Sie ist beim Suchen also langsamer als ein Array, bei allen anderen Operationen aber genauso schnell oder schneller als eine verkettete Liste. Wir werden später noch eine weitere gemischte Datenstruktur namens Hashtabelle betrachten. Du solltest jetzt eine Vorstellung davon haben, wie sich komplexere Datenstrukturen aus einfacheren aufbauen lassen.

Und was verwendet Facebook nun tatsächlich? Vermutlich ein Dutzend verschiedene Datenbanken mit unterschiedlichen Datenstrukturen: Hashtabellen, B-Bäume und andere. Arrays und verkettete Listen sind die Bausteine dieser komplexeren Datenstrukturen.

Kapitel 3

3.1 Nehmen wir an, ich zeige dir einen Aufruf-Stack wie diesen:

Welche Informationen kannst du allein dieser Skizze des Aufruf-Stacks entnehmen?

Antwort: Hier sind einige der Informationen aufgeführt, die du der Skizze entnehmen kannst:

- Als Erstes wird die Funktion `greet` mit `name = maggie` aufgerufen.
- Dann ruft die Funktion `greet` die Funktion `greet2` mit `name = maggie` auf. Zu diesem Zeitpunkt ist die Funktion `greet` noch nicht vollständig abgeschlossen und befindet sich in einem Wartezustand.
- Der aktuelle Funktionsaufruf ist jetzt die `greet2`-Funktion.
- Wenn dieser Funktionsaufruf abgeschlossen ist, wird wieder die Funktion `greet` ausgeführt.

3.2 Stell dir vor, du hast versehentlich eine rekursive Funktion programmiert, die zu einer Endlosschleife führt. Wie du weißt, reserviert dein Computer für jeden Funktionsaufruf Speicher auf dem Stack. Was geschieht mit dem Stack, wenn deine Funktion endlos weiterläuft?

Antwort: Der Stack wird unaufhörlich größer. Jedem Programm steht auf dem Aufruf-Stack nur begrenzter Speicherplatz zur Verfügung. Wenn deinem Programm der Speicherplatz ausgeht (das wird früher oder später der Fall sein), wird es beendet und gibt die Fehlermeldung »Stack-Überlauf« (*Stack Overflow*) aus.

Kapitel 4

4.1 Schreibe den Code für die erste sum-Funktion.

Antwort:

```
def sum(list):
  if list == []:
    return 0
  return list[0] + sum(list[1:])
```

4.2 Schreibe eine rekursive Funktion zum Zählen der Objekte in einer Liste.

Antwort:

```
def count(list):
  if list == []:
    return 0
  return 1 + count(list[1:])
```

4.3 Schreibe eine Funktion zum Ermitteln der größten Zahl in einer Liste.

Antwort:

```
def max(list):
  if len(list) == 2:
    return list[0] if list[0] > list[1] else list[1]
  sub_max = max(list[1:])
  return list[0] if list[0] > sub_max else sub_max
```

4.4 In Kapitel 1 hast du die binäre Suche kennengelernt. Dabei handelt es sich ebenfalls um ein Teile-und-herrsche-Verfahren. Kannst du den Basisfall und den Rekursionsfall für eine binäre Suche angeben?

Antwort: Der Basisfall einer binären Suche ist ein Array mit einem Element. Wenn das gesuchte Objekt dem Element in diesem Array entspricht, ist der Basisfall erreicht. Andernfalls ist es nicht im Array enthalten.

Im Rekursionsfall einer binären Suche teilst du das Array in zwei Hälften auf. Die eine Hälfte wird ignoriert, auf die andere Hälfte wendest du die binäre Suche an.

Welche Laufzeiten würden die folgenden Operationen gemäß der Landau-Notation besitzen?

4.5 Ausgabe der Werte aller Elemente in einem Array.

Antwort: $O(n)$.

4.6 Verdoppeln der Werte aller Elemente in einem Array.

Antwort: $O(n)$.

4.7 Verdoppeln des Werts des ersten Elements in einem Array.

Antwort: $O(1)$.

4.8 Erzeugen einer Multiplikationstabelle mit allen Elementen in einem Array. Wenn du das Array `[2, 3, 7, 8, 10]` verwendest, musst du also zunächst alle Elemente mit 2 multiplizieren, dann alle Elemente mit 3 multiplizieren, dann mit 7 usw.

Antwort: $O(n^2)$.

Kapitel 5

Welche der folgenden Hashfunktionen sind konsistent?

5.1 `f(x) = 1` gibt immer »1« zurück.

Antwort: Konsistent.

5.2 `f(x) = rand()` gibt eine Zufallszahl zurück.

Antwort: Nicht konsistent.

5.3 `f(x) = next_empy_slot()` gibt den Index des nächsten freien Speicherplatzes in der Hashtabelle zurück.

Antwort: Nicht konsistent.

5.4 `f(x) = len(x)` übergibt als Index die Länge des Strings `x`.

Antwort: Konsistent.

Betrachte die folgenden vier Hashfunktionen, die Strings entgegennehmen:

A. Bei allen Eingaben wird »1« zurückgegeben.

B. Verwende die Länge des Eingabestrings als Index.

C. Verwende den ersten Buchstaben des Eingabestrings als Index. Alle Strings, die mit *a* anfangen, werden also zusammen in einem Element gespeichert usw.

D. Verwende für die Buchstaben die Reihe der Primzahlen: a = 2, b = 3, c = 5, d = 7, e = 11 usw. Bei einem String ergibt sich für die Hashfunktion die Summe aller Zeichen modulo der Größe der Hashtabelle. Wenn beispielsweise die Größe der Hashtabelle 10 beträgt und der String »bag« lautet, ergibt sich für den Index: 3 + 2 + 17 % 10 = 22 % 10 = 2.

Welche dieser Hashfunktionen würde für die folgenden Beispiele eine gute Verteilung ergeben? Gehe von einer Hashtabelle mit 10 Elementen aus.

5.5 Ein Telefonbuch, das Namen als Schlüssel und Telefonnummern als Werte enthält. Die Namen lauten: Esther, Ben, Bob und Dan.

Antwort: Die Hashfunktionen C und D würden eine gute Verteilung ergeben.

5.6 Eine Zuordnung von Batteriegröße zur Kapazität. Die Größenbezeichnungen lauten: A, AA, AAA und AAAA.

Antwort: Die Hashfunktionen B und D würden eine gute Verteilung ergeben.

5.7 Eine Zuordnung von Buchtiteln zu Autoren. Die Titel lauten *Maus, Fun, Home* und *Watchmen.*

Antwort: Die Hashfunktionen B, C und D würden eine gute Verteilung ergeben.

Kapitel 6

Wende die Breitensuche auf die nachfolgenden Graphen an, um die Lösung zu finden.

6.1 Finde die Länge des kürzesten Pfads heraus, der vom Start zum Ziel führt.

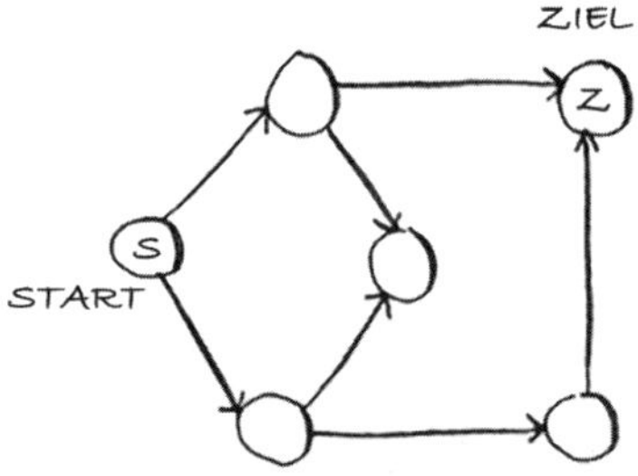

Antwort: Der kürzeste Pfad hat die Länge 2.

6.2 Finde die Länge des kürzesten Pfads heraus, der von »cab« nach »bat« führt.

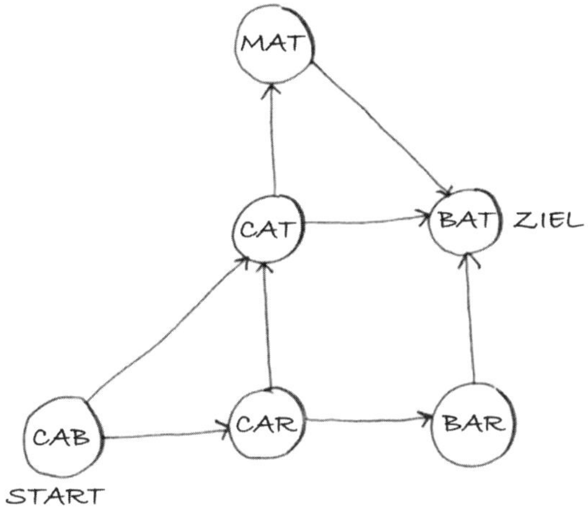

Antwort: Der kürzeste Pfad hat die Länge 2.

6.3 Hier ist ein Graph meiner allmorgendlichen Tätigkeiten:

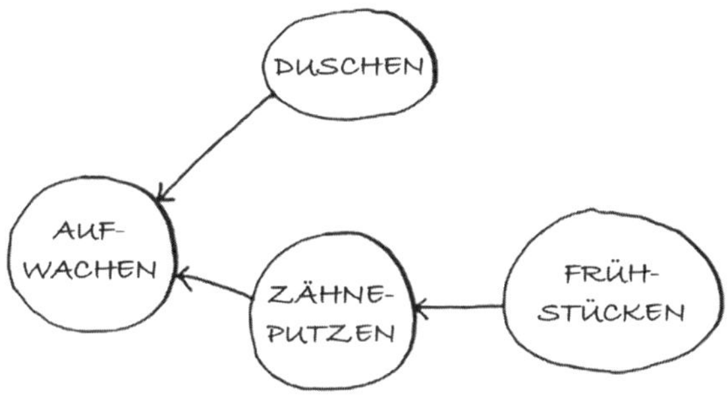

Sind die folgenden drei Listen zulässig oder nicht?

A.

1. AUFWACHEN
2. DUSCHEN
3. FRÜHSTÜCKEN
4. ZÄHNEPUTZEN

B.

1. AUFWACHEN
2. ZÄHNEPUTZEN
3. FRÜHSTÜCKEN
4. DUSCHEN

C.

1. DUSCHEN
2. AUFWACHEN
3. ZÄHNEPUTZEN
4. FRÜHSTÜCKEN

Antwort: A ist unzulässig, B ist zulässig, C ist unzulässig.

6.4 Hier ist ein etwas größerer Graph. Erstelle eine zulässige Liste für diesen Graphen.

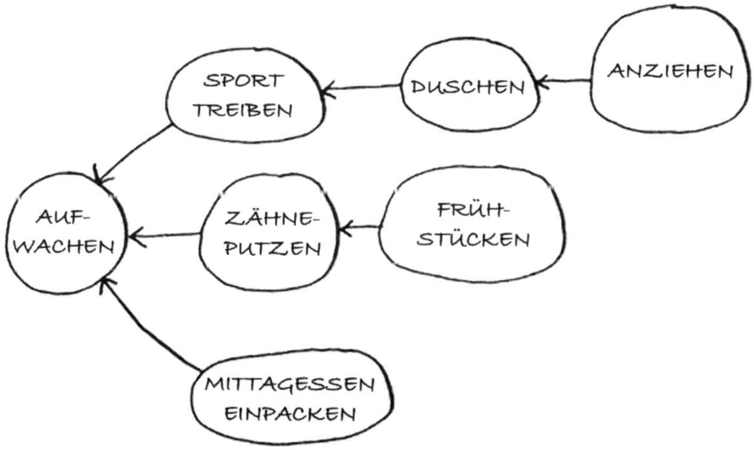

Antwort: 1. Aufwachen, 2. Sport treiben, 3. Duschen, 4. Zähneputzen, 5. Anziehen, 6. Mittagessen einpacken, 7. Frühstücken.

6.5 Welche der folgenden Graphen sind auch Bäume?

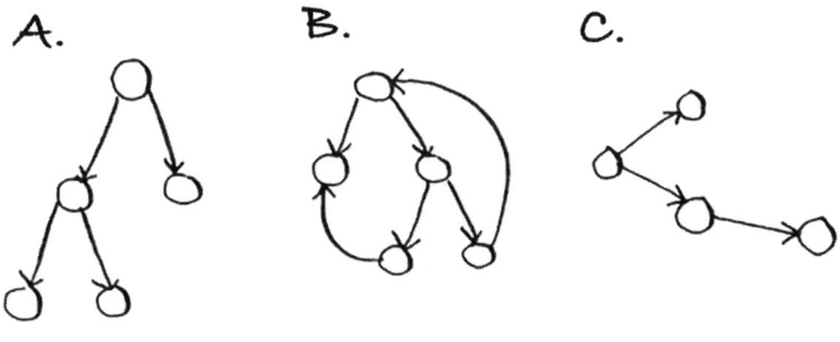

Antwort: A: Baum, B: kein Baum, C: Baum. Das letzte Beispiel ist ein um 90 Grad gedrehter Baum. Bäume sind eine Teilmenge von Graphen. Ein Baum ist also immer ein Graph, aber ein Graph muss nicht unbedingt ein Baum sein.

Kapitel 7

7.1 Wie groß sind die Gesamtgewichtungen des kürzesten Pfads vom Start zum Ziel in den folgenden Graphen?

A.

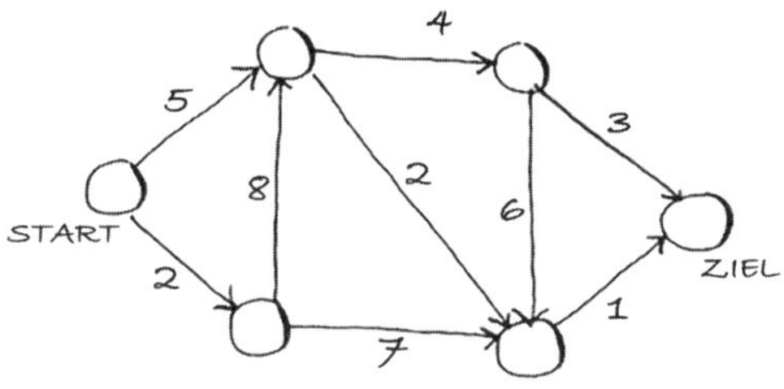

B.

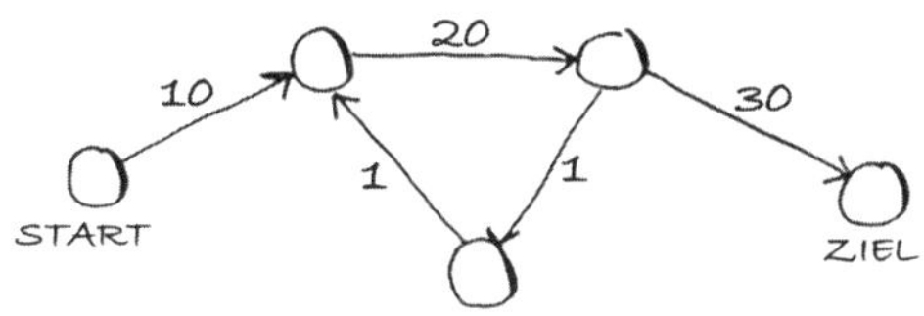

C.

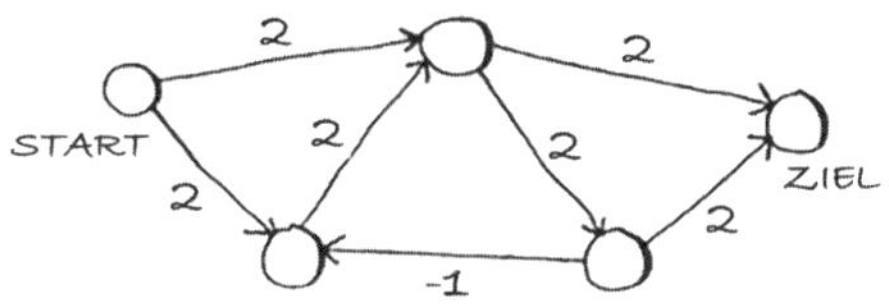

Antwort: A: 8, B: 60, C ist eine Fangfrage. Ein kürzester Pfad ist nicht möglich (negative Gewichtung einer Kante).

Kapitel 8

8.1 Du arbeitest bei einem Möbelhersteller und musst landesweit Möbel ausliefern. Die LKWs werden mit Kisten beladen. Die Kisten sind von unterschiedlicher Größe und du versuchst, den Raum in den Lastwagen optimal zu nutzen. Wie würdest du die Kisten auswählen, um den genutzten Raum zu maximieren? Entwickle eine Greedy-Strategie. Wirst du damit das optimale Ergebnis erzielen?

Antwort: Du wählst immer die größte Kiste aus, die noch in den LKW hineinpasst. Das wiederholst du so lange, bis keine Kiste mehr passt. Das optimale Ergebnis erzielst du mit dieser Greedy-Strategie allerdings nicht.

8.2 Du bereist Europa und hast sieben Tage Zeit, möglichst viele Touristenattraktionen zu besuchen. Du weist den verschiedenen Sehenswürdigkeiten einen Punktwert zu (abhängig davon, welche du am liebsten sehen möchtest) und schätzt die dafür erforderliche Zeit ab. Wie kannst du die erreichte Punktzahl maximieren? Entwickle eine Greedy-Strategie. Wirst du damit das optimale Ergebnis erzielen?

Antwort: Du wählst immer die Sehenswürdigkeit mit den meisten Punkten aus, die du in der noch verbleibenden Zeit besuchen kannst. Das optimale Ergebnis wirst du auch mit dieser Greedy-Strategie nicht erzielen.

Handelt es sich um einen Greedy-Algorithmus oder nicht?

8.3 Quicksort

Antwort: Nein.

8.4 Breitensuche

Antwort: Nein.

8.5 Dijkstra-Algorithmus

Antwort: Ja.

8.6 Ein Postbote ist für 20 Häuser zuständig. Er möchte die kürzeste Route herausfinden, die alle 20 Häuser umfasst. Handelt es sich hierbei um ein NP-vollständiges Problem?

Antwort: Ja.

8.7 Handelt es sich um ein NP-vollständiges Problem, wenn man nach der größten Clique in einer Menge von Personen sucht? (Eine *Clique* ist eine Gruppe von Personen, die alle miteinander bekannt sind.)

Antwort: Ja.

8.8 Du erstellst eine Landkarte der USA, bei der Bundesstaaten mit gemeinsamer Grenze unterschiedlich gefärbt sein sollen. Du musst herausfinden, wie viele verschiedene Farben mindestens erforderlich sind, damit keine zwei aneinandergrenzenden Bundesstaaten dieselbe Farbe besitzen. Handelt es sich hierbei um ein NP-vollständiges Problem?

Antwort: Ja.

Kapitel 9

9.1 Nehmen wir an, du könntest einen weiteren Gegenstand stehlen: einen MP3-Player. Er wiegt 1 Pfund und ist 1000 € wert. Lohnt es sich, ihn mitzunehmen?

Antwort: Ja. Du könntest dann den MP3-Player, das iPhone und die Gitarre stehlen. Die Beute wäre 4500 € wert.

9.2 Nehmen wir an, du gehst zelten. Dein Rucksack kann 6 Pfund aufnehmen und du kannst die folgenden Gegenstände auswählen. Je höher der angegebene Zahlenwert ist, desto wichtiger ist ein Gegenstand.

- Wasser, 3 Pfund, 10
- Buch, 1 Pfund, 3
- Essen, 2 Pfund, 9
- Jacke, 2 Pfund, 5
- Kamera, 1 Pfund, 6
- Welche der Gegenstände solltest du idealerweise mitnehmen?

Antwort: Du solltest Wasser, Essen und die Kamera mitnehmen.

9.3 Zeichne ein Gitter zur Berechnung des längsten gemeinsamen Teilstrings von *blue* und *clues* und fülle es aus.

Antwort:

	C	L	U	E	S
B	0	0	0	0	0
L	0	1	0	0	0
U	0	0	2	0	0
E	0	0	0	3	0

Kapitel 10

10.1 Beim Netflix-Beispiel hast du den Abstand zwischen zwei Usern mit der Abstandsformel berechnet. Allerdings bewerten nicht alle User Filme auf die gleiche Art und Weise. Nehmen wir an, die beiden User Yogi und Pinky haben den gleichen Filmgeschmack. Allerdings bewertet Yogi alle Filme, die ihm gefallen, mit fünf Sternen, während Pinky etwas wählerischer ist und fünf Sterne nur an die besten Filme vergibt. Ihr Filmgeschmack stimmt zwar überein, aber der Abstandsformel zufolge sind sie keine Nachbarn. Wie würdest du das unterschiedliche Verhalten bei der Filmbewertung berücksichtigen?

Antwort: Du könntest eine sogenannte *Normierung* verwenden. Du siehst dir die durchschnittlichen Bewertungen der Personen an und verwendest sie, um die Bewertungen zu skalieren. Pinkys durchschnittliche Bewertung könnte beispielsweise 3 Sterne betragen, während Yogi im Durchschnitt 3,5 Sterne vergibt. Dann erhöhst du Pinkys Bewertungen ein wenig, bis sie durchschnittlich ebenfalls 3,5 Sterne betragen. Auf diese Weise kannst du ihre Bewertungen auf derselben Skala vergleichen.

10.2 Nehmen wir an, Netflix benennt eine Gruppe von »Influencern«. Quentin Tarantino und Wes Anderson gelten bei Netflix als Influencer, deshalb werden ihre Bewertungen stärker berücksichtigt als die Bewertungen normaler User. Wie würdest du das Empfehlungssystem ändern, um die Bewertungen von Influencern stärker zu berücksichtigen?

Antwort: Wenn du den KNN-Algorithmus verwendest, könntest du den Bewertungen von Influencern höhere Gewichte zuweisen. Nehmen wir an, es gibt drei Nachbarn: Joe, Dave und Wes Anderson (ein Influencer). Sie haben den Film *Wahnsinn ohne Handicap* (Originaltitel *Caddyshack*) mit 3, 4 und 5 Sternen bewertet. Anstatt den Durchschnittswert zu berechnen `((3 + 4 +5) / 3 = 4` Sterne), könntest du der Bewertung von Wes Anderson ein höheres Gewicht geben: `(3 + 4 +5 + 5 + 5) / 5 = 4,4` Sterne.

10.3 Netflix hat mehrere Millionen User. In einem der Beispiele wurden die fünf nächsten Nachbarn berücksichtigt. Ist diese Zahl zu niedrig? Oder zu hoch?

Antwort: Die Zahl ist zu niedrig. Wenn du weniger Nachbarn berücksichtigst, ist es wahrscheinlicher, dass du ein verzerrtes Ergebnis erhältst. Als Faustregel solltest du für die Anzahl der berücksichtigten Nachbarn die Wurzel aus *N* verwenden, wenn es insgesamt *N* User gibt.

Stichwortverzeichnis